赢在转折点

股价涨跌的一线操盘技术

刘炟鑫　王凯元　著

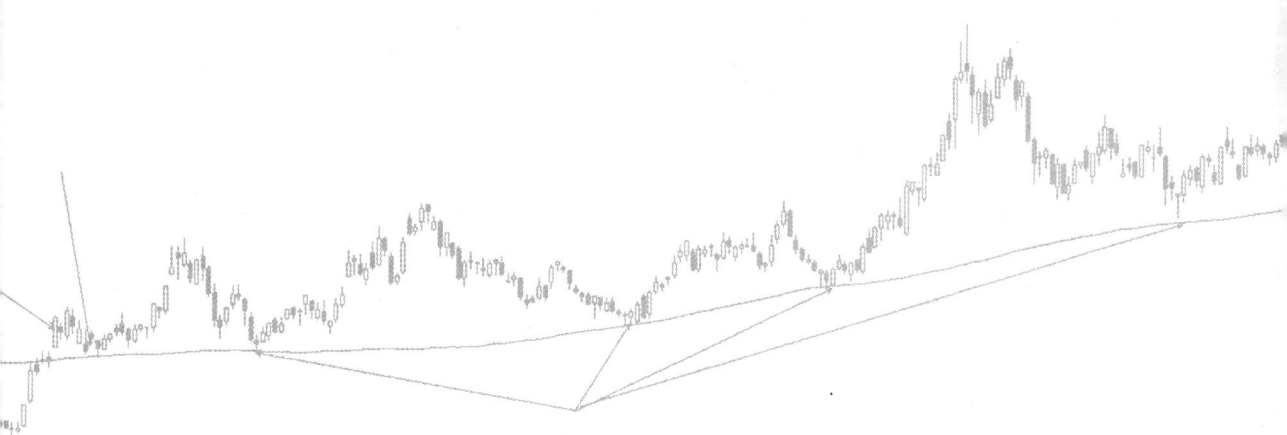

四川人民出版社

图书在版编目（CIP）数据

赢在转折点：股价涨跌的一线操盘技术/刘炟鑫，王凯元著．—成都：四川人民出版社，2022.4
ISBN 978-7-220-12708-3

Ⅰ.①赢… Ⅱ.①刘… ②王… Ⅲ.①股票交易-基本知识 Ⅳ.①F830.91

中国版本图书馆 CIP 数据核字（2022）第 014139 号

YING ZAI ZHUANZHEDIAN: GUJIA ZHANGDIE DE YIXIAN CAOPAN JISHU
赢在转折点：股价涨跌的一线操盘技术

刘炟鑫　王凯元　著

责任编辑	何朝霞
封面设计	李其飞
版式设计	戴雨虹
责任校对	林　泉　吴　玥
责任印制	周　奇
出版发行	四川人民出版社（成都市槐树街2号）
网　　址	http://www.scpph.com
E-mail	scrmcbs@sina.com
新浪微博	@四川人民出版社
微信公众号	四川人民出版社
发行部业务电话	（028）86259624　86259453
防盗版举报电话	（028）86259624
照　　排	成都木之雨文化传播有限公司
印　　刷	四川五洲彩印有限责任公司
成品尺寸	185mm×260mm
印　　张	12.75
字　　数	200千
版　　次	2022年4月第1版
印　　次	2022年4月第1次印刷
书　　号	ISBN 978-7-220-12708-3
定　　价	62.00元

■版权所有·侵权必究
本书若出现印装质量问题，请与我社发行部联系调换
电话：（028）86259453

前 言
从捕捉主升浪到赢在转折点

目前中国证券和期货市场上的投资者数量达2亿多，广大股民抱着发财的愿望而来，但是绝大多数人在市场上虽经历千辛万苦，却越炒越亏，甚至铩羽而归，然而他们仍对市场抱有莫大的期待。这说明我国的证券市场具有非常大的魅力与吸引力，吸引着新的股民前赴后继奔赴其中。

无论股票、期货，还是其他金融交易市场，说到底都是人性的战争。投资者的欲望和贪婪、趋利与避害与生俱来。资本市场没有做不到，只有想不到；资本市场没有赔不完的钱，只有赚不完的钱。只有建立起正确的操作思路，才能够在股市长期生存下来并获利。你来期货、股票市场的目的是什么？你凭什么来赚资本市场的钱？在市场中，期货做的不是品种本身，股票做的也不是股票本身，否则就是只见树木不见森林了。

交易最重要的除了技术，还有心态和策略。一是耐心等待机会。这是投资的王道。生活中要把事情做好，需要耐心，特别在资本市场，玩的是真金白银的游戏，耐心就显得更加重要。二是风险控制。这包含两个概念，仓位控制与止损。三是要懂得休息。这是最重要的一点，也是最难的一点。交易股票最大的诀窍不是怎么去玩股票，而是什么时候休息，不要天天去看、天天去分析股票，要认准大趋势，大趋势把握住了，心里就有了底。四是不做没把握的行情。股票市场70%以上的投资者都是亏损状态，靠买股票赚钱还真不是一件容易的事，炒股这件事，是所有行业里投资回报率最低的。股市这条食物链上，在普通股民上面有上市公司、证券公司、机构投资者，还有热钱游资，长期来看，他们都是稳赚不赔，他们赚到的钱大多是广大普通投资者赔的钱，所以，普通投资者要想在股市赚钱十分困难。

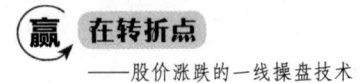

　　本书共三个部分九个章节，提炼了捕捉主升浪强势股的技巧，加入了我近年来新的操盘战法，力求使投资者能用最简单、最直接、最有效的方法来操作股票以至赢利。本书理论与技术观点难免有疏漏与遗憾，笔者热诚欢迎您的坦诚质疑和批评，真诚期待国内外各路投资高手献计献策，共同完善中国人自己的操盘体系。

2021 年 6 月 8 日

广东韶关黄岗山

目录

第一部分 基础理论

第一章 一线交易系统基本概念 / 003

第一节 基本原理 / 003

第二节 基本要素 / 013

第三节 基本理念 / 019

第二部分 基本技法

第二章 一线交易系统的三个技术 / 025

第一节 基本技术：一线操盘术与 11 重滤网术 / 025

第二节 关键技术：股价波动的六种压力 / 031

第三节 核心技术：找出最有价值的操盘线 / 037

第三章 K 线的三个临界点 / 046

第一节 临界点的定义 / 046

第二节 三个向上突破的临界点 / 046

第三节 三个向下突破的临界点 / 057

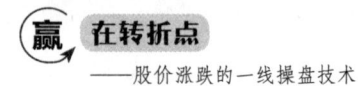

第四章　K线的四个基本结构　/ 068

第一节　基本结构的定义　/ 068

第二节　操盘线下K线的四个基本结构　/ 068

第三节　操盘线上K线的四个基本结构　/ 075

第五章　K线的五个买点与卖点　/ 083

第一节　K线的五个买点　/ 083

第二节　K线的五个卖点　/ 090

第三节　低买高卖利润最大化的技巧　/ 096

第六章　赢在转折点　/ 104

第一节　短期操盘线的转折点　/ 104

第二节　中期操盘线的转折点　/ 115

第三节　长期操盘线的转折点　/ 124

第四节　大周期操盘线的转折点　/ 135

第三部分　高级技法

第七章　共振战法　/ 149

第一节　共振战法的定义　/ 149

第二节　共振战法的买点　/ 154

第三节　共振战法的卖点　/ 163

第八章　涨停板战法　/ 166

第一节　涨停板战法的类型及实战要领　/ 166

第二节　涨停板战法的买点　/ 169

第三节　涨停板战法的卖点　/ 172

第九章　商品期货的买卖点　/ 179

第一节　商品期货交易　/ 179
第二节　商品期货的买点（开仓点）　/ 180
第三节　商品期货的卖点（平仓点）　/ 186

后记　置之死地而后生　/ 194

股价涨跌的一线操盘技术

第一部分

基 础 理 论

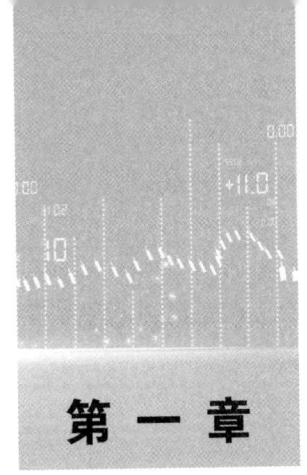

第一章

一线交易系统基本概念

一线交易系统由逢峰调压、遇谷调撑两大核心技术构成,是一种采用以点定线、以线测点将峰顶点、谷底点做均线连线确定操盘线,并以穿线定势决策买卖点的交易技术。下面详述其基本原理、基本要素、基本概念。

第一节 基本原理

一、登山理论

任何一门技术都有理论基础,否则就是空中楼阁、海市蜃楼。证券市场中 K 线的波动与登山运动、自然山脉形神皆似。自然山脉的形成大多是地壳运动,两个板块相撞挤压所致。登山的高度取决于登山者、物质供给、山势山形等综合因素。自然山脉、登山运动与股价涨跌的外部形态、内部机理何其相似,两者的对应关系、逻辑基础分别列表如下:

登山运动与资本市场:

登山运动	资本市场
登山者	投资者
上山	价涨
下山	价跌
山腰间行走	横盘
登山者体能	成交量
登山运动中遇到困难	利空

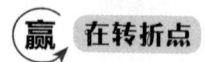

续表

登山运动	资本市场
登山运动中得到帮助	利多

山脉与股票市场：

山脉	股票市场
高低起伏的山脉	高低起伏的股票 K 线形态
树木	K 线
海拔线	价格线
均高线	均价线
山脉最高点（山峰）	阶段性的股价最高点
山脉最低点（山谷）	阶段性的股价最低点
地壳能量	成交量
山脉中的环境	标的股票的基本面
山脉中的动植物	标的股票的主营业务

树与 K 线：

树	K 线
树梢	最高价
树干	K 线实体
树根	最低价
一棵树	一根 K 线
N 棵树	N 根 K 线
一棵树木一个海拔点	一根 K 线一个价格点
N 棵树木 N 个海拔点	N 根 K 线 N 个价格点

均高线与均价线：

均高线	均价线
海拔基点	标的股票上市首日 K 线
海拔点	价格点
海拔线	价格线
N 个海拔点的平均高度	N 个价格点的平均价格
N 个海拔点移动平均高度线（均高线）	N 个价格点移动平均价格连线（均价线）
上升趋势的均高线	上升趋势的操盘线

地壳能量与成交量：

地壳能量	成交量
山势	标的股票的股价
地壳能量释放的大小	标的股票成交量柱的高低
地壳能量释放的形式	标的股票成交量柱的形态

二、能量原理

(一) 能量原理和量子力学

传统理论不管什么流派，认为股市有自身规律，或受基本面，或受技术面，或受群体意识等影响，按一定规律变化或者随机波动。按照量子模型，股市自身具有波函数[①]，股市呈现各种状态的概率受波函数制约。股市研究的重点在于寻找波函数，并且按照概率行事。

(二) 动能与势能

能量可以在物质之间传递，这种传递过程就是做功或传递热量的过程。在传递过程中，若物质运动方式发生变化，能量形式也同时发生转换。例如，物体向上运动时，因克服重力而减慢速度，损失的动能转换为势能；物体返回地面时，速度加快，势能又转换成动能；河水冲击水轮发电机组做功的过程，就是河水的势能和动能通过水轮发电机组转换为电能的过程；热力发电，则是将燃料的化学能借助热力发电装置先后转换为热能和机械能，并最终将机械能转换为电能的过程。

(三) 能量积累与释放

周而复始不断循环的复杂的价格波动形态均来源于能量之间的互换。实战中可通过能量释放的节点，捕捉市场的交易机会。股价波动的趋势可分为上涨、下降、震荡三种趋势形态，而趋势形态与能量是分不开的。一是能量积累。能量积累是多空博弈双方在特定时间、特定区域，维持暂时多空平衡，在股价波动的技术图形结构中表现特征是震荡形态。二是能量释放。能量释放是在震荡区域多空博弈后的最终结果，通常为表现向上或者向下突破，由多或空主导趋势行情。三是股价波动。以能量积累—能量释放—再积累—再释放无限循环的形式运行。

(四) MACD 指标

能量原理的理解很抽象费解，投资者可借助 MACD 这个常用的趋势性指标来判断股价的波动。MACD 指标可视为一线操盘系统的辅助指标。

1. 在股票的各项技术指标中，MACD 指标是最重要的指标之一。它代表股价运

[①] 波函数是量子力学中描写微观系统状态的函数。

行的趋势方向。MACD 指标背离，是指股价上涨（下跌）过程中不断创出新高（新低），但 MACD 指标中 DIF 快线却没有创出新高（新低）的一种现象，可分为底背离、顶背离两种情况。底背离指的是股价创出新低，MACD 指标却并未创出新低。顶背离指的是股价的高点比前一次的高点高，MACD 指标的高点却比指标的前一次高点低，顶背离现象一般是股价在高位即将反转的信号，表明股价短期内即将下跌，是卖出股票的信号。

2. 顶底背离的原理——能量与速度原理。DIF 快线通常取值是 12 日指数移动平均线和 26 日指数移动平均线之间的差值，因而 DIF 快线的上升幅度在很大程度上取决于上升动能的变化。也就是说，只有当股价上涨速度越来越快时，DIF 快线才会越升越高。股价则不然，只要加速度为正值，那么股价仍旧可以上涨。基于此，当股价上升到高位，多方能量不足，加速度开始降低时，股价仍旧可以创出新高，而 DIF 快线无法创出新高，这时就是卖点。

3. MACD 顶底背离与能量柱的图解。

（1）多方市场能量柱 1。DIF 与 DEA 双线在零轴线之上，代表股价处于多头市场。多方能量柱增强（图 1-1），代表多方市场做多能量释放、动能逐步增强。多方能量柱衰退（图 1-2），代表多方市场做多能量释放后，动能逐步衰退。

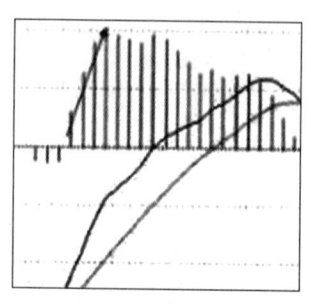   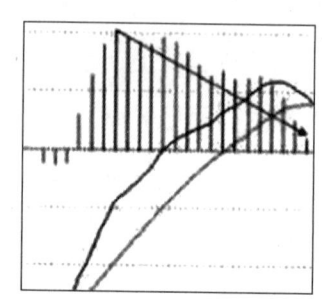

图 1-1 多方能量柱增强　　　图 1-2 多方能量柱衰退

（2）多方市场能量柱 2。DIF 与 DEA 双线在零轴线之上，代表股价处于多头市场。双线死叉下行，代表股价进入调整阶段。空方能量柱增强（图 1-3），DIF 与 DEA 在零轴线之上死叉下行，红柱转化为绿柱①，代表在多方市场中，上涨趋势开始出现调整。空方能量柱缩短（图 1-4），代表调整可能结束，重拾上升趋势。

---

① 本书中零轴下的柱体即绿柱，零轴线上的柱体即红柱。

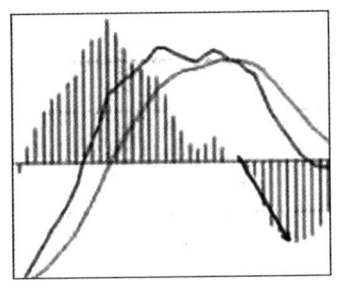 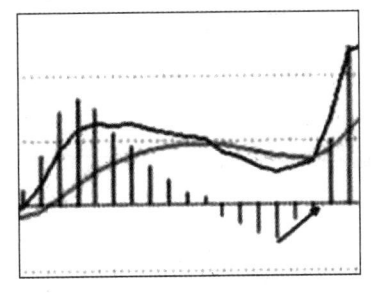

图 1-3　空方能量柱增强　　　　图 1-4　空方能量柱缩短

（3）空方市场能量柱1。DIF与DEA双线在零轴线之下，代表股价处于空头市场。空方能量柱增强（图1-5）：DIF与DEA在零轴之下，市场弱势，绿色能量柱由短增长，正在杀跌。空方能量柱衰退（图1-6）：DIF与DEA双线在零轴线之下，市场弱势，绿色能量柱由长缩短，弱势反弹。

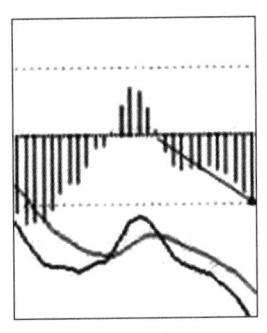 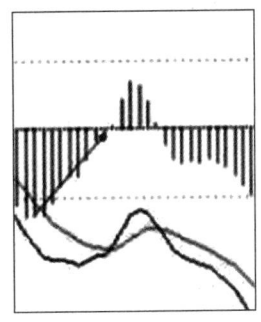

图 1-5　空方能量柱增强　　　　图 1-6　空方能量柱衰退

（4）空方市场能量柱2。图1-7绿色能量柱缩短之后翻红，红柱增强，代表空方市场中的弱势反弹；图1-8红柱增强之后再次缩短，修复性反弹随时结束。

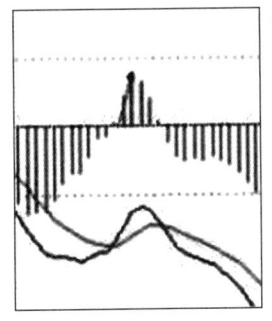 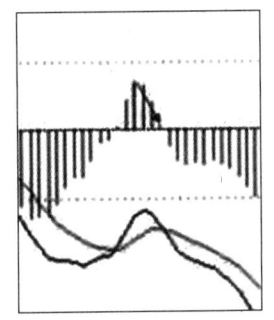

下跌行情运行中反弹增强　　　　下跌行情运行中反弹随时结束

图 1-7　空方能量柱增强　　　　图 1-8　空方能量柱衰退

（五）MACD 指标应用案例

案例1：大名城600094，见图1-9。

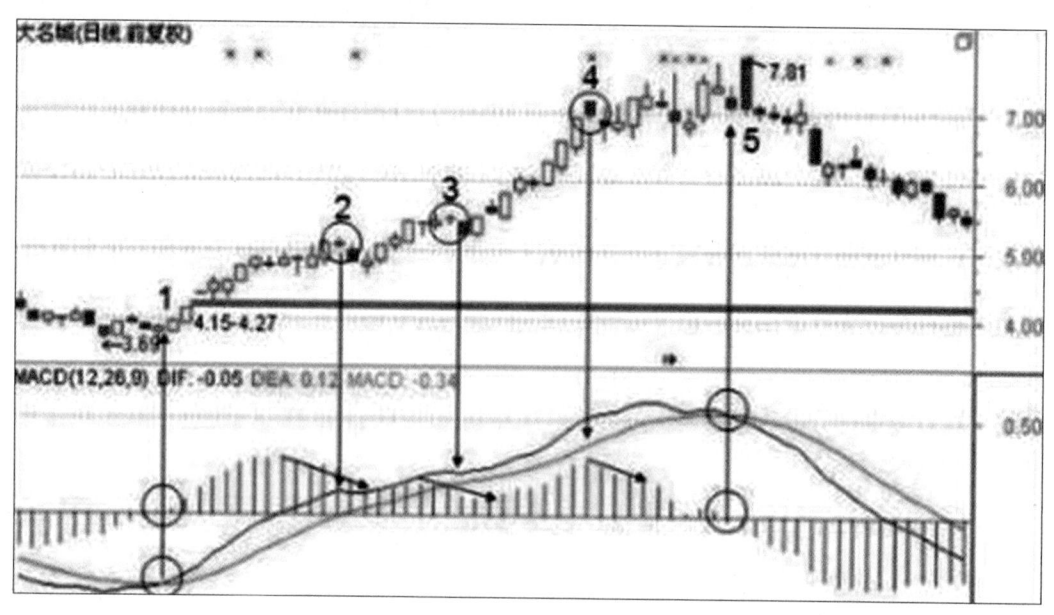

图1-9

标注点1：零轴圆圈，由绿翻红，这是做多能量。做多的点，DIF 上穿 DEA。圆圈：零轴之下金叉，零轴之下金叉由绿翻红，做多能量所对应的股价形态是底部结构。

标注点2：股价滞涨回落，对应红柱缩短说明做多动能衰退，但是没有变成绿色柱，还没构成顶部结构，2所对应的位置，是趋势中的回撤结构，代表中继结构。

标注点3：股价滞涨回落，整体环境都在零轴之上，做多动能减弱，指标没有翻绿，仍是中继结构。

标注点4：指标在零轴以上。红柱从4这个位置开始缩短了，做多的动能开始不足，不过并没有翻绿。

标注点5：股价出现高点之后，指标在零轴之上是多头市场，但双线开始死叉，MACD 由红翻绿，顶背离，能量发生实质性变化，开始做空。

案例2：洪涛股份002325，见图1-10。

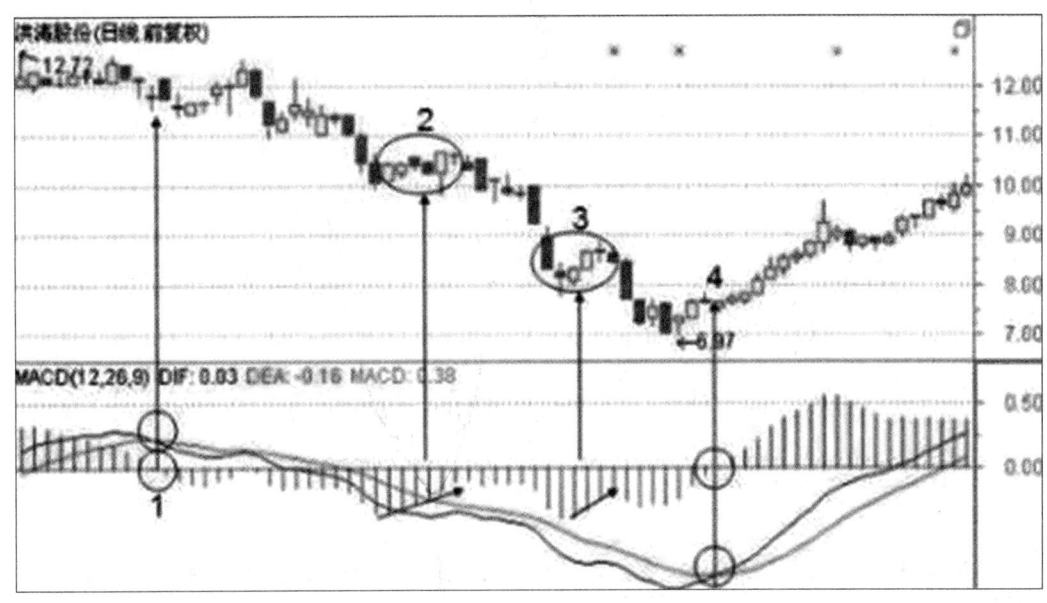

图1-10

标注点1：能量柱MACD由红翻绿，DIF与DEA死叉，股价形成了顶部结构，进入震荡调整阶段。

标注点2：DIF与DEA位于零轴之下，处于弱势市场环境，但是，绿柱缩短，代表做空动能不足，股价出现止跌，这时需要观察绿色能量柱是否由绿翻红。如果由绿翻红，那么2位置可能会反弹。实际上绿柱再次由短变长，是下跌中继。

标注点3：能量柱又开始缩短，做空动能不足，是反弹还是下跌中继？能量柱由短变长，那么3这个位置仍然是下跌中继。

标注点4：能量柱缩短翻红，做空动能不足，股价止跌。点4与点3、点2不同的就是：能量柱发生了变化，且DIF与DEA在零轴下出现金叉。配合能量柱由绿翻红，由此判断有可能延伸为底部结构，形成一波反弹。

三、三定规律

一线交易系统又称一线操盘术，它有三个操盘规律——以点定线律，以线测点律，穿线定势律。

（一）以点定线律

通过不同阶段的峰顶点、谷底点确定山峰线、山谷线，并找准有实战价值的操盘线，这就是以点定线律。峰顶点代表阶段性最大压力，谷底点代表阶段性最大支撑，根据一线交易系统逢峰调压、遇谷调撑技术，通过峰顶点调绘一条均线作为山峰线（山峰线取值为55日均线，如何设置，详见本书第二章第三节）。如图1-11。

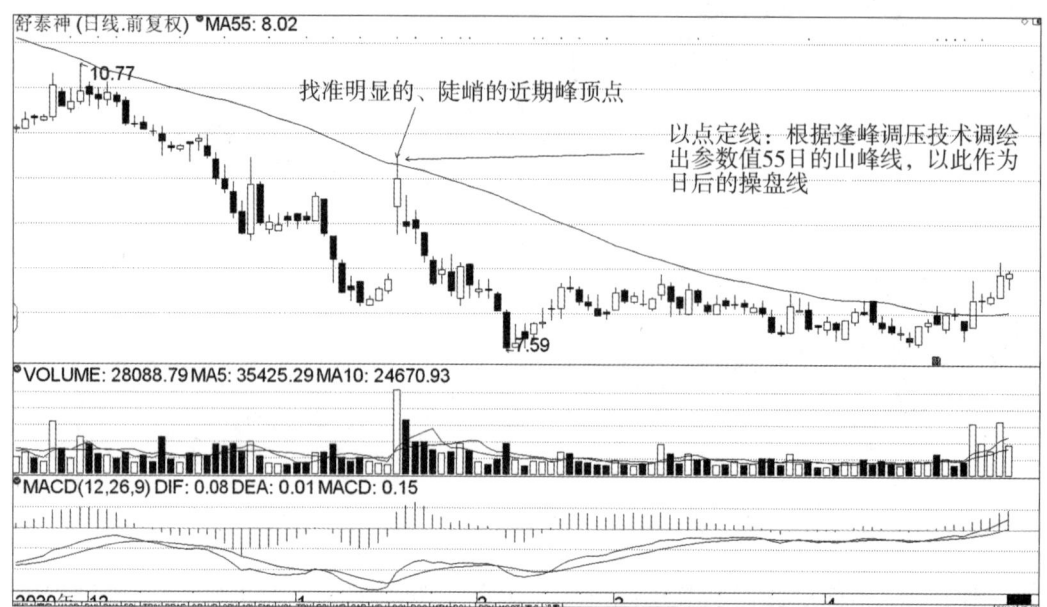

图1-11

通过谷底点调绘一条均线作为山谷线（取值为30日均线）。如图1-12。

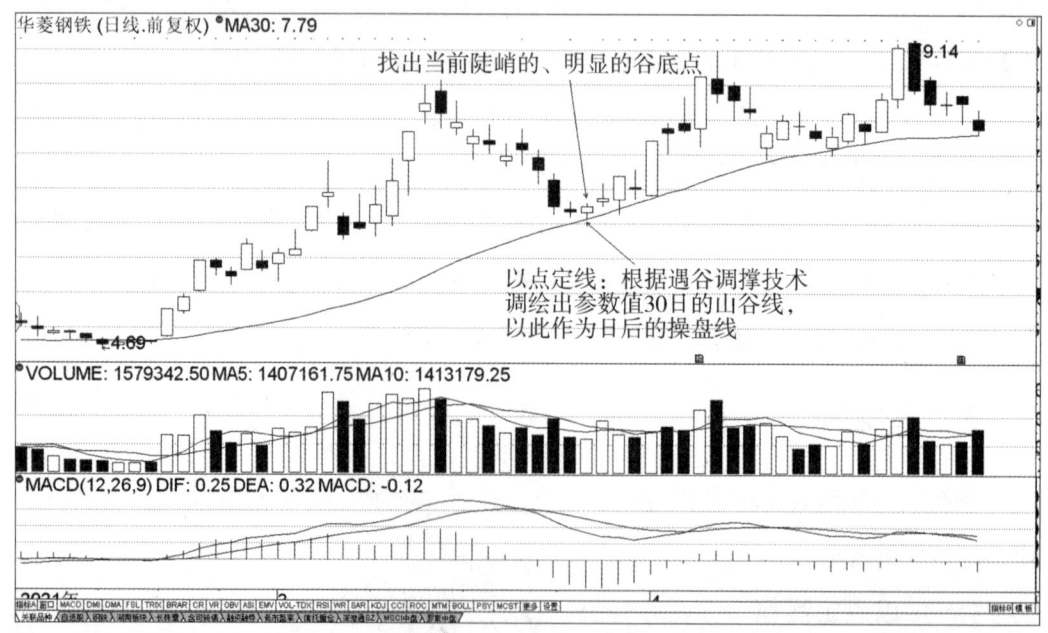

图1-12

以上两个图例就是逢峰调压、遇谷调撑的以点定线律,我们以此来作为操盘的依据。

(二) 以线测点律

通过标的股票不同阶段的峰顶点、谷底点,根据一线交易系统逢峰调压、遇谷调撑技术,调绘出山峰线、山谷线,找出操盘线。根据一线交易系统逢峰调压、遇谷调撑技术,调绘出通过的山峰顶点、谷底点所形成的均线值就是交易点,即以线测点律。

按图索骥,通过操盘线来观察标的股票股价何时形成突破点、回踩点,进而找出标的股票的买点。如图1-13。

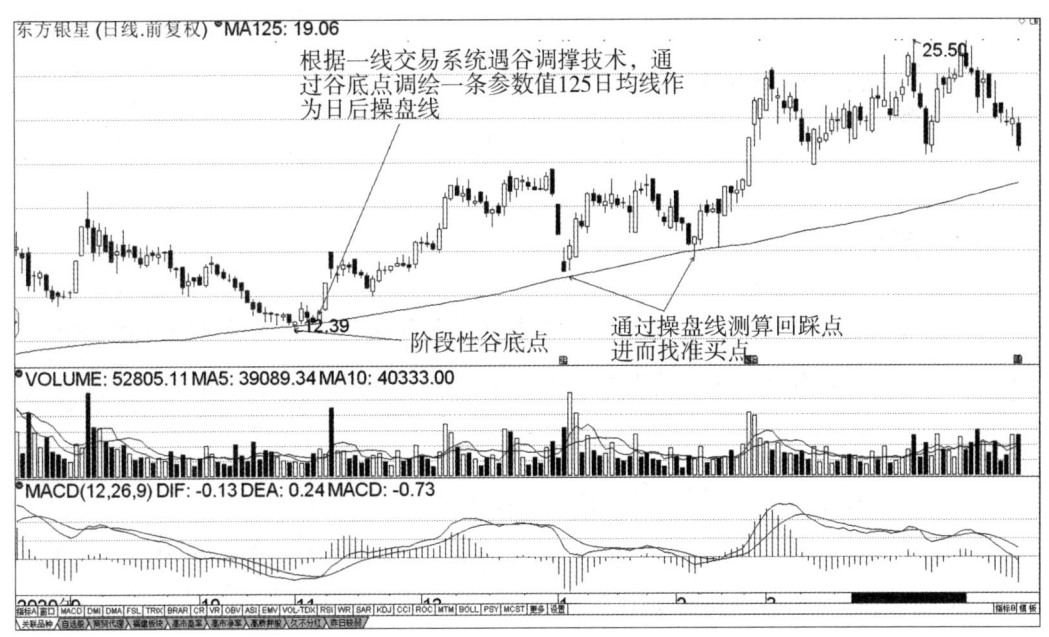

图1-13

(三) 穿线定势律

通过标的股票不同阶段的峰顶点,根据一线交易系统逢峰调压技术,调绘出一条山峰线,观察标的股票的山峰线何时被突破,一旦股价突破山峰线,改变股价原来的运行趋势,解套了某一阶段的被套筹码,改变了股价波动的速率与斜率,股价由跌转涨,则确定进入上涨趋势。如图1-14。

图 1-14

四、周期循环

股市周期循环是指股市由涨到跌、由跌到涨的反复波动。涨的起点到跌的终点称为一个周期。熟练地掌握周期循环理论，可有效把握进出市场的时机，成为股市的赢家。

股市周期循环的一个周期大致由九个阶段组成：

1. 低迷期。在这一时期，股票行情屡创新低，大多数投资者持悲观态度，无论主力还是中小散户绝大多数亏损，没有耐心的投资者纷纷抛出股票观望，少数精明投资者与机构则开始悄悄进货。

2. 初升期。很多股票已跌至不合理价位，在这时买进的投资者因成本极低，预期再跌有限，大多不愿轻易抛出或杀跌卖出。这一阶段成交量不规则递增。有的投资者开始较积极地买进股票。

3. 回档期。这一时期也称多头市场的回档期。其特征是成交量突然减少，股价出现回档。下跌到一定幅度时，让人有跌不下去的感觉，这一时期也是投资者趁低位买入的时期。

4. 主升浪。市场处于繁荣阶段，各种有利的消息将股价持续拉高，投资者纷纷入市。个股价格越涨越高，甚至全面大涨。精明的投资者却开始伺机出货，或冷静观望。

5. 末升期。股票市场异常活跃，不过，涨幅较大的已经是一些投机股和过去很少成交的冷门股。原先的热门股因升幅有限反而受冷落，这一时期的成交额暴增，股价已升至不合理的阶段，这个时期做短线炒卖投机的风险极大。

6. 初跌期。由于多数股价已偏高，投资者尤其是大户投资者开始抛售。冷门股的价格大幅下跌，成为这段行情的主要特征。

7. 反弹期。市场跌幅过急，出现回稳和反弹。一些高价卖出的投资者入市购买，加上其他投资者的跟进，股价略有上升，但是股市欲涨乏力，成交量也跟不上，反弹不久再度下跌。少数投资者趁着价格反弹卖出股票。

8. 主跌期。这一时期大部分股票的价格跌幅很深，各种利空消息和谣言满天飞，市场一片悲观，投资者信心动摇，成交量不断萎缩。

9. 末跌期。这一时期，股价总体跌幅已很大，阶段成交量很小，股价的跌幅也开始逐步缩小，投资者手中的股票大多已抛出，这时有眼光有实力的投资者开始低位分批吸入。

以上就是周期循环理论的内容，仔细研究会发现该理论与波浪理论、趋势理论有很多相似之处。

第二节　基本要素

一、K线

要参与股票、期货等资本市场的博弈，要读懂市场背后的买卖双方在怎样博弈，首先就要求能看懂K线图。K线起源于日本，是一条柱状的线条，由影线和实体组成。影线在实体上方的部分为上影线，在实体下方的部分为下影线。实体分阳线和阴线两种。股票每日、每周、每月的开盘价、收盘价、最高价、最低价等涨跌变化状况，即可用K线图表现出来。收盘价高于开盘价，K线为阳线。上影线的长度表示最高价和收盘价之间的价差，实体的长短代表收盘价与开盘价之间的价差，下影线的长度则代表开盘价和最低价之间的差距。当收盘价低于开盘价，K线为阴线。实体的长短代表开盘价比收盘价高出的幅度，下影线的长度则由收盘价和最低价之间的价差大小决定。

阳线表示买盘较强，卖盘较弱，股票供不应求，会导致股价上扬。阴线表示卖盘较强，买盘较弱，此时，由于股票的持有者急于抛出股票，致使股价下挫。上影线越长，表示上档的卖压越强，意味股价上升时，会遇到较大的抛压；下影线越长，表示下档的承接力越强，意味股价下跌时，会有较多的投资者购进股票。K线图往往受到多种因素的影响，用其预测股价涨跌并非能做到百分之百的准确。对于同一种图形，许多人也会有不同的理解，做出不同的解释。在运用K线图时，一定要结合其他多种因素以及其他技术指标进行综合分析和判断。如图1-15。

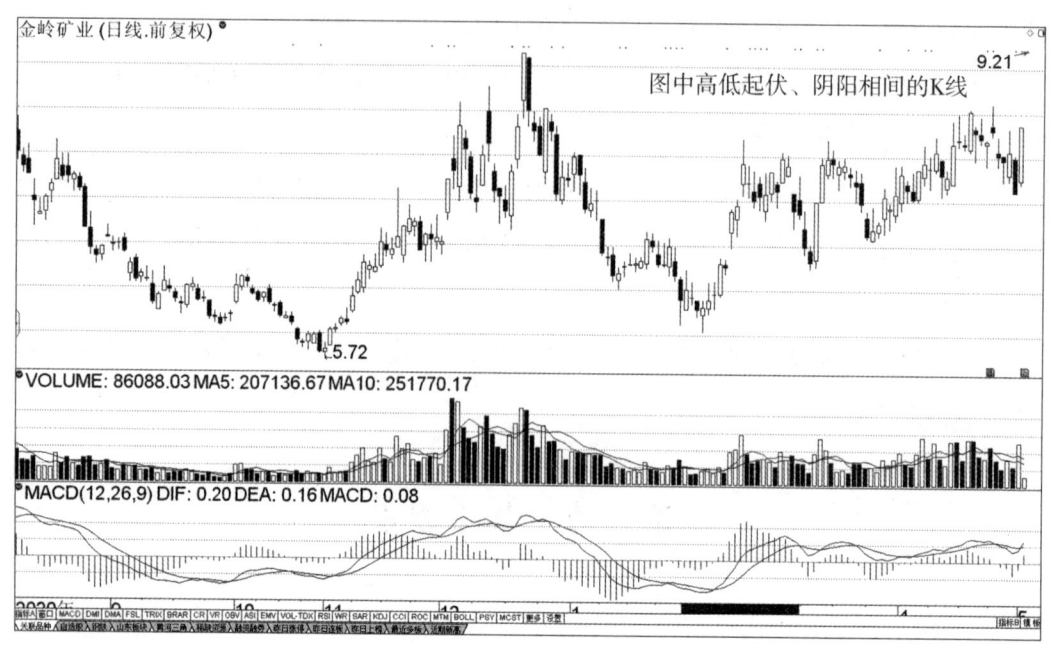

图1-15

二、均线

移动平均线，简称MA，是用统计分析的方法，将一定时期内的证券价格（指数）加以平均，并把不同时间的平均值连接起来，形成的一条线，是用来观察证券价格变动趋势的一种技术指标。它代表在一段时间内买入股票的平均成本，反映了股价在一定时期内的强弱和运行趋势。具有追踪趋势、滞后性、稳定性、助涨助跌性以及支撑和压力特性。MA这条均线是美国著名投资专家格兰维尔（Joseph Granville）在20世纪中期提出来的。均线与价格是孪生关系，相互引导制约、相互吸引确认，在操作上有近30种基本技术动作，如：碰线、穿线、破线、冲线、靠线、黏合、回踩、反抽、拉线，等等。均线理论在技术分析领域应用最普遍，可帮助交易者确认现有趋势、判断即将出现的趋势、发现反转的趋势。如图1-16。

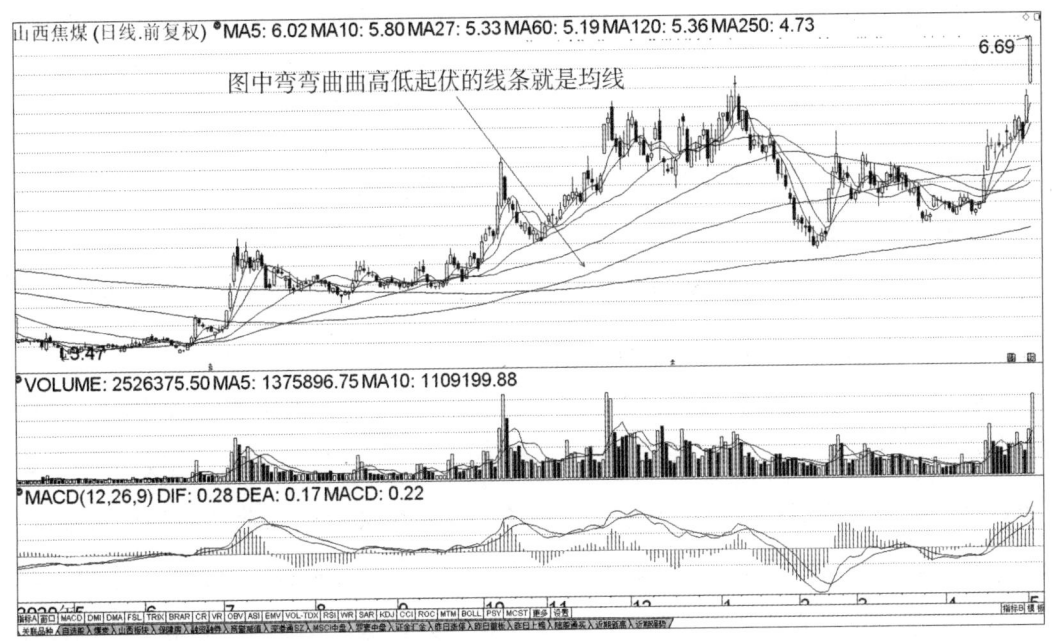

图1-16

三、成交量

成交量是股票市场供求关系的具体表现，表明买卖双方对股票即时价格的认同程度，记录交易者在不同价位上买卖股票的数量，代表股票的活跃程度和流通性。交易者买卖股票，主要取决于股价高低和市场人气。人气越旺盛，交易者进出越自由，意味着入场资金越充沛，赢利的可能性要大于亏损的可能性。因此，成交量最重要的价值，是从市场人气的角度透露了市场的参与意愿和参与深度，为交易者提供了参考依据。

成交量从基本形态上划分，有四种：

1. 放量。放量一般发生在市场趋势发生转折的转折点处，市场各方力量对后市分歧逐渐加大，一部分人坚决看空后市时，另一部分人却对后市坚决看好。放量相对于缩量来说，可以有很大的虚假成分，控盘主力利用手中的筹码大手笔对敲放

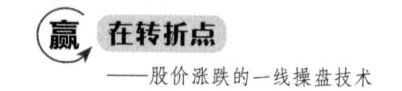

出天量,是非常简单的事。但只要抓住了主力用意,就可将计就计。

2. 缩量。缩量是指市场成交极为清淡,大部分人对市场后期走势十分认同,意见十分一致。这种认同分两种情况:一是市场人士都十分看淡后市,造成只有人卖,却没有人买,导致急剧缩量;二是市场人士都对后市十分看好,有人买,却没有人卖,导致急剧缩量。一般而言,下跌缩量,坚决出局,等量缩到一定程度,开始放量上攻时再买入。上涨缩量,坚决买进,等股价上冲乏力,有巨量放出的时候再卖出。

3. 堆量。当主力意欲拉升时,几日或几周以来,成交量会缓慢放大,慢慢推高股价,成交量在近期的K线图上,形成一个状似土堆的形态,堆得越漂亮,就越可能产生大行情。相反,高位的堆量表明主力去意已决,大举出货。价格随成交量的递增而上涨,是市场行情的正常表现,表示后市价格还将继续上扬。

4. 突放巨量。突放巨量可以发生在股价的任何阶段,在上涨过程中的突放巨量通常表明这是多方最后的力量,下跌过程中突放巨量表明空方的力量最后一次集中释放,后市继续深跌的可能性很小,短线的反弹可能就在眼前;逆势突然放量,在市场一片喊空之时放量上攻,这类个股往往昙花一现,随后通常会加速下跌,使许多在放量上攻当天追高的投资者被套牢,如果突破某一重要形态的放量,则往往说明形态成立,后市将沿着形态的发展趋势进行。

成交量的量价关系有三个观点:一是价格摆在第一位,成交量是次要的。二是成交量领先于价格运动。三是成交量验证价格形态。可细分为以下几种类型:量增价平,转阳信号;量增价升,买入信号;量平价升,持续买入;量减价升,继续持有;量减价平,警戒信号;量减价跌,卖出信号;量平价跌,继续卖出;量增价跌,卖出观望。

成交量的行为关系有两种:一是自然成交量,指没有主力参与的个股,在一种相对自然的运行状态下所形成的相对低迷的成交量,成交量柱散乱低迷,没有明显的演化规律。二是人为成交量,指有主力资金积极参与的个股,在强大买卖盘的推动下形成活跃的成交量,成规模且有明显规律。如图1-17。

图 1-17

四、谷底点

股价阶段性最低点即谷底点。标志做空能量衰竭，做多能量开始累积，意味着阶段性最大支撑位置，是股价阶段性的支撑点、生命点，为一线交易系统中核心技术遇谷调撑确定操盘线的关键要素。

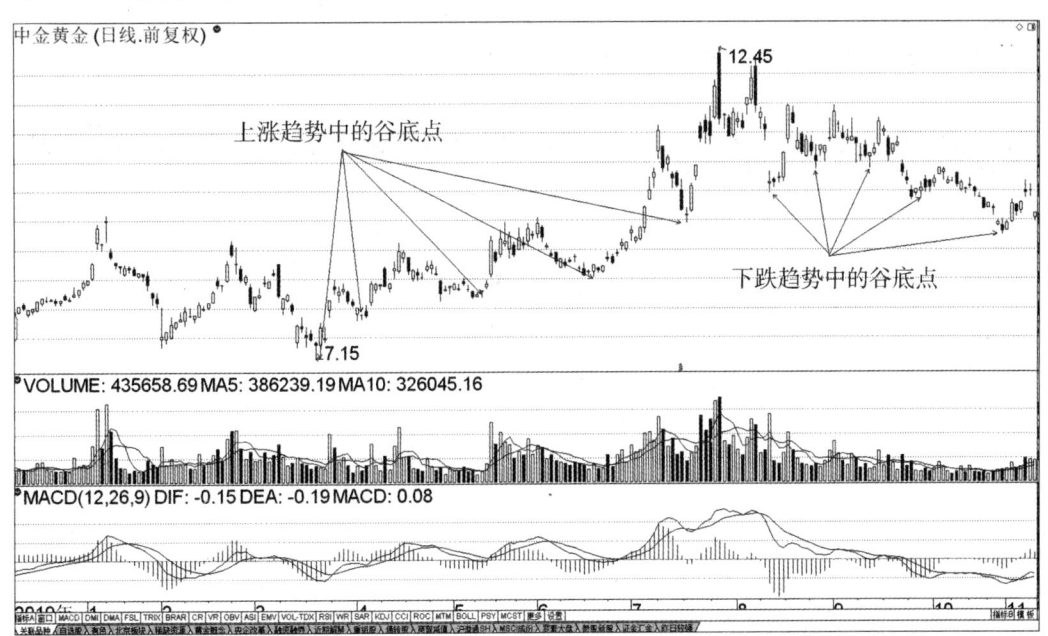

图 1-18

其形态特征是：股价显示阶段性的最低点；谷底点对应的成交量柱通常是低量柱；谷底的角度小于180度，越陡峭越好；谷底点左右两边至少要有三根以上K线；在任何趋势中，上涨趋势中的谷底点价值最大。如图1-18。

五、峰顶点

股价阶段性最高点即峰顶点。标志做多能量衰竭，做空能量开始累积并释放，是阶段性最大压力位置，为一线交易系统中核心技术逢峰调压确定操盘线的关键要素。

其形态特征是：股价是阶段性的最高点；峰顶点对应的成交量柱通常是高量柱；峰顶的角度小于180度，越陡峭越好；峰顶点左右两边至少要有三根以上K线；存在于任何趋势中，下跌趋势中的峰顶点价值最大。如图1-19。

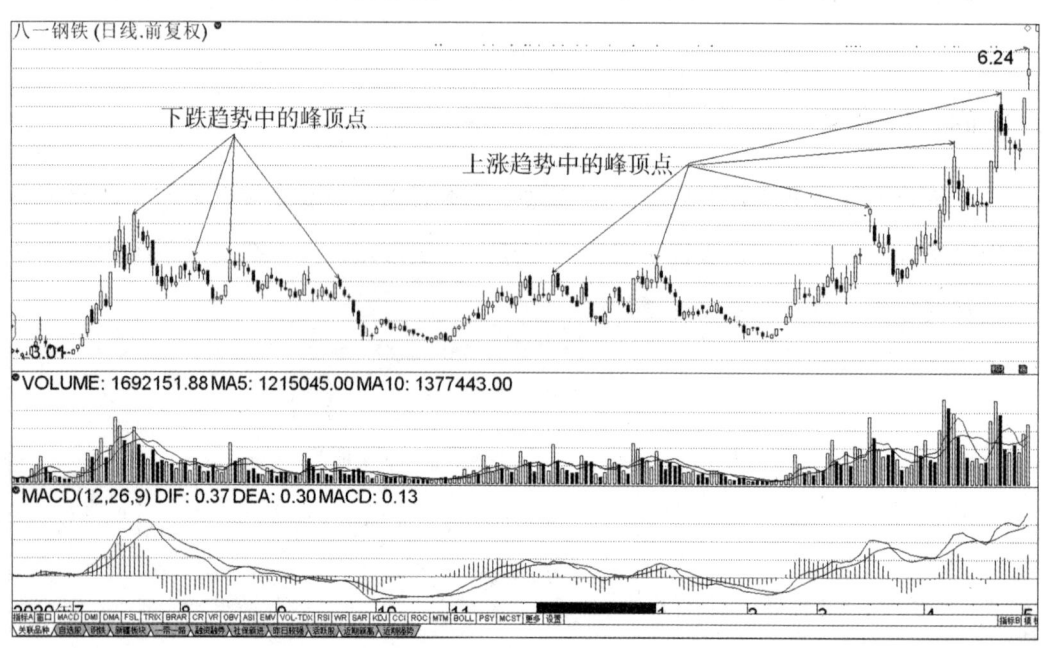

图1-19

第三节　基本理念

一、止损

（一）止损的意义

止损与资金管理是金融市场最重要的两项内容。止损是指当某一投资出现的亏损达到预定数额时，及时斩仓出局，避免形成更大的亏损，目的在于投资失误时把损失限定在可接受的设定范围内。股票投资与赌博的一个重要区别就在于前者可通过止损的手段，把股票投资损失限制在一定的范围内，同时又能够最大限度地获取成功的报酬，换言之，止损就是以较小代价博取较大收益。

止损的原因有多种。一是主观决策错误。进入股市的每一位投机者都必须承认自己随时可能会犯错误，这是一条十分重要的理念。究其背后的原因，是因为股市是以随机性为主要特征，上亿个账户的博弈不存在固定的规律，股市中唯一永远不变的就是变化。股市在一定时期内确实存在一些非随机性特征的行为，例如主力操控、资金流向、群体心理、自然周期等，这是股市高手们生存的土壤，也不断吸引着更多的人加入股市从而维持股市运行发展，这些非随机性运行的行为肯定不是简单的重复，只能从概率上来分析，如果成功的概率是70%，那么同时失败的概率就是30%。另外，规律也有失效的时候，当失败概率变为现实，或者规律失效，这时就有必要挥刀止损。二是客观情况变化。例如公司或行业的基本面发生意料之外的突发利好或利空，宏观政策重大变动，发生战争、政变或恐怖事件，以及地震、洪水等自然灾害，主力资金链断裂，等等，所以，必须坚持鳄鱼法则，永远把止损放在第一位，以避免在交易过程中出现大的亏损。

止损的错误认知：一是侥幸心理。这是最常见的心理，人们总是认为，跌下去还会再起来。而实际上，很多股票一旦跌下去，就趴着好几个月甚至好几年都没有再起来。尤其是那些追高追在山顶上的人，如果不及时止损，那么等几年都未必会回本。二是死扛心理。总想死扛回来，证明自己的正确。但市场才是永远正确的，一旦陷入不认错的误区，死扛着，那么不仅耗费时间，也耗费精力，更错过了其他牛股。比如中国石油（601857），2007年12月下旬的高点是29.65元（前复权），

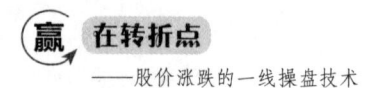

十几年过去了，截至 2021 年 12 月下旬，股价也只有 5 元左右。三是一根筋思维。有些人认为止损是没本事，老是止损，会把利润止损掉。其实，当你频繁止损时，错在你，不在止损这个策略。一般而言，频繁止损，证明交易逻辑不对。谋定而后动，反思原因，制订计划才是正道。要知道，这个市场破产的人，都是那些死扛而不止损的投资者。一个养成良好交易习惯，善于止损的人，才能在市场长久生存，成为股市赢家。

（二）止损的方式

实战中，止损的方式常见有以下几种：

1. 刚性止损，也叫机械止损或固定止损。不管是在哪个位置哪个趋势中，如果买入后股价没有上涨，就要在买入价基础上，或者在操盘线之下亏损 3% 时，坚决止损卖出。尤其在震荡市与熊市中，更要严格执行这个止损方法。如果投机者发现交易信号止损幅度大，必须削减，更换止损幅度小的信号入场交易，这个幅度应该是可以接受的合理亏损。

2. 形态止损。股价跌破标的股票 K 线图形中头肩顶、M 头、多重顶、圆弧顶等头部形态的颈线位，跌破箱体、头肩底、圆弧底、多重底等底部中继形态的颈线位，跌破峰顶点、谷底点或者重要的 K 线之后，坚决止损离场。

3. 点位止损。指股价跌破关键点位，如股价某低点、前一根 K 线最低价、前期谷底点等。

4. 操盘线止损。按照一线交易系统的五个买点①之一买入股票后，股价没有按照预期上涨，若干天后收盘价只要跌破操盘线就卖出，因为跌破操盘线代表着一个上涨攻击波段行情结束。投资者可把短、中、长期操盘线设定为止损线。

5. 趋势线止损。买入股票后，股价没有按照预期上涨，收盘价跌破水平趋势线、倾斜趋势线后，止损出局。

6. 基本面止损。当标的股票的基本面发生转折，出现重大不利消息，应果断地不计成本卖出股票。预期利好未能出现，应摒弃任何幻想，卖出股票。这时不能再看任何技术指标，因为决定技术面走势的基础已不复存在。

实盘中，可以采取以下几种方式，提高赢利能力，降低止损次数与幅度，提高

---

① 五个买点详见本书第五章第一节。

胜率：

1. 从哪根线进就从哪根线出原则。比如在某根操盘线的突破点买入后，发现股价没有按照预期上涨，股价跌破操盘线，坚决止损卖出。买入点距离止损位置越近，机会成本越低，符合大赚小赔的原理。

2. 均线黏合的标的股票，不同时间周期的选择买入筹码成本接近一致，洗盘充分，容易上涨。

3. 长买短卖止损法。在靠近长期操盘线即市场成本低的位置买，在跌破短期操盘线即市场成本高的位置卖。

二、资金管理

在资本市场，资金管理是指通过限制单次投入资金的比例来控制风险，降低风险，提高胜率，提高赔率。资金管理方式取决于交易风格，是激进还是稳健。资金管理可影响资金净值升降曲线平滑的程度。常见的资金管理策略有金字塔形、倒金字塔形、等比例、漏斗式买入法等。

比如，金字塔形买入法为先建仓一成，如果下跌几个点后加仓两成，如果再下跌几个点后再加仓四成，越往下加得越多。漏斗式买入法也就是利弗莫尔买入法，先买入小仓一成，如果下跌即止损；如果上涨，上涨几个点后加两成，再上涨几个点后加四成。要求投资者对资金管理"梯次进出，中短结合，平滑收益，降低风险"，即大盘牛市，70%～100%仓位，平衡市30%～50%仓位，熊市0～15%仓位。

资金管理可参照基金的评价方式，综合风险系数、波动率、收益期望，以及操作习惯和心态。坚持持仓比、分散度、批次量、手法值、个股波动系数。坚持仓位控制的原则。慎重满仓，始终保持一定比例的备用资金；市场出现无风险机会的时候，可以放大资金操作；在市场出现波段操作机会时，可以重仓短线操作；在市场出现技术性机会时，可以轻仓短线操作；买卖不过量，控制损失不超过本金的十分之一；当买、卖遭遇损失时，应出局，永不加码交易。

股价涨跌的一线操盘技术

第二部分

基 本 技 法

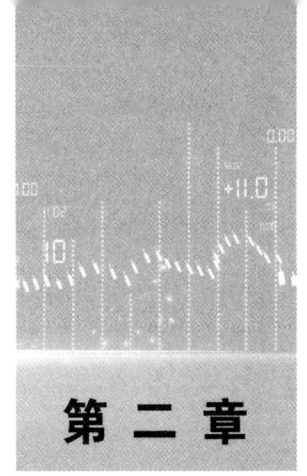

第二章

一线交易系统的三个技术

第一节 基本技术：一线操盘术与11重滤网术

一、一线操盘术

一线操盘术是依据一条不同时间周期的均线来操作股票、商品期货等金融工具的技术。具体而言即以谷底点、峰顶点为核心要素，将逢峰调压、遇谷调撑作为核心技术调绘成一条操盘线，来进行动态操盘的技术。

实战中，一线操盘术有狭义与广义之分。

狭义的一线操盘术，是指依据一条中期操盘线来操盘的技术。

中期操盘线是股价中级涨跌行情的分水岭、临界线。

从操盘的角度，中期操盘线可以是逢峰调压而成的一条山峰线，也可以是遇谷调撑而成的一条山谷线，山峰线与山谷线的参数值在20与60之间，如图2-1、2-2。还可以是证券行情软件默认的普通均线参数值20日、60日均线，如图2-3、2-4。

中期操盘线可以是逢峰调压而成的一条山峰线。如图2-1。

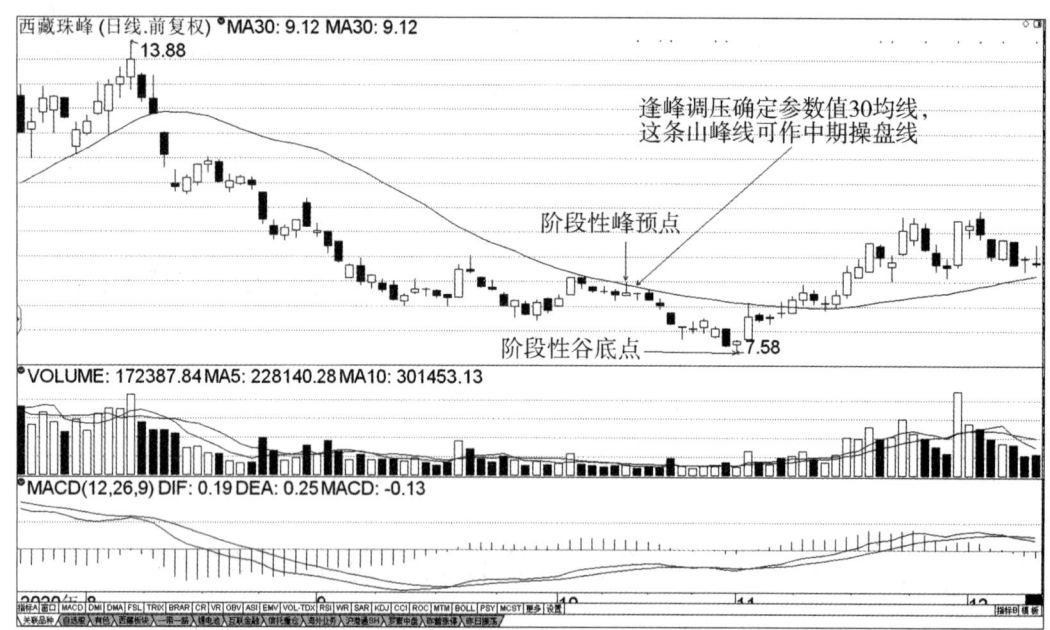

图2-1

中期操盘线可以是遇谷调撑而成的一条山谷线。如图2-2。

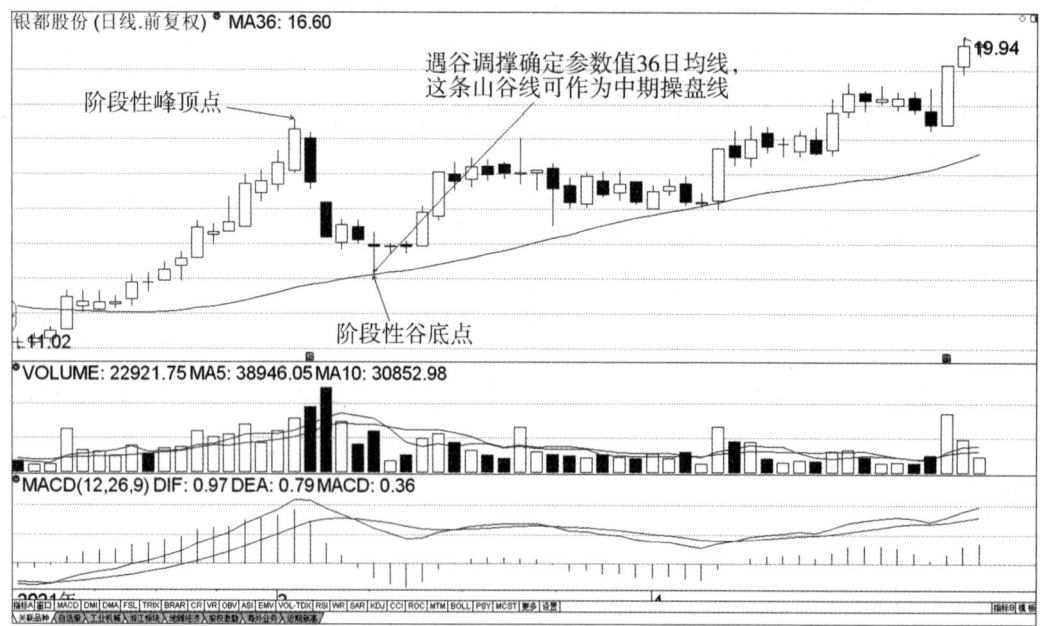

图2-2

第二章
一线交易系统的三个技术

中期操盘线可以是证券行情软件默认的普通 20 日均线。如图 2-3。

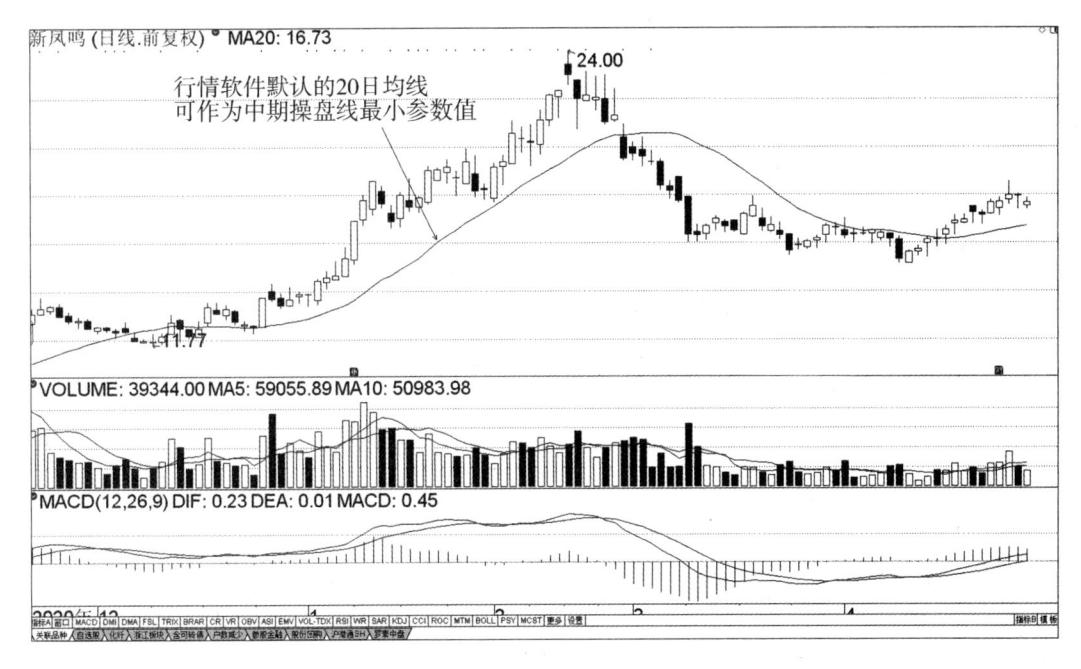

图中标注："行情软件默认的20日均线可作为中期操盘线最小参数值"

图 2-3

中期操盘线可以是证券行情软件默认的普通 60 日均线。如图 2-4。

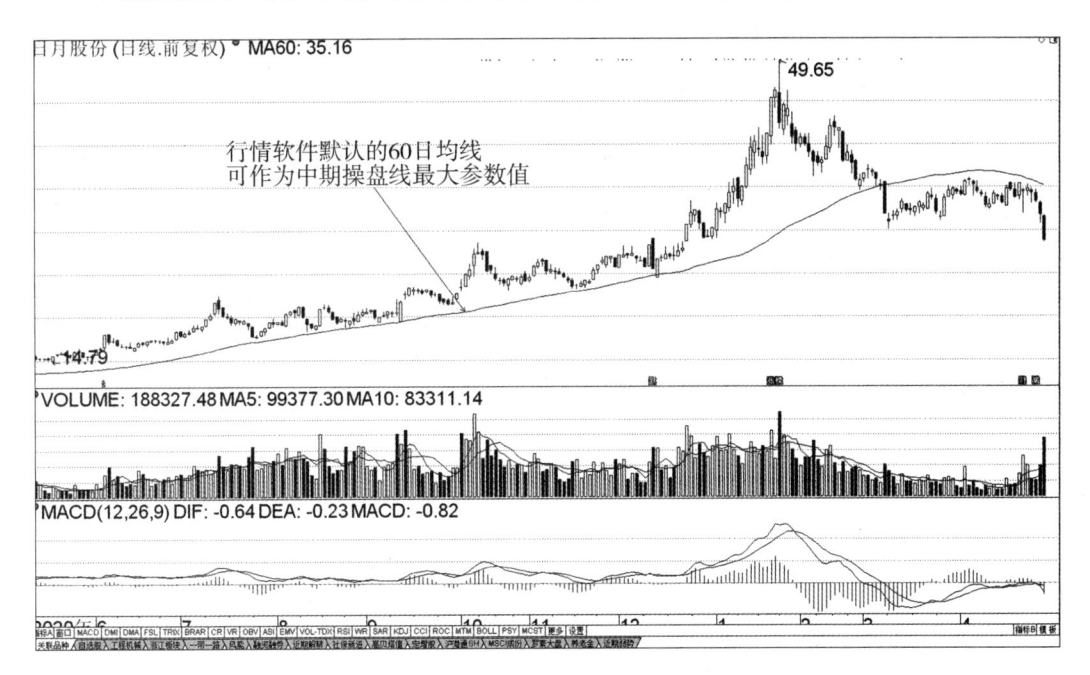

图中标注："行情软件默认的60日均线可作为中期操盘线最大参数值"

图 2-4

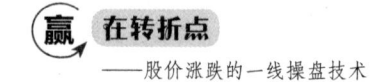

广义的一线操盘术，是指依据任意一条均线来操盘的技术。从操盘的角度，任意一条均线可以是逢峰调压、遇谷调撑而成的任意一条山峰线、山谷线，也可以是证券行情软件默认的均线，如5日、10日、20日、60日、120日、250日均线。

二、11重滤网术

（一）11重滤网术的内容

不同个股、同一只个股在不同时期都有不同走势，阴克阳、阳胜阴经常互换。在风云变幻、风险极大的证券市场操作股票，通常要综合考虑多方面的因素，要符合多项充分必要条件，才能确定买卖点。笔者在长年实战中，归纳出11重滤网术，内容如下：

1. 宏观：我国证券市场是有着中国特色的新兴市场，如国有成分比重大、政策性强、波动性大、投机性高，导致股价的波动在很大程度上依赖宏观面。宏观面的判断可用总量分析法与结构分析法，常用的经济指标是GDP、CPI、PPI、M1、M2、利率、汇率等几十项。

2. 政策：是指对股市可能产生影响的有关政策，包括财政政策与货币政策。主要体现在税收调节、财政支出、国债发行、财政补贴、利率政策、公开市场业务、货币供应量等对证券市场的影响。

3. 题材：通常特指由于某些突发事件或特有现象的出现而使部分个股具有一些炒作的题材，例如新冠疫情口罩概念、医美、有色等。市场要炒作就必须以各种题材做支撑，这样才会产生热点，才会在资本市场掀起波涛，这已成为市场的规律，它的刺激因素是政策与重大事件。常被利用的炒作题材大致有以下几类：上市公司的经营业绩好转，国家产业政策扶持，将要或正在合资合作，股权转让，控股或收购等重大资产重组。

4. 基本面：上市公司的基本面对股价的影响最直接最明显，所以必须学会选公司、选企业，包括所属行业、背景与历史、经营管理、市场营销、研发能力、融资能力、财务报表，尤其是每股收益、市盈率、净资产收益率等。

5. 价：股价是指股票的交易价格，以股票的价值为基础，因此，股价的真实含义是企业资产的价值。股价是市场中最重要、最关键、最基本、最核心的要素，是所有技术分析指标的基础和根本，技术指标都是随着价格波动而变化。

6. 量：成交量是指一个时间单位内成交的数量。股票市场上，供不应求时，投资者抢着买进；反之，供过于求，市场就冷清，卖盘大于买盘。买卖股票的数量就是成交量。它是分析散户与主力筹码进出的重要指标，是金钱流动的轨迹，是股价涨跌的动力，是整个盘口的精气神所在。

7. 线：线包括均价线、均量线、指标线。如本书的操盘线，其斜率反映股价数值大小、运行趋势，方向一旦形成，将在一段时间内保持，运行中所形成的高点或低点具有阻力或支撑作用，因此均线指标所在的点位通常是十分重要的支撑或阻力位置，可为投资者提供买进或卖出的参考，均价线系统的价值也由此体现。

8. 形态：字面上解释是形状、神态、姿态，是事物在一定条件下的表现形式或形状。如K线形态有红三兵、圆弧底、"U"形底部、反转十字星、双重底、头肩底、低位档五阳线等类型。均价线形态有黏合、金叉、靠线、发散等。

9. 位置：证券市场的位置指K线、均价线、成交量等指标在不同时间所在的具体地方，如某根K线代表的价格处于近半年的最低价，某一根成交量柱显示为一年以来的最低量，等等。相同的形态出现在不同位置，其市场意义是不一样的。再完美的形态，如果所在的位置不当，都将导致投资失败。

10. 趋势：趋势就是股票价格运动的方向。认识趋势是观察和分析金融市场（股票、期货、外汇等）的基础环节。一轮趋势确立以后，将往某个特定方向运行一段时间。其方向分为上升方向、下降方向、水平方向。其类型有主要趋势、次要趋势和短暂趋势三种。

11. 大盘：它是某股票市场所有股票的汇总，大盘涨，八成个股涨；大盘跌，八成个股跌。大盘是纲，是本，个股的涨跌基本都要看大盘的脸色，不过随着证券市场的改革，齐涨共跌的时代已远去，证券市场为有技术的投资者提供了实现财富自由的肥沃土壤。

（二）11重滤网术的运用

投资者根据一线交易系统的11重滤网术操作股票，需要注意：

1. 注意题材热点是否有持续性。

2. 密切关注国际新闻及外盘的股市、期市、汇市、黄金白银、石油美元等走势。

3. 密切关注新闻联播及各类新闻，从海量的信息中，筛选出对股市及个股产

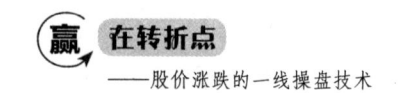

生重要影响的最新信息，尤其是对个股可能产生翻天覆地正面影响的信息，这需要很强的新闻敏感性与题材分析能力。政策是产生热点题材的最重要因素，重大事件是产生题材热点的另一重要因素，如战争、疫情等。

4. 建议利用东方财富网，把每天的题材热点与对应的板块个股选出来，结合一线交易系统的买卖点与支撑压力技术，筛选有实战价值的标的股票。

5. 利用证券软件快速选出短中长周期操盘线多头排列的强势股票，尤其是5日、10日、20日、60日、120日、250日六线之上第一阳的股票。

6. 利用一线交易系统五个买点技术（详见第五章第一节），确定能操作的标的股票。

此外，市场上还有以下几种选股模式。

1. 程序化交易。股票软件的基本功能是信息实时揭示（包括行情信息和资讯信息），通过对市场信息数据的统计，按照一定的分析模型来给出数（报表）、形（指标图形）、文（资讯链接），计算机高手会将一些实战中有价值的股票形态用计算机编程，进行程序化来选股。最终编制成一套性能稳定、信息精准的软件，再结合自己的炒股经验，形成一套行之有效的应用法则。

2. 依靠证券软件选股。随着证券分析技术和软件技术的发展，现在的股票软件进化出很多功能：技术分析、基本面分析、资讯汇集、智能选股、自动选股、联动委托交易，等等，因此也分化出种种不同特点的股票软件产品，如益盟操盘手、指南针、同花顺，等等。

3. 纯基本面政策面消息面选股。不少投资者崇尚巴菲特的价值投资的理念。然而，大家可以看看身边靠基本面赚钱的股友，到底有多少人。价值投资的时间成本太昂贵，绝大多数人做成了上市公司的长期股东，市值或原地踏步，或大幅度亏损甚至退市。股票的基本面，上市公司出于某种目的可以做假，如果上门去调研，花了时间精力还不一定能从公司拿到真正有价值的信息。至于消息，在互联网时代更是满天飞舞，真真假假，令人无可适从。

4. 纯技术面选股。市场上有专门研究波浪理论、道氏理论、K线、均线甚至易经八卦来预测股票涨跌的，每一门技术分析都有其优劣，关键是哪种技术最适合自己，哪种技术能经得起时间的检验。

第二节 关键技术：股价波动的六种压力

股市风险很大，股价在上涨过程中不会一步涨到位，一波三折是其常态，也有很多陷阱，一不小心就要挨套，所以投资者操作股票要像过马路，一站二看三通过。一般而言股价上涨过程中通常会遇到六种压力：

一、下方获利盘（谷底点）

阶段性谷底点附近筹码，随着股价的上涨，投资者卖出的欲望会越来越强，形成压力。如图2-5。

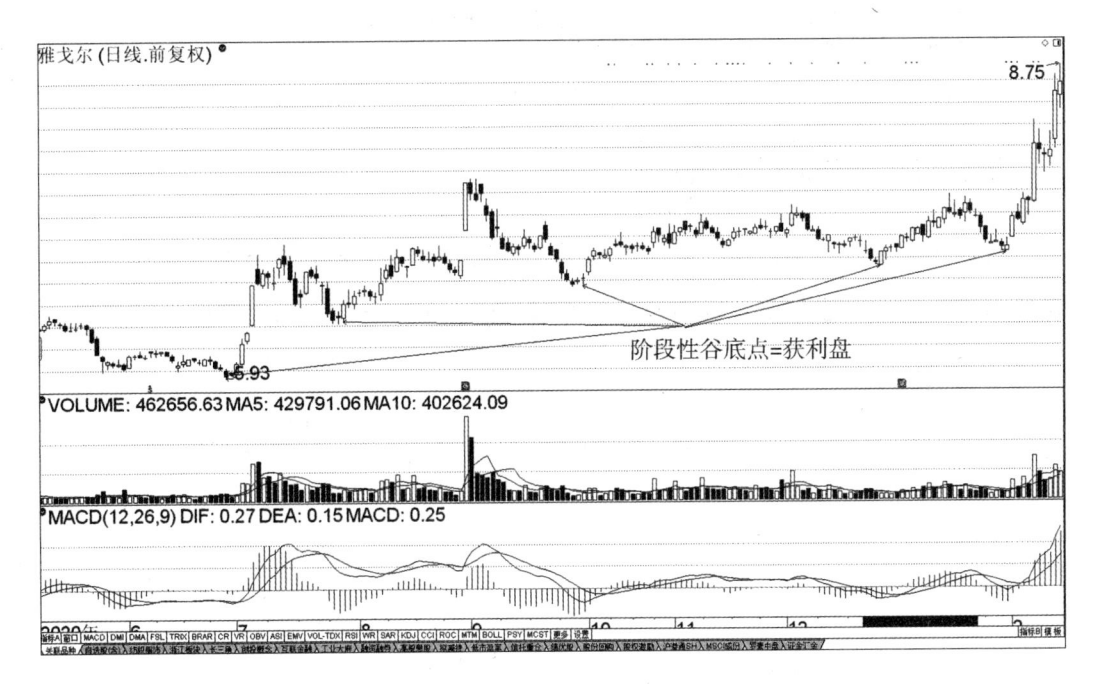

图2-5

二、上方套牢盘（峰顶点）

阶段性峰顶点附近筹码，随着股价的上涨，临近峰顶点时，长期被套牢的投资者亏损减少，随时会止损卖出被套牢的筹码，成为悬在股价上涨过程中的一把达摩克利斯之剑。如图2-6。

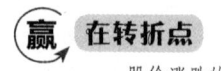

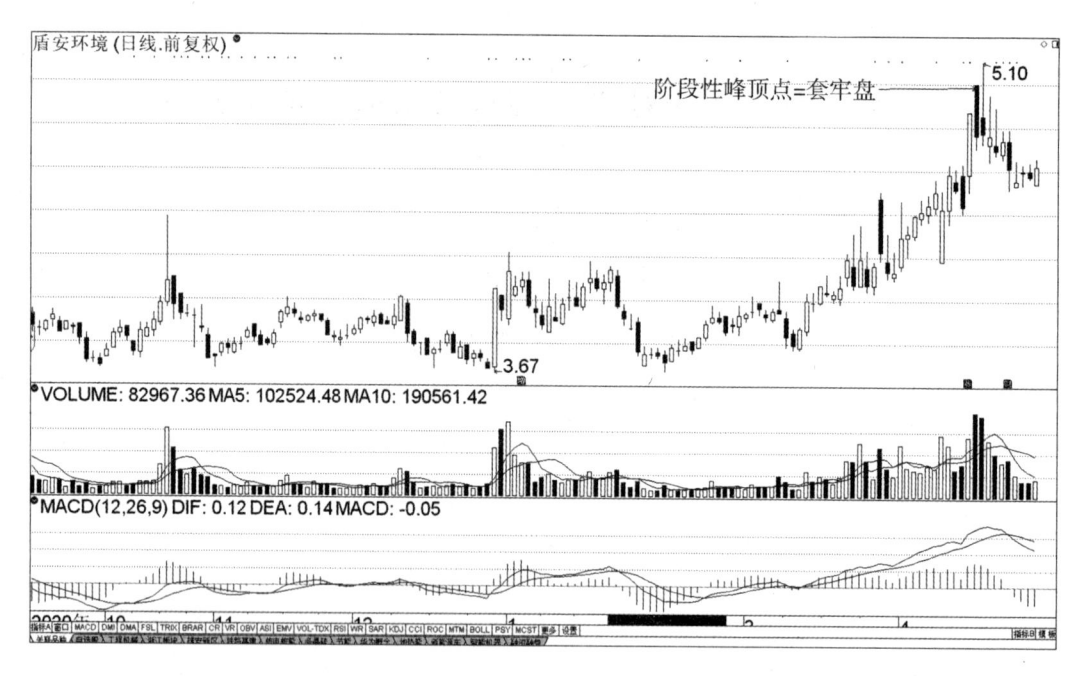

图 2-6

三、左侧解套盘（峰顶点）

在股价上涨过程中，左侧峰顶点被逐一突破，被套的筹码逐渐解套、赢利，松动的股票筹码会越来越多，成为股价上涨过程中不可小视的压力。如图 2-7。

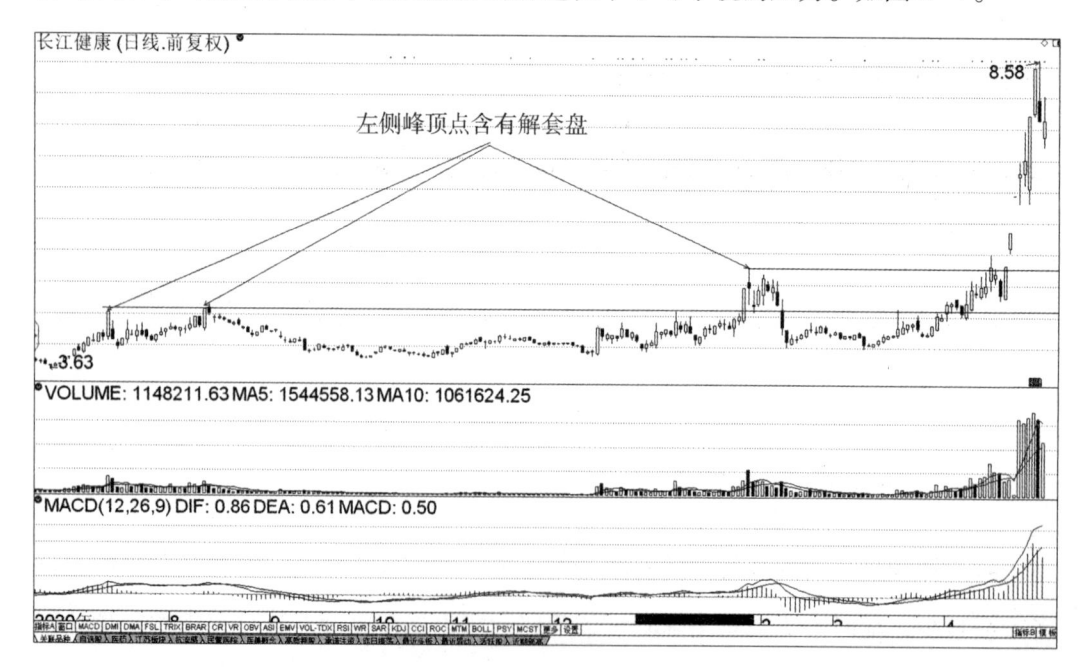

图 2-7

四、倾斜趋势线压力

股价峰顶点之间的连线可作为倾斜趋势线压力。如图2-8。

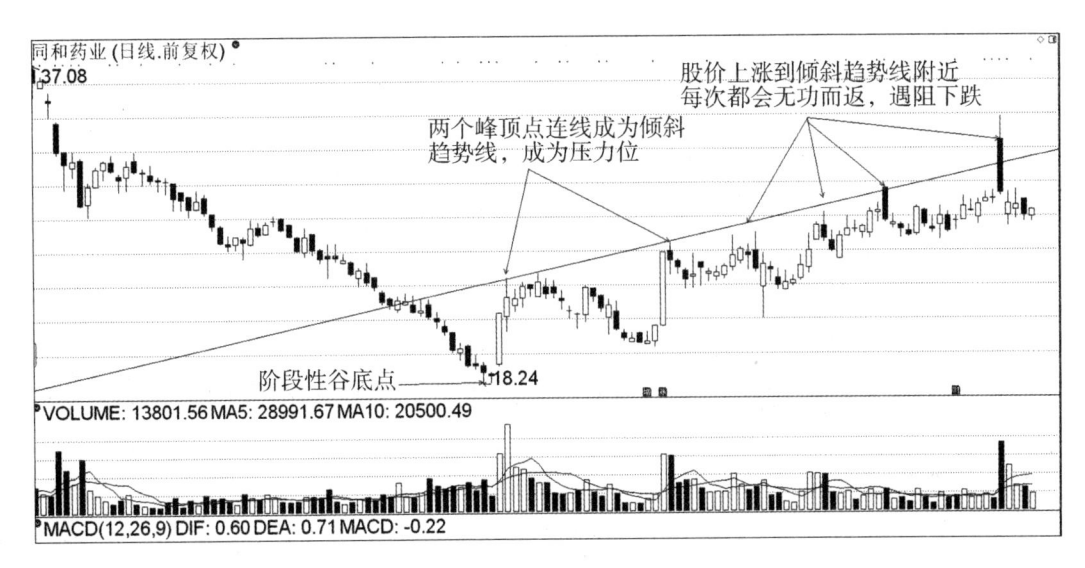

图2-8

五、均线压力

股价在不同时间不同价格的平均值，形成不同时日的均线。

1. 普通（证券行情软件默认值）均线压力。如图2-9。

图2-9

2. 遇谷调撑确定的操盘线压力。如图2-10。

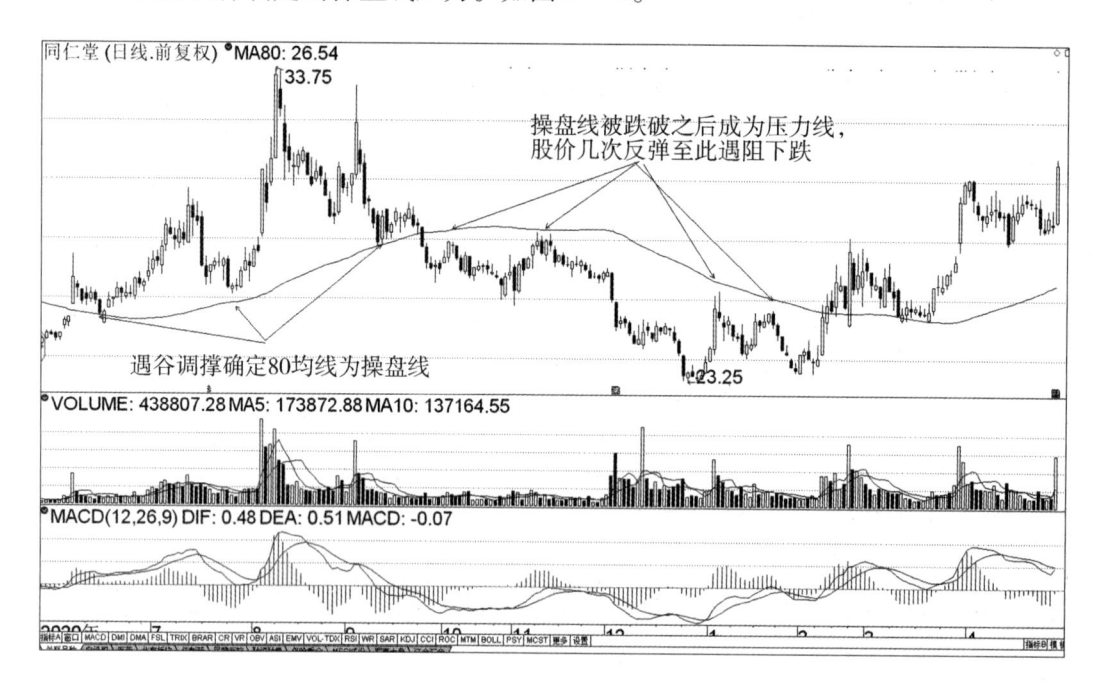

图2-10

3. 逢峰调压确定的操盘线压力。如图2-11。

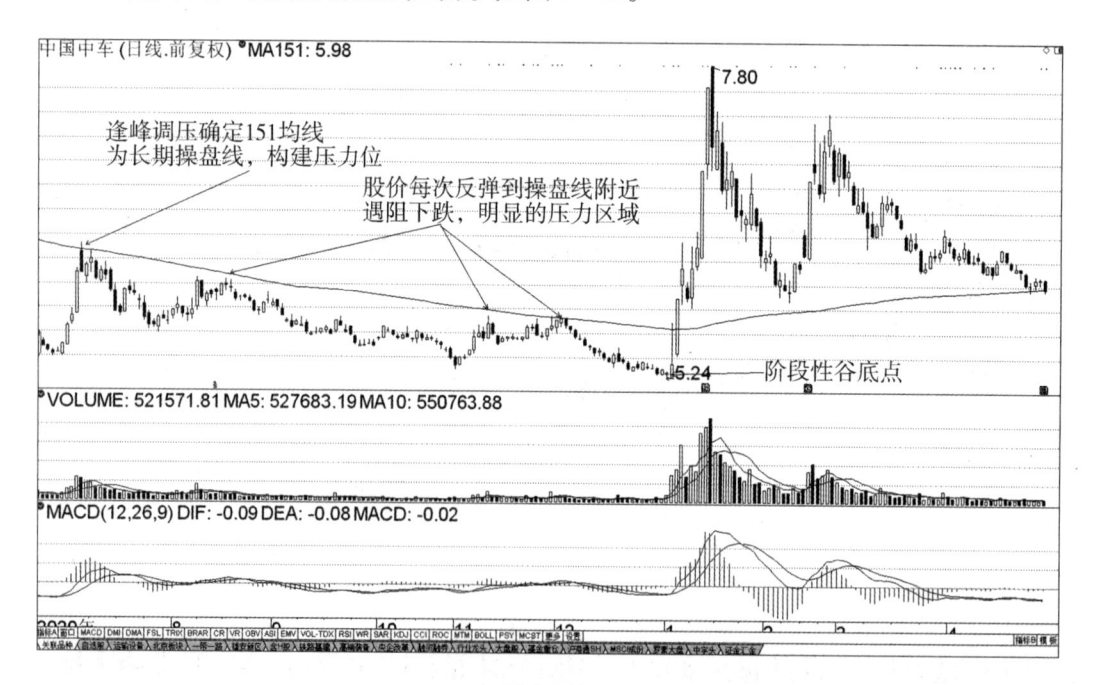

图2-11

六、通道压力

布林通道的轨道线即是在布林线的基础上调线而形成的通道线。布林通道线是根据统计学中的标准差原理设计出来的一种相对比较实用的技术指标。布林线能显示支撑、压力位，显示超买、超卖区域，进而显示运行趋势，据此能有效规避主力惯用的技术陷阱——诱多或诱空，操作的胜率较高，尤其适用于波段操作。

布林通道线是由上、中、下三条轨道线组成，其中上、下轨分别代表压力线、支撑线，中间那条为中轨线，多数情况下，价格总是在由上下轨道组成的带状区间中运行，且随价格的变化自动调整轨道的位置。而从带状的宽度可以看出价格变动的幅度。

1. 根据逢峰调压的技术，结合布林通道上轨线，从而判断标的股票的上轨压力。如图2-12。

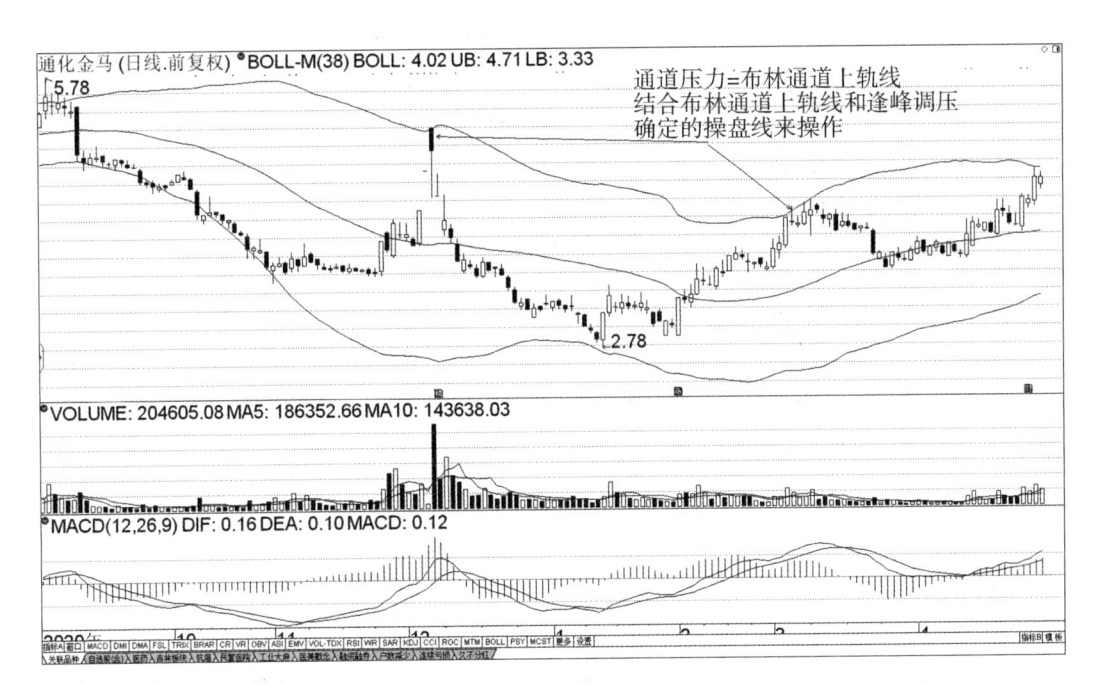

图2-12

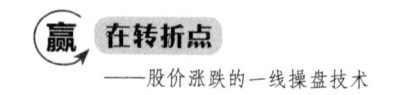

2. 根据遇谷调撑的技术，结合布林通道中轨线，从而判断标的股票运行的上轨压力。如图 2-13。

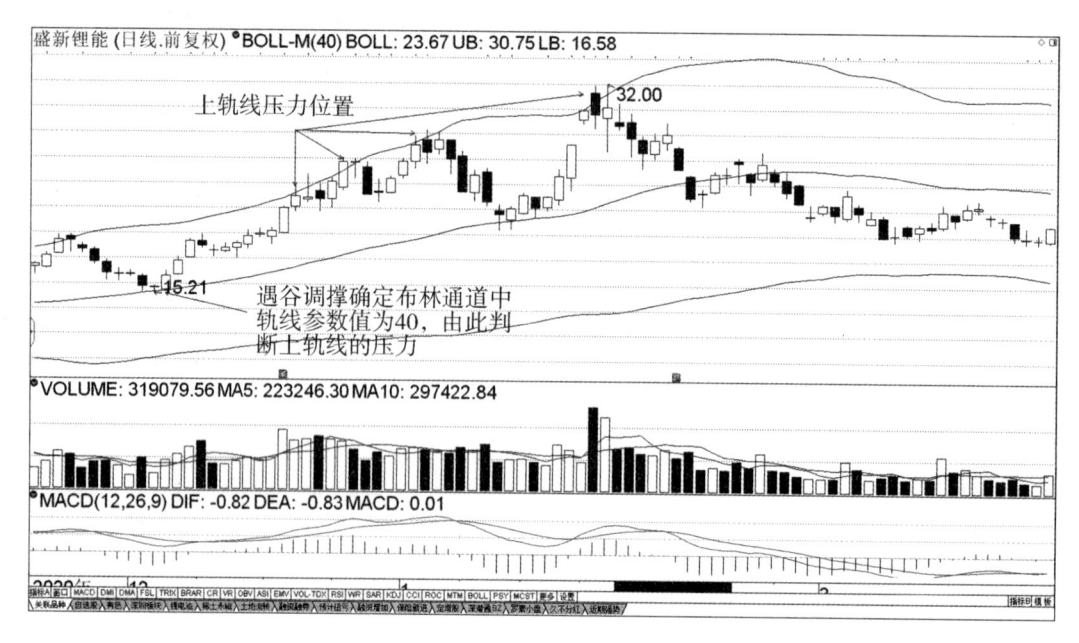

图 2-13

3. 根据逢峰调压的技术，结合中轨线的参数值，从而判断标的股票运行的中上轨的压力。如图 2-14。

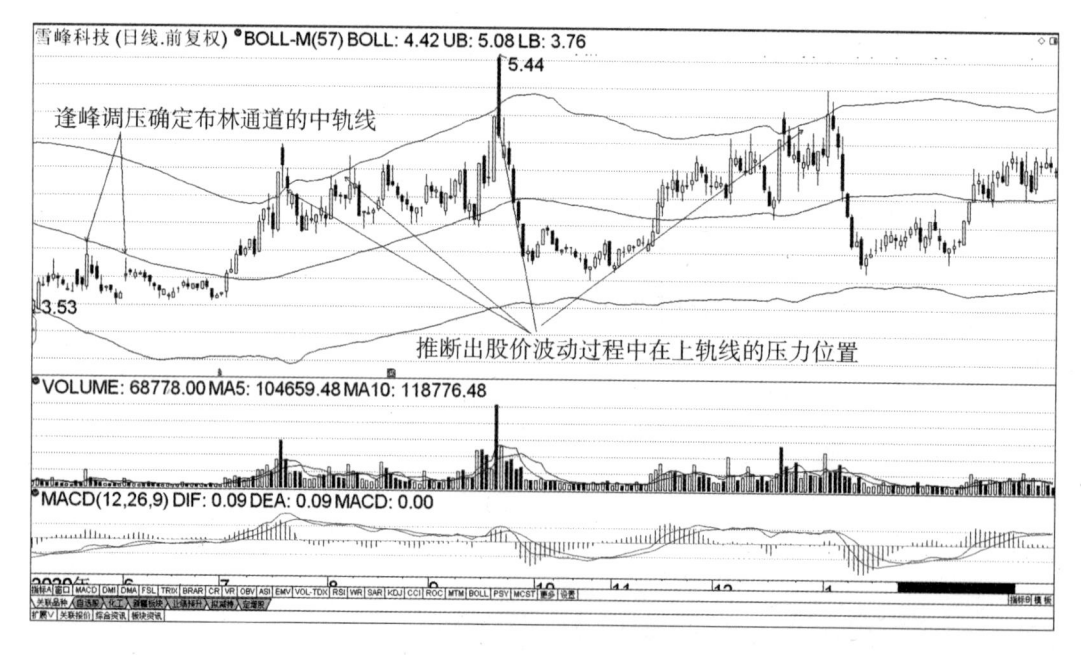

图 2-14

以上分述的六种压力,放在一张 K 线图上,投资者更能客观形象地看到股价运行过程中的压力。如图 2-15。

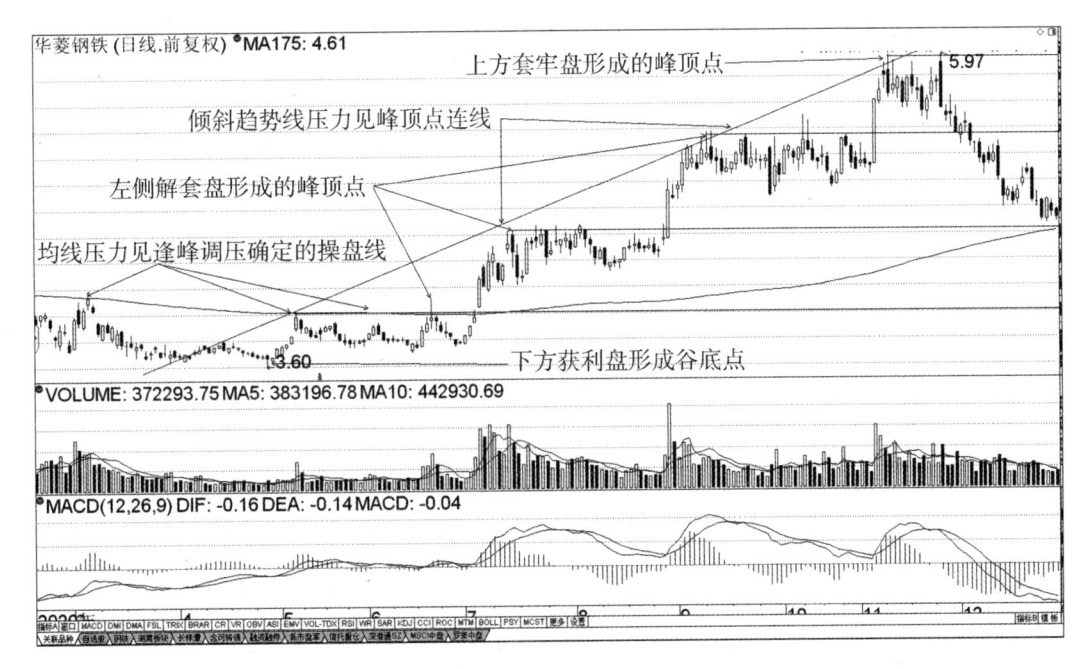

图 2-15

第三节 核心技术:找出最有价值的操盘线

均线是否为实战中最有价值的操盘线,可用以下五个原则来判断:

(1) 阶段性谷底点、峰顶点越大越好的原则。

(2) 越陡峭越好的原则。

(3) 越多点同线越好的原则。

(4) 时间点择近的原则。

(5) K 线要有蓄势形结构。

一、均线参数的选取

1. 在证券行情软件中,默认的均线参数值有 5 日、10 日、20 日、60 日、120 日、250 日。5 日和 10 日为短期均线,是短线操作股票的参照指标;20 日和 60 日为中期均线,是中线操作股票的参照指标;120 日、250 日为长期均线,是长线操

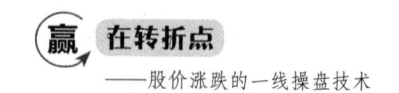

作股票的参照指标。在K线图上，任何一个位置都有不同参数值的均线经过。均线指标是炒股的重要依据，参数值越小，线性表现越灵敏，反之则越迟钝。均线最基本的作用，就是用来比较与股价的关系。当股价上涨，高于均线，产生买入信号。当股价下跌，低于均线，产生卖出信号。

一般而言，均线反映股价大致成本、趋势与支撑压力，并不显示精确的买点与卖点，所以我们必须跟紧主力行为跟紧市场趋势，找准精确的操盘线。每只股票就如每个人，有不同的性格，同一只股票在不同时期还有不同走势。事物是不断发展、运动的，股市亦如此。在令人眼花缭乱、变化无常的股价波动中，股价的峰顶点、谷底点、趋势、基本面都在变，投资者应该如何以变制变？如何紧跟主力脚步？如何踏准股价波动的节奏？在众多的大小不一的均线参数值中，什么样的均线最有价值？

经过近二十年的研究、探索、思考，历经实战中无数次的亏损后，笔者突破人们对均线参数值的常规设置，利用一线交易系统的核心技术——逢峰调压、遇谷调撑调绘出最有价值的均线，并升华为操盘线。

逢峰调压调绘而出的操盘线，如图2-16。

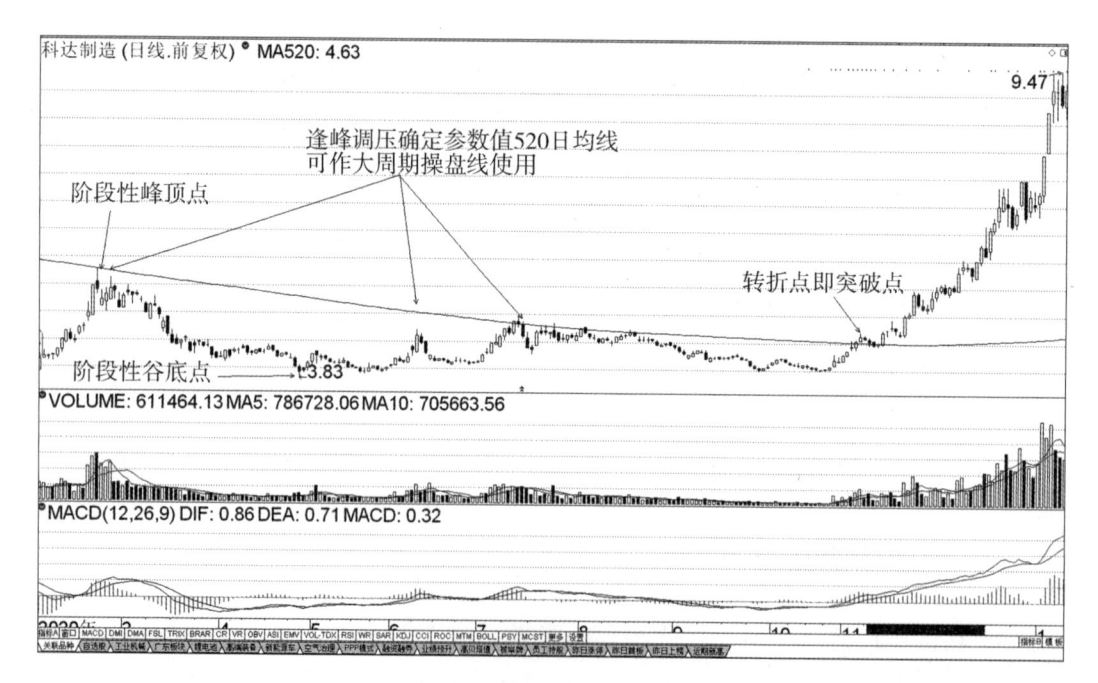

图2-16

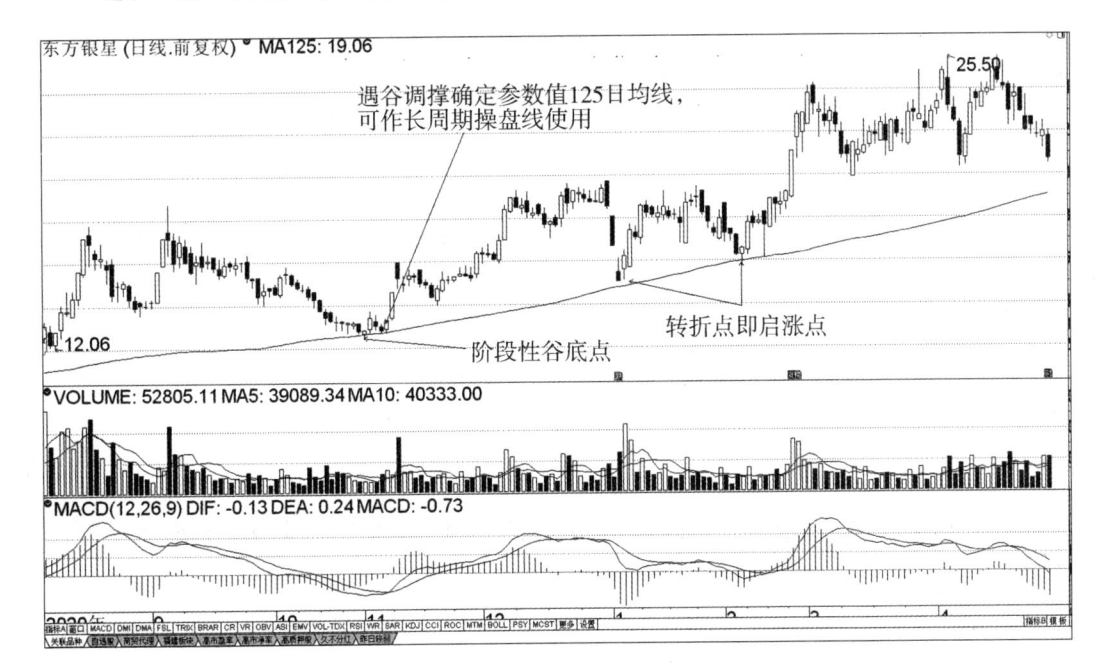

遇谷调撑调绘而出的操盘线，如图2-17。

图2-17

2. 把操作股票的理念，用计算机写成公式使之程序化、公式化，从而加以固定。利用计算机对某只标的股票价格波动的历史数据（通常为6个月以上）进行测试，测试使用哪条参数值的均线赢利幅度最大，然后采用这条被测试过的均线作为下个月操盘线。

二、确定操盘线的操作步骤

1. 利用逢峰调压确定操盘线

第1步：确定阶段性峰顶点。如图2-18。

第2步：调出计算机默认的MA均线参数值，如MA5、10、20、60。如图2-19。

第3步：在调出的计算机默认的以上四条均线中，任意选择一条均线，点击右键，选择"调整指标参数"，点击后系统自动弹出调整参数的对话框。如图2-20。

第4步：上下翻动对话框中第一条均线的参数值（箭头上翻数值变大，下翻数值变小），就可改变参数值的设置。动态调整的参数值要经过阶段性峰顶点，并以此数值的均线作为操盘线，然后把剩余的均线参数值都修改成相同参数值，或者统一修改为0。如图2-21。

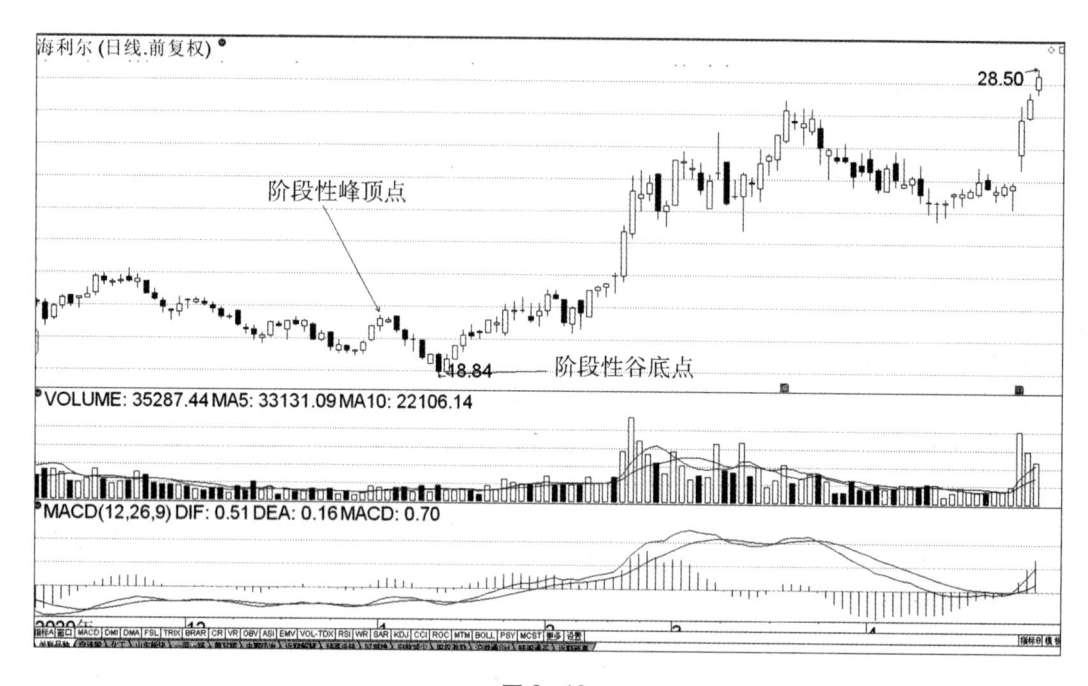

图 2-18

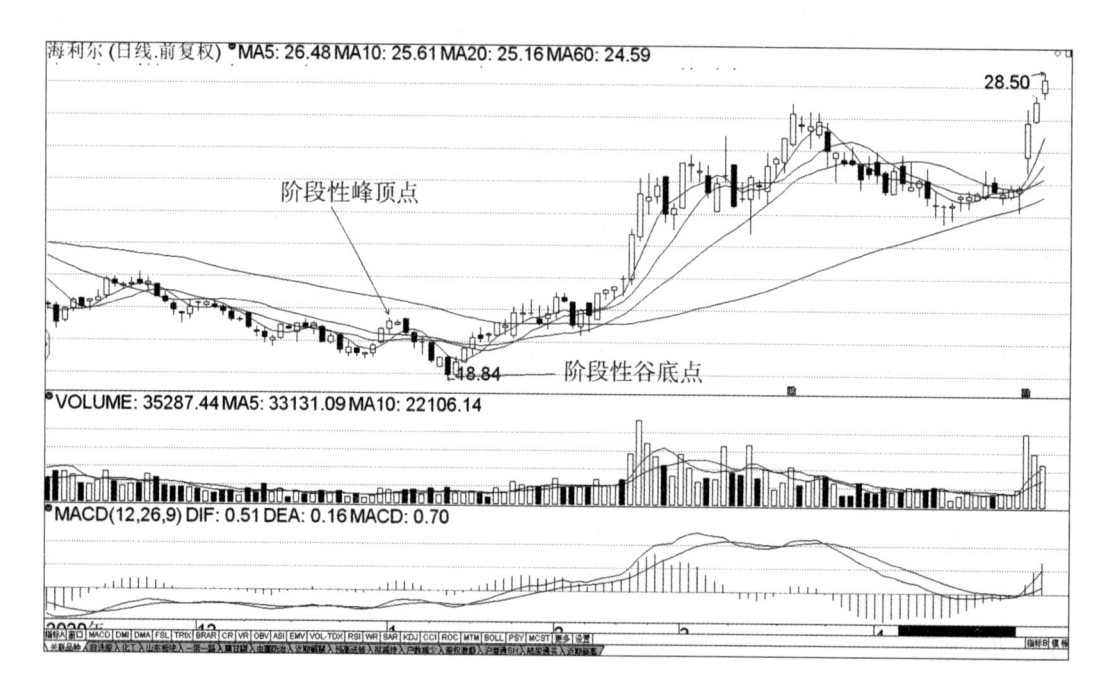

图 2-19

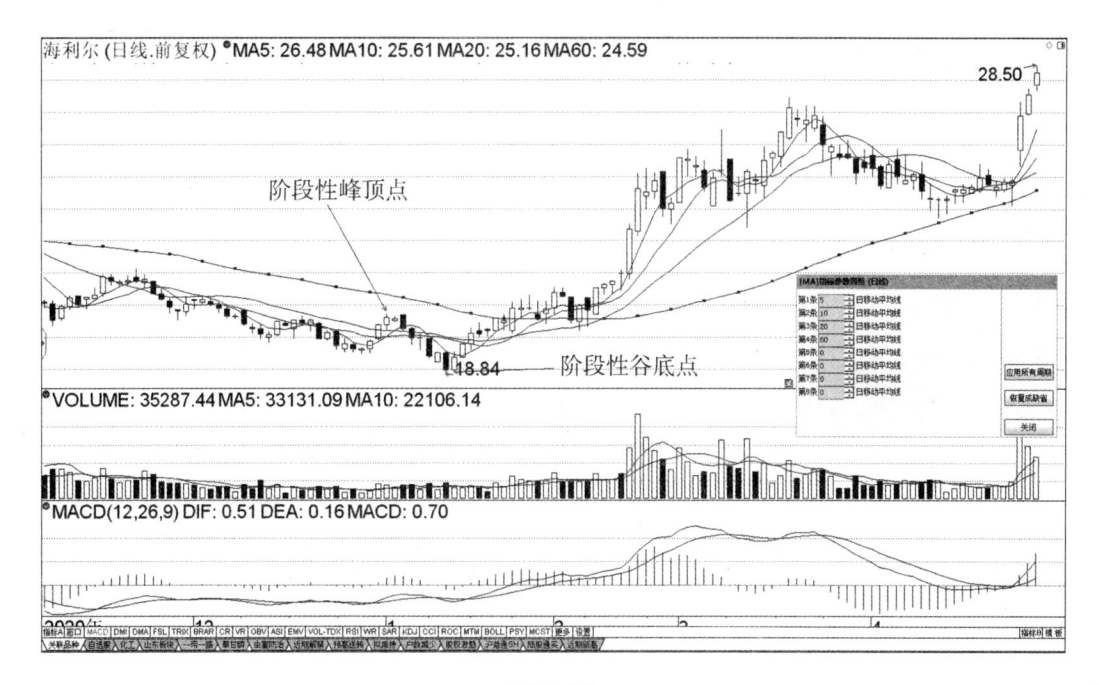

图 2-20

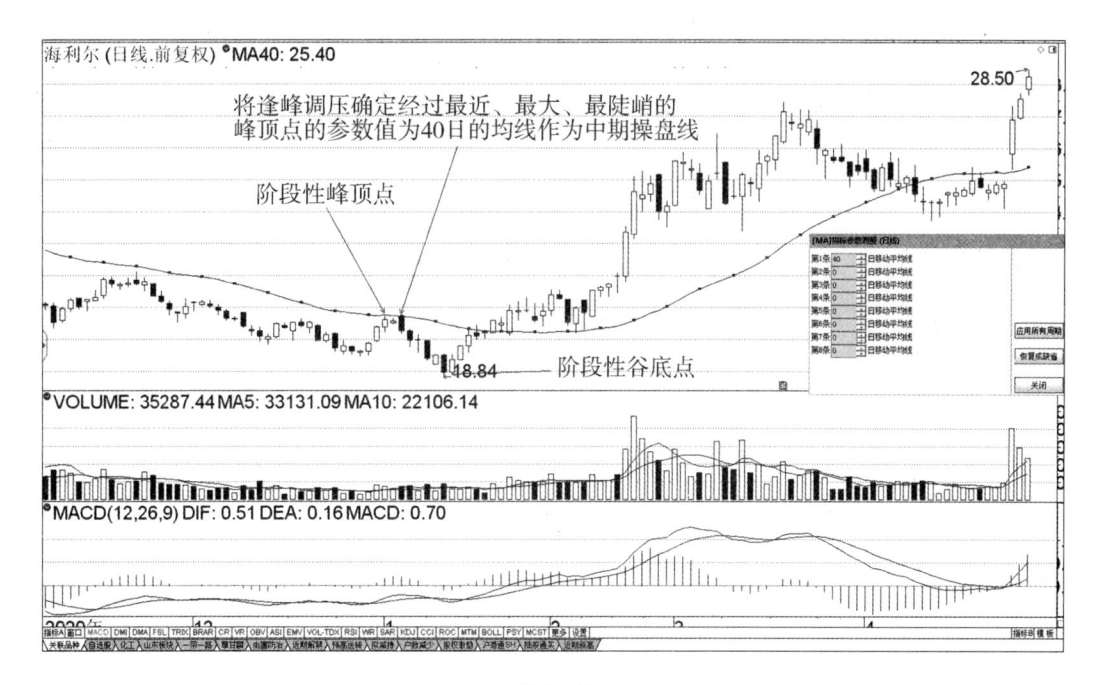

图 2-21

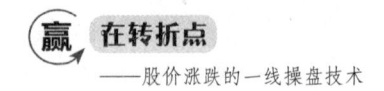

参考方式：利用微调法来确定操盘线。在默认的均线中，目测哪一条均线的参数值与经过峰顶点的均线参数值最接近，那么就微调这条默认的均线，使其参数值经过峰顶点，从而得出操盘线。如图2-22、2-23。

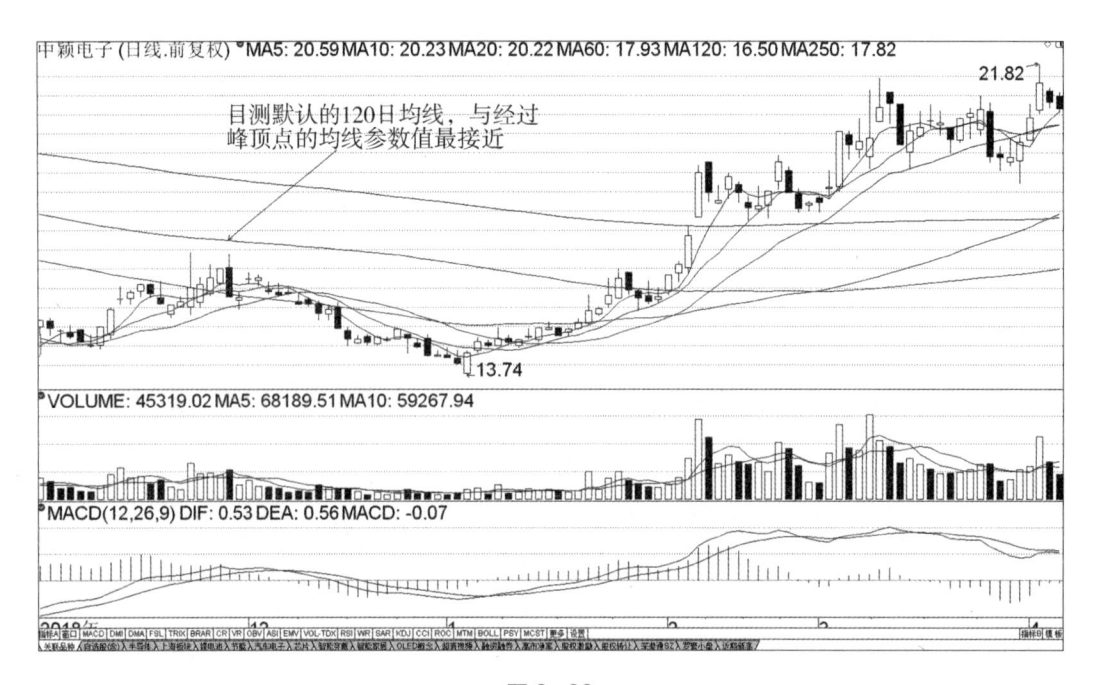

图2-22

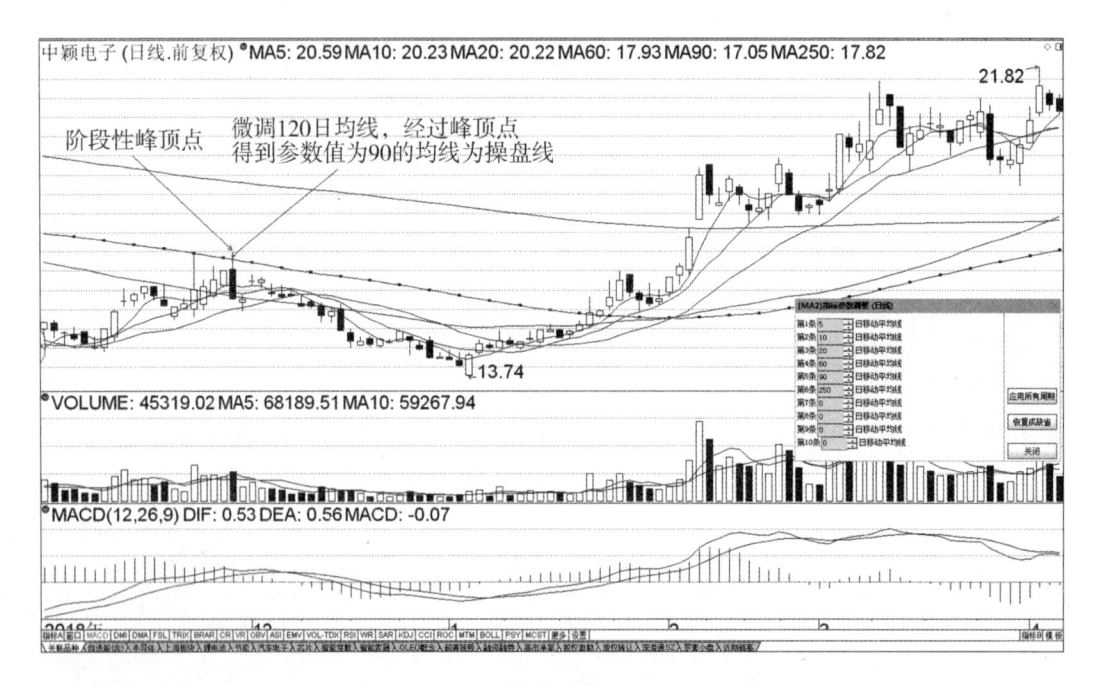

图2-23

2. 利用遇谷调撑确定操盘线。

第1步：首先确定阶段性谷底点。如图2-24。

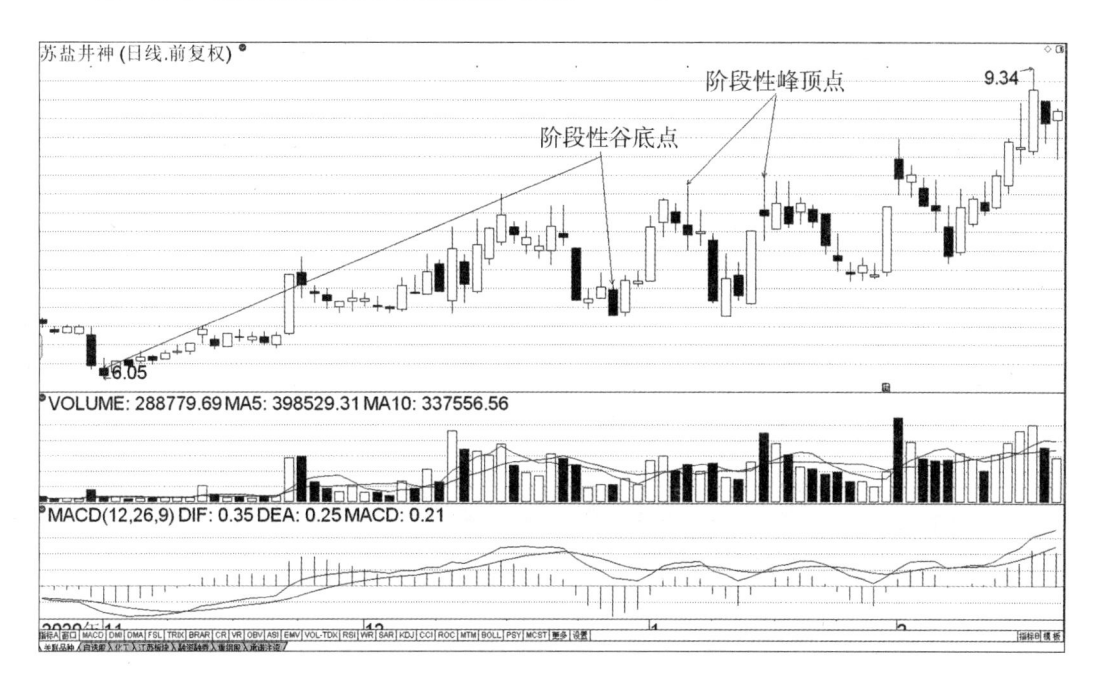

图2-24

第2步：调出计算机默认的MA参数值，如MA5、10、20、60，如图2-25。

图2-25

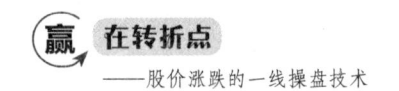

第3步：在调出的计算机默认的以上四条均线中，任意选择一条均线，点击右键，选择"调整指标参数"，点击后系统自动弹出调整参数的对话框。如图2-26。

图2-26

第4步：上下翻动对话框中第一条均线的参数值（箭头上翻数值变大，下翻数值变小），就可改变参数值的设置。动态调整的参数值要经过阶段性谷底点，并以此数值的均线作为操盘线，然后把剩余的均线参数值都修改成相同参数值，或者统一修改为0。如图2-27。

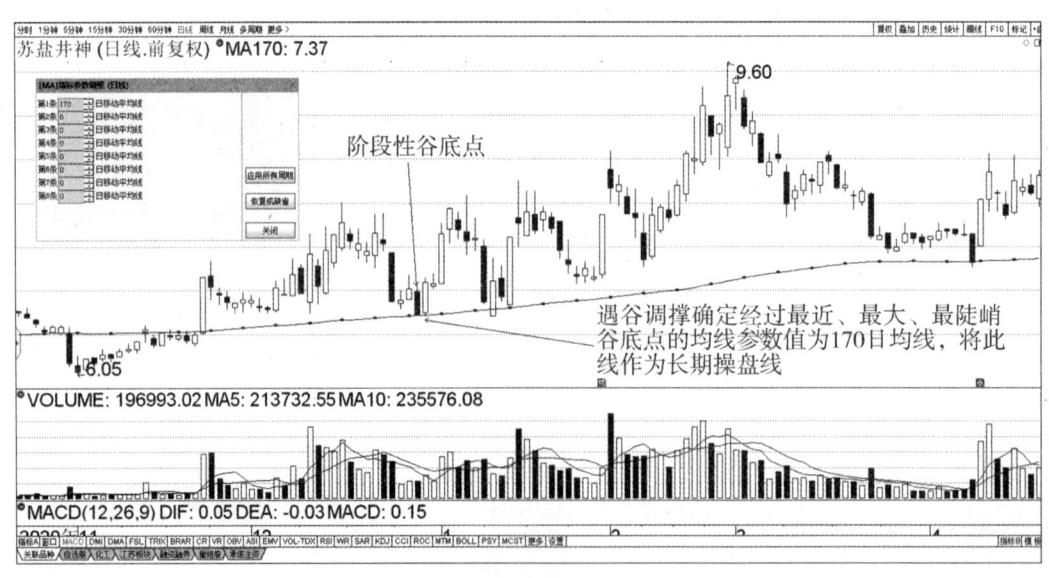

图2-27

参考方式：利用微调法来确定操盘线。在默认的均线中，目测哪一条均线参数值与经过谷底点的均线参数值最接近，那么就微调这条均线参数值经过谷底点。如图2-28、2-29。

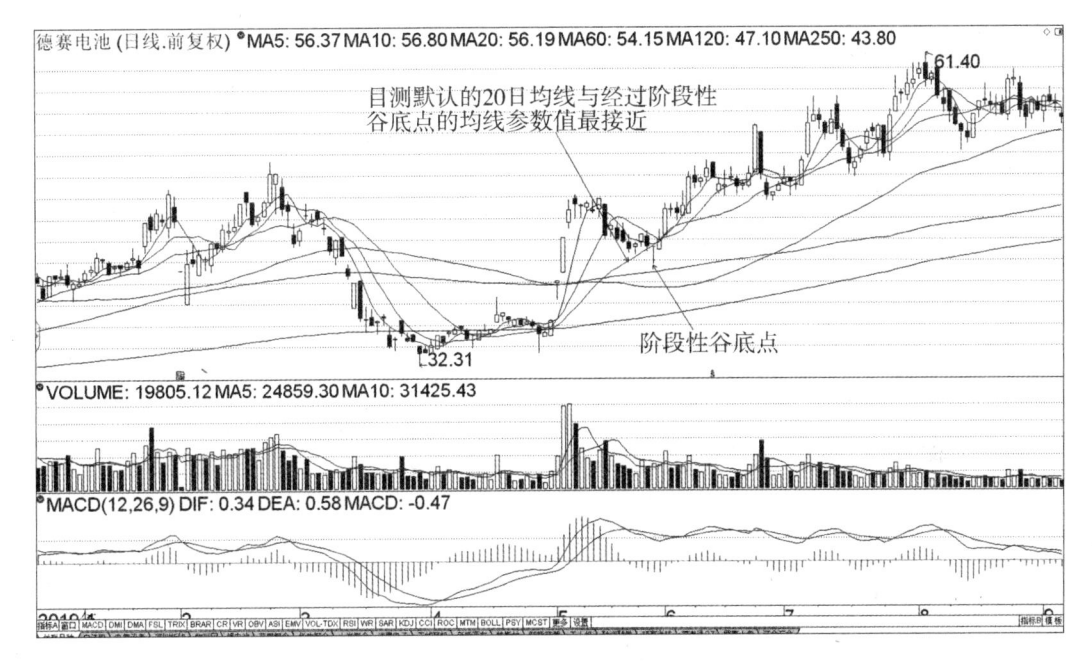

图2-28

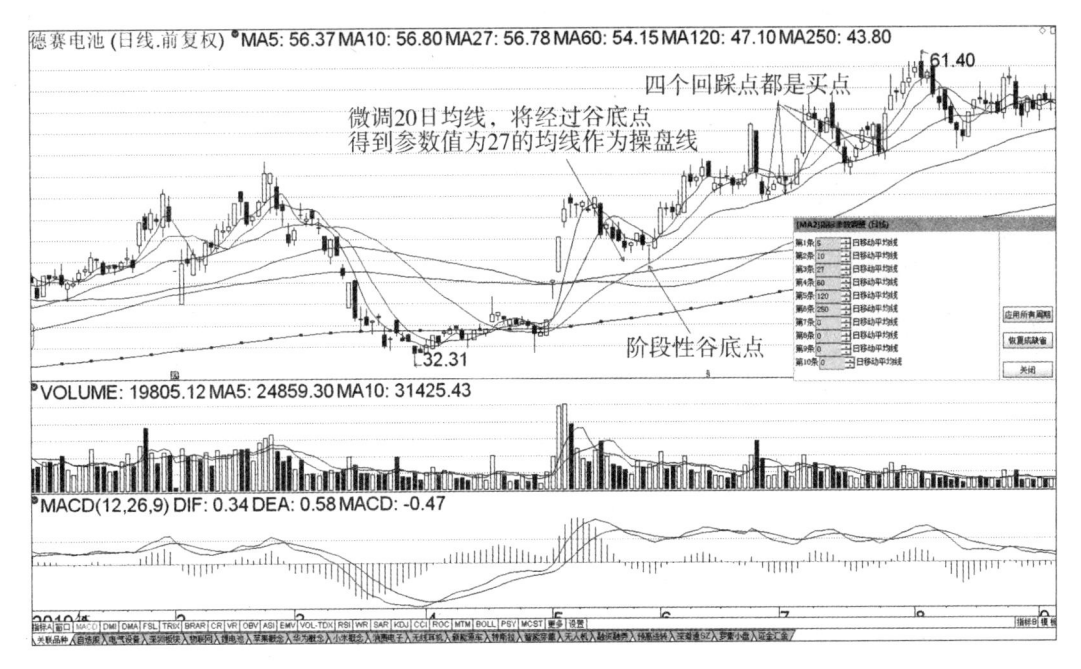

图2-29

第三章

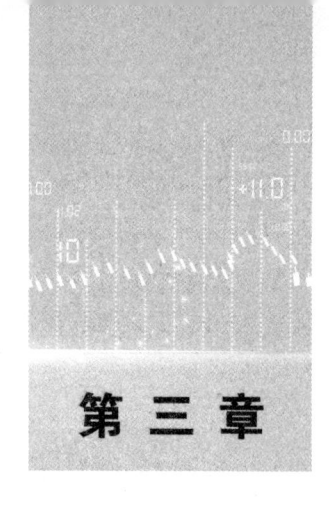

K线的三个临界点

第一节 临界点的定义

何谓临界点？临界点是一个物理学名词，指物质的气、液两相平衡共存的极限状态。由于这种状态在压强—体积图上由确定的一点来表示，所以叫临界点。根据临界点的定义，将其应用到日常生活中，比如一个人愤怒到"临界点"了，就是说明该人忍不住将要爆发了，还指人们在做事为人方面都有自己的底线红线，不容触及，也指行业或者企业公司发展到了一个节点，即重大转折点，等等。在证券市场，临界点表示由涨转跌，或者由跌转涨的一个位置，亦即转折点、突破点。

临界点分为短、中、长期操盘线的向上或向下临界点。这些不同时间和周期的操盘线，一是在日K线图形中，股价在波动过程中形成谷底点或峰顶点之后，根据一线交易系统核心技术遇谷调撑或逢峰调压调绘而成的操盘线。二是在日K线图形中，用行情软件默认的均线参数值作为操盘线。

第二节 三个向上突破的临界点

三个向上突破的临界点分别指的是股价向上突破短、中、长期操盘线的临界点。

一、向上突破短期操盘线的临界点

向上突破短期操盘线的临界点意味着股价由跌转涨，出现一个短线买点。

（一）向上突破 5 日均线的临界点

案例 1：神马股份（600810），见图 3-1。

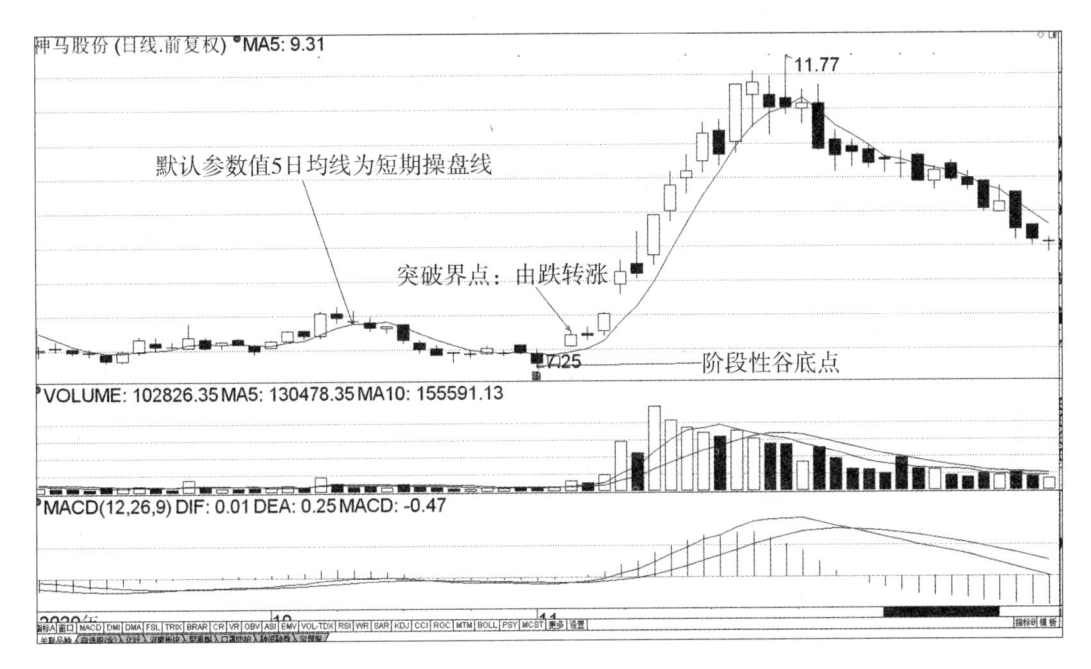

图 3-1

案例 2：恒生电子（600570），见图 3-2。

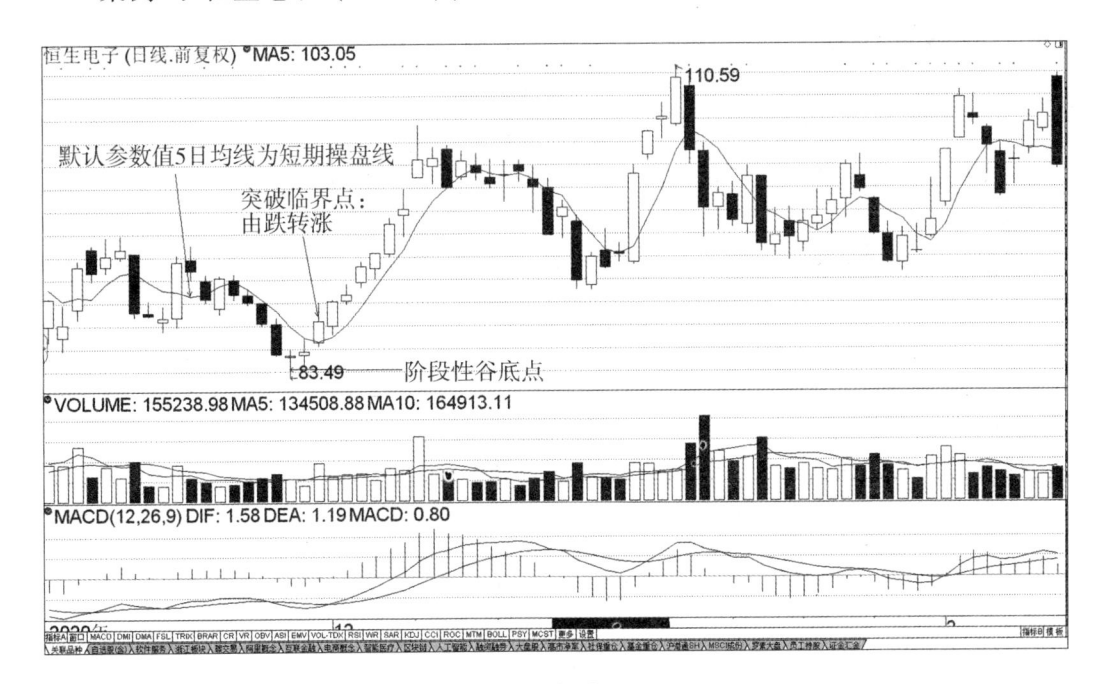

图 3-2

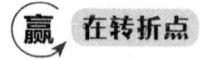

（二）向上突破10日均线的临界点

案例1：思维列控（603508），见图3-3。

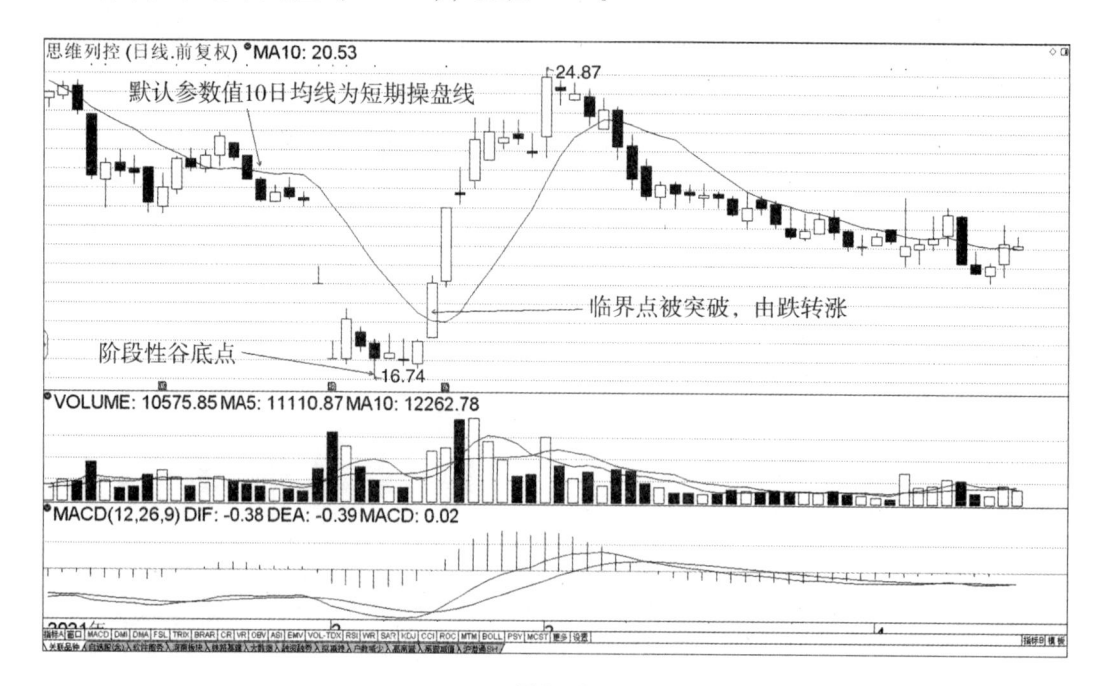

图3-3

案例2：翔鹭钨业（002842），见图3-4。

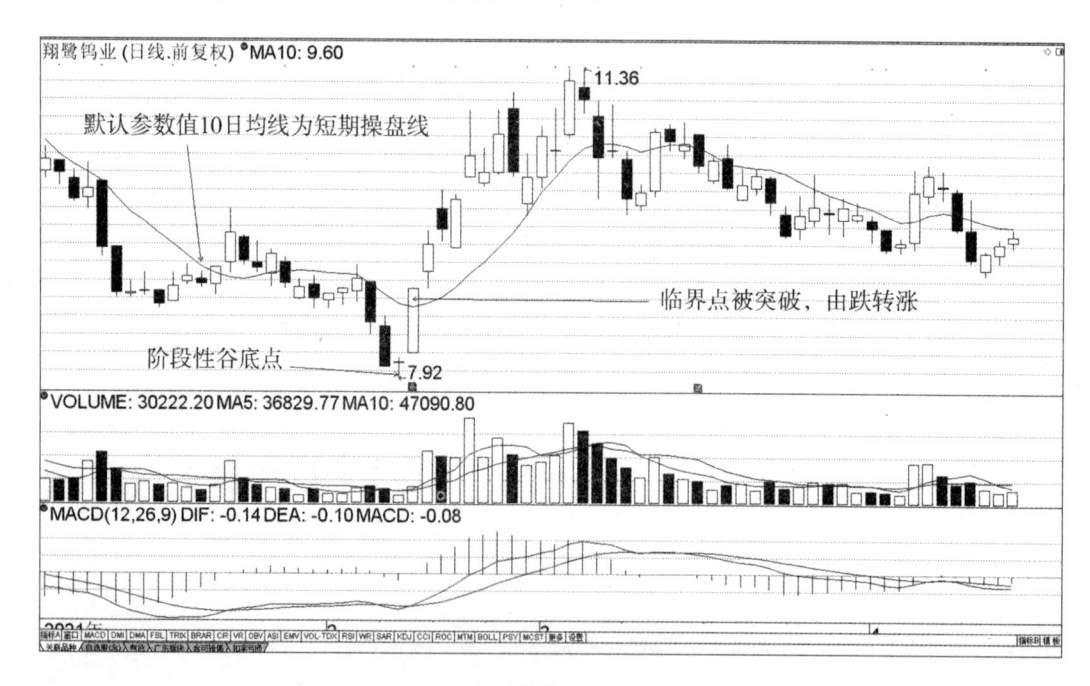

图3-4

二、向上突破中期操盘线的临界点

向上突破中期操盘线的临界点意味着股价由跌转涨出现一个中线买点。

(一) 向上突破 20 日均线的临界点

案例 1：兰石重装 (603169)，见图 3-5。

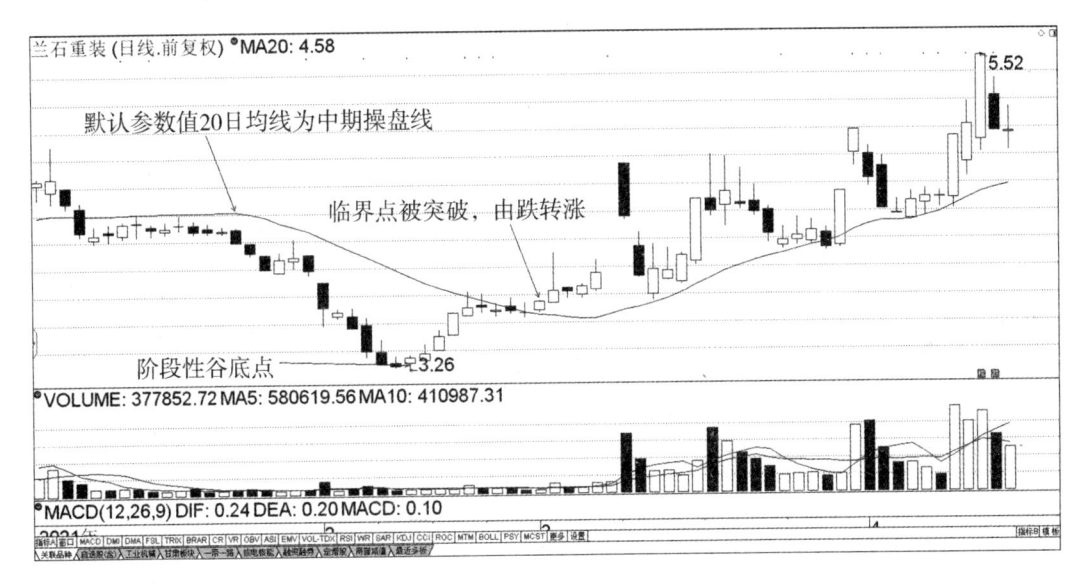

图 3-5

案例 2：一拖股份 (601038)，见图 3-6。

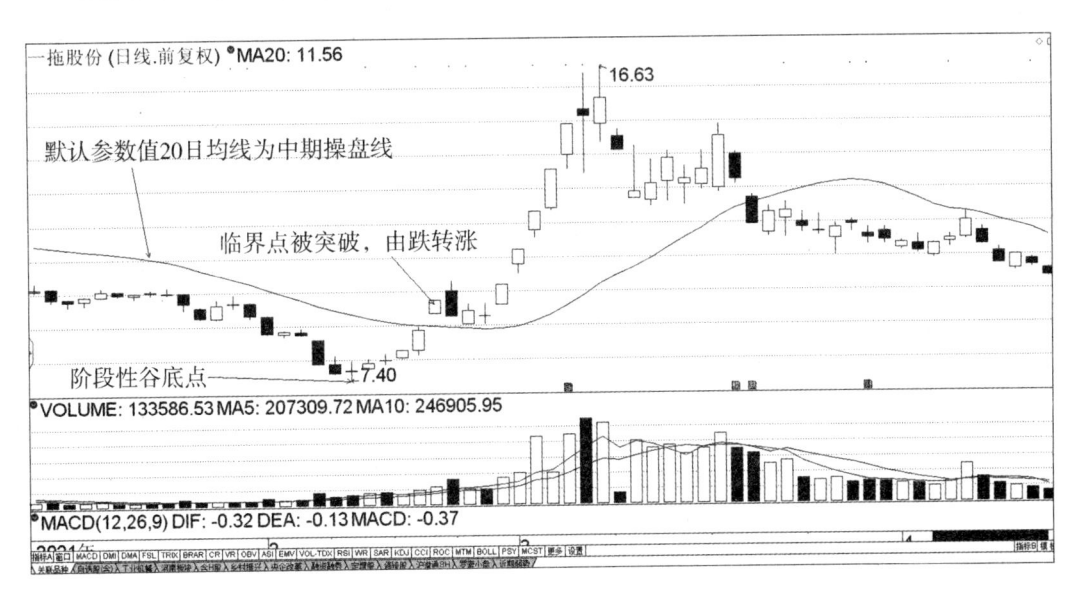

图 3-6

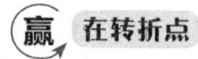

（二）向上突破60日均线的临界点

案例1：中国天楹（000035），见图3-7。

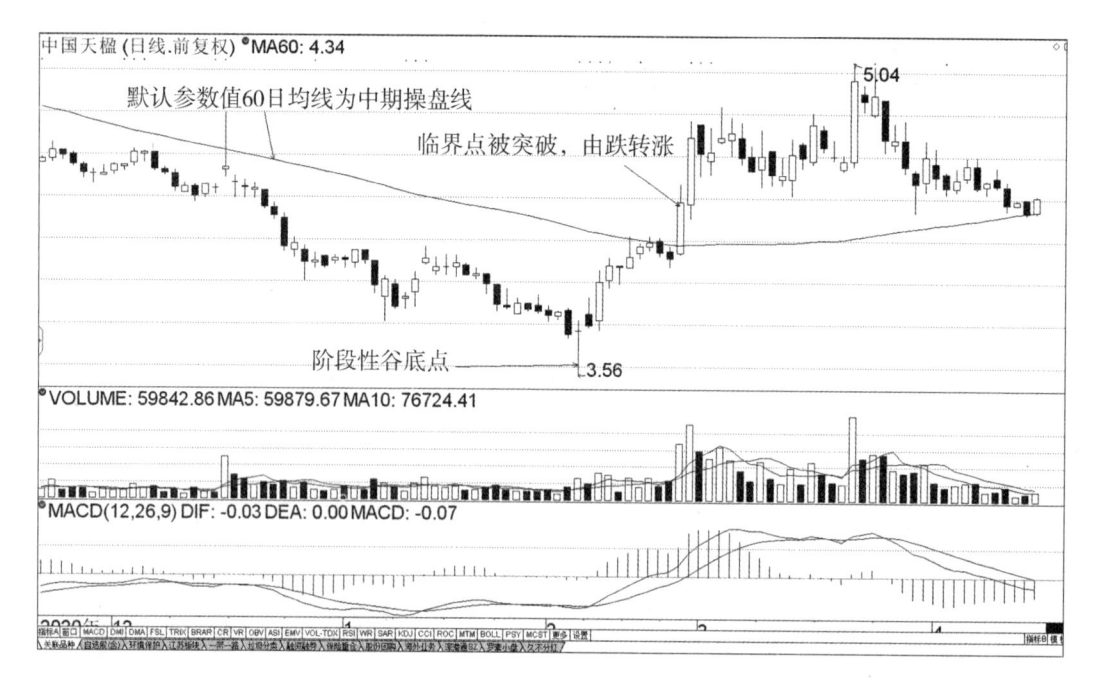

图3-7

案例2：星宇股份（601799），见图3-8。

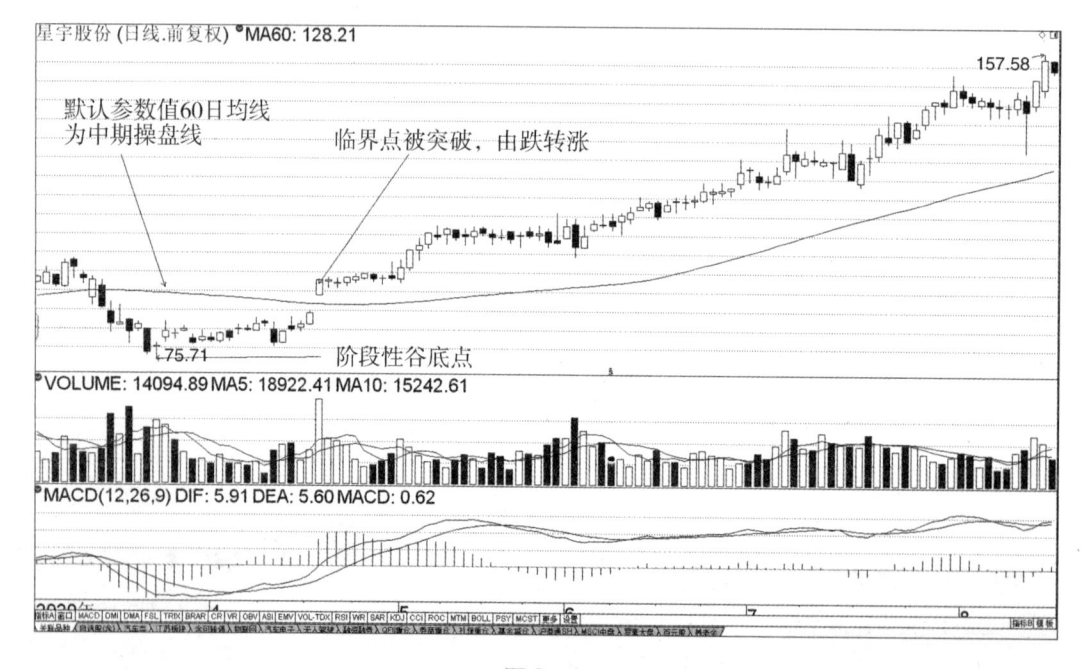

图3-8

（三）向上突破逢峰调压确定中期操盘线的临界点

一线交易系统逢峰调压核心技术，采用以点定线、以线测点，即通过阶段性峰顶点确定操盘线，再通过操盘线测算买点。为方便叙述，股价在波动过程中，临界点的取值可视同突破点。

案例1：石基信息（002153），见图3-9。

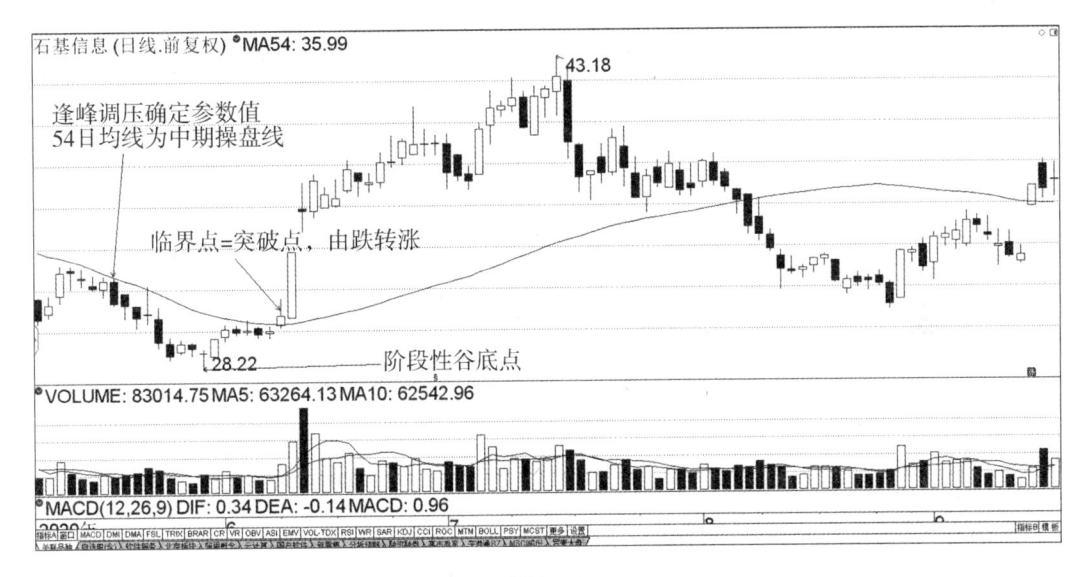

图3-9

案例2：天坛生物（600161），见图3-10。

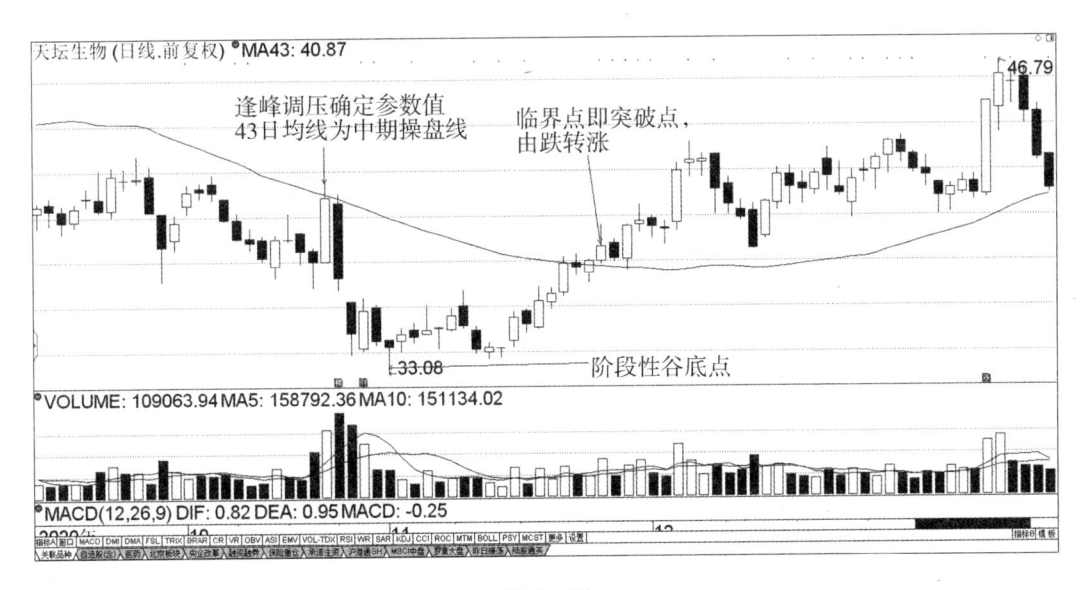

图3-10

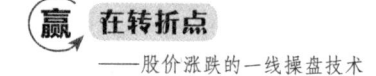

（四）向上突破遇谷调撑确定中期操盘线的临界点

一线交易系统遇谷调撑核心技术，采用以点定线、以线测点，即通过阶段性谷底点确定操盘线，再通过操盘线测算买点。为方便叙述，股价在波动过程中，临界点的取值可视同突破点、回踩点。

案例1：北化股份（002246），见图3-11。

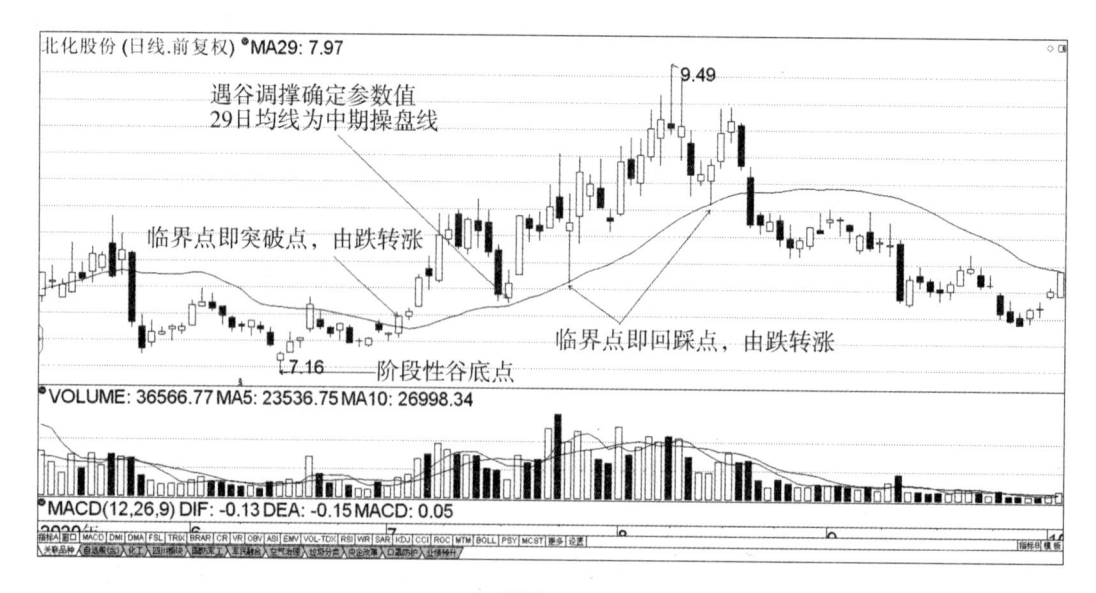

图3-11

案例2：英洛华（000795），见图3-12。

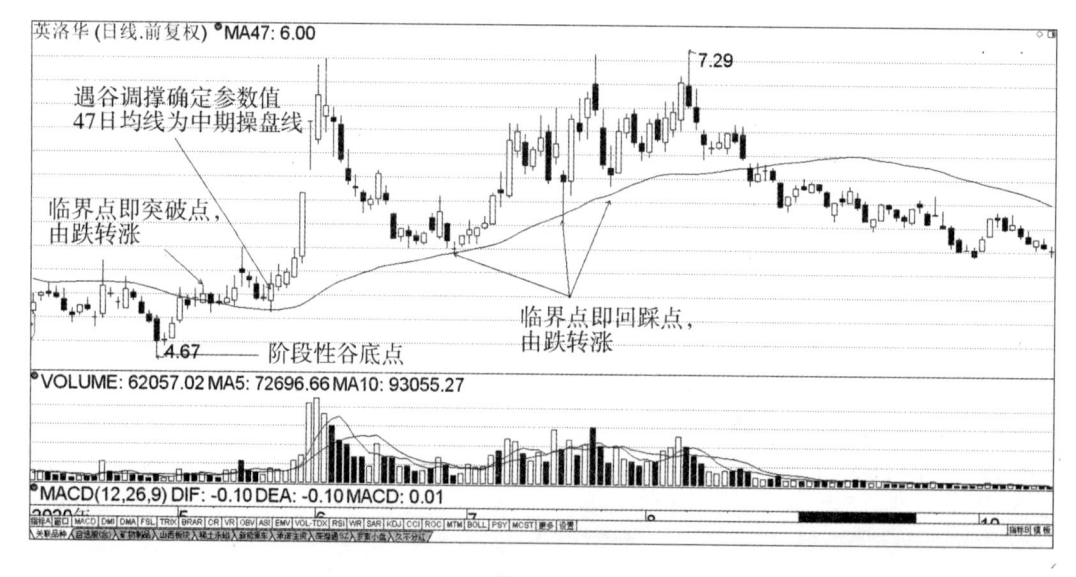

图3-12

三、向上突破长期操盘线的临界点

向上突破长期操盘线的临界点，意味着股价由跌转涨。

（一）向上突破120日均线的临界点

案例1：华兰生物（002007），见图3-13。

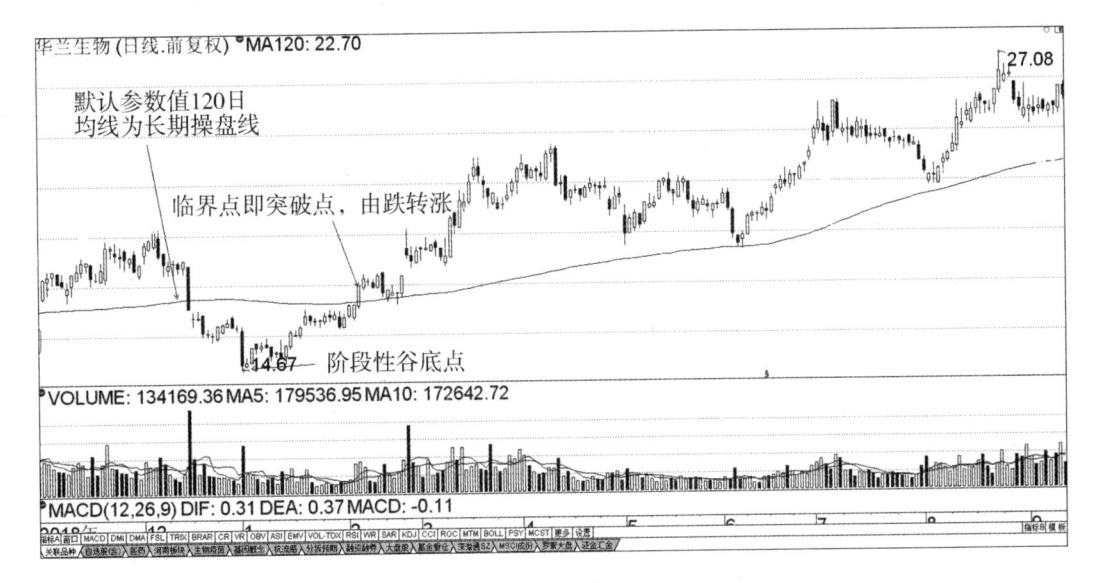

图3-13

案例2：金域医学（603882），见图3-14。

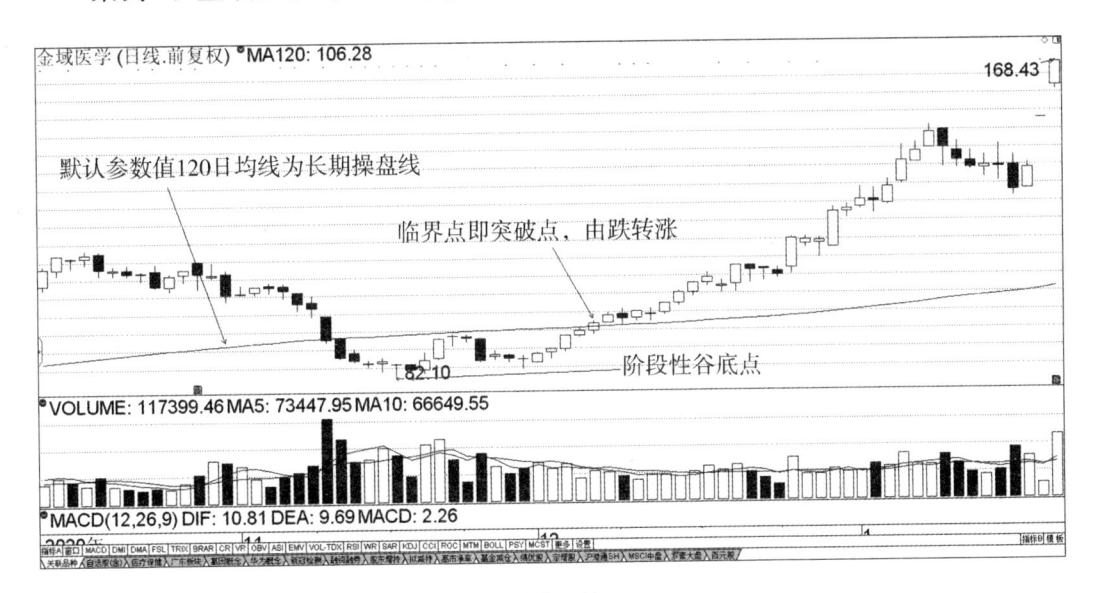

图3-14

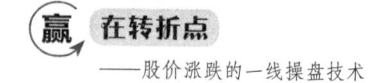

（二）向上突破 250 日均线的临界点

案例1：广晟有色（600259），见图 3-15。

图 3-15

案例2：乐普医疗（300003），见图 3-16。

图 3-16

（三）向上突破逢峰调压确定长期操盘线的临界点

一线交易系统逢峰调压核心技术，采用以点定线、以线测点，即通过阶段性峰顶点确定操盘线，再通过操盘线测算买点。为方便叙述，股价在波动过程中，临界点的取值等同突破点。

案例1：华安证券（600909），见图3-17。

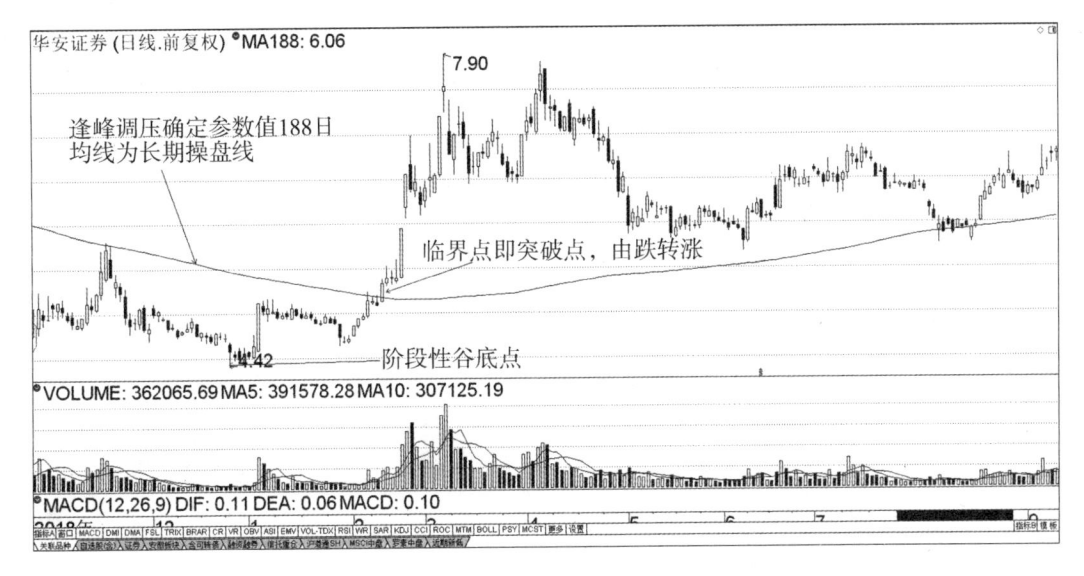

图3-17

案例2：皖维高新（600063），见图3-18。

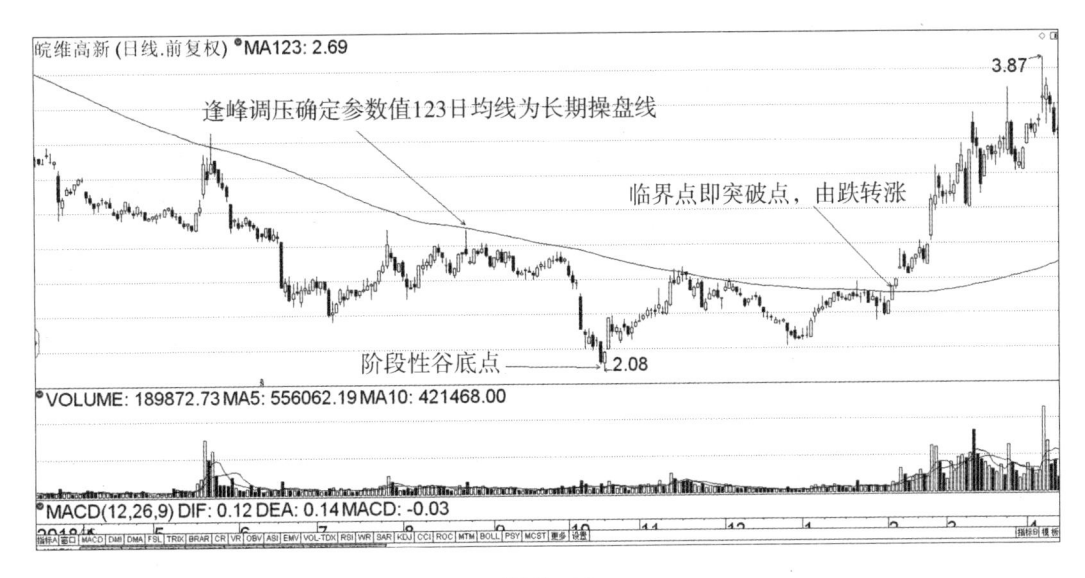

图3-18

（四）向上突破遇谷调撑确定长期操盘线的临界点

一线交易系统遇谷调撑核心技术，以点定线、以线测点，即通过阶段性谷底点确定操盘线，再通过操盘线测算买点。为方便叙述，股价在波动过程中，临界点的取值等同突破点、回踩点。

案例1：神火股份（000933），见图3-19。

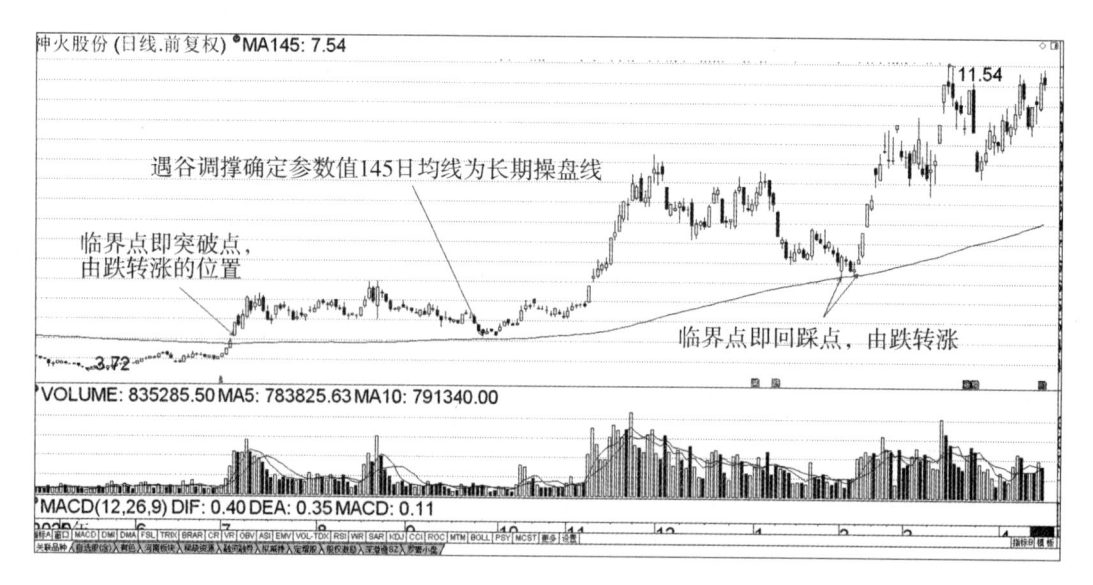

图3-19

案例2：京东方A（000725），见图3-20。

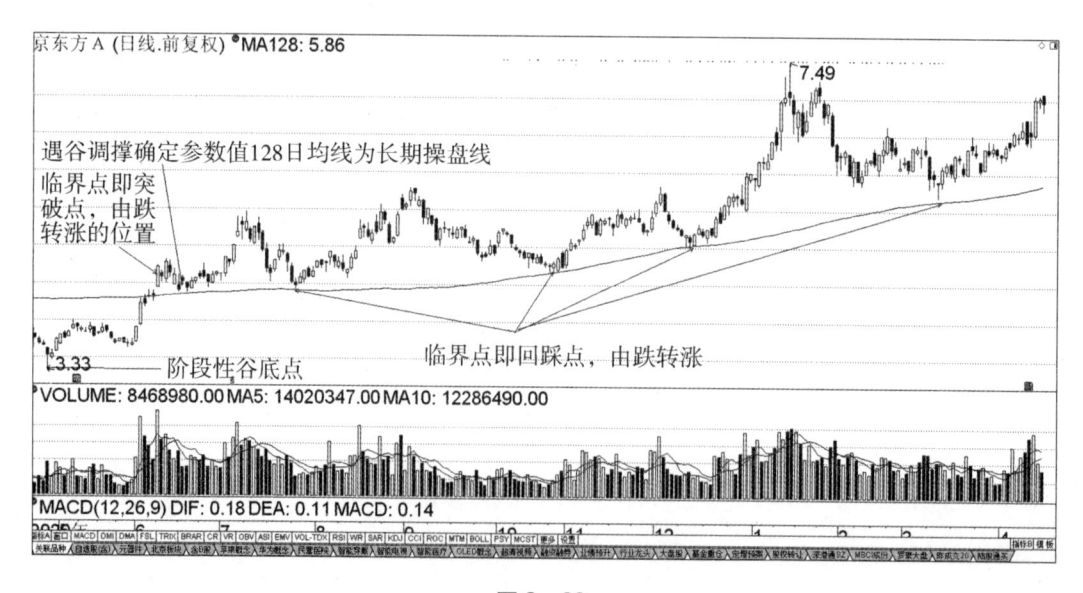

图3-20

第三节　三个向下突破的临界点

三个向下突破的临界点指的是股价向下突破短、中、长期操盘线的临界点。

一、向下突破短期操盘线的临界点

向下突破短期操盘线的临界点，意味着股价由涨转跌，出现一个短线卖点，具体讲解如下。

（一）向下突破 5 日均线的临界点

案例 1：健民集团（600976），见图 3-21。

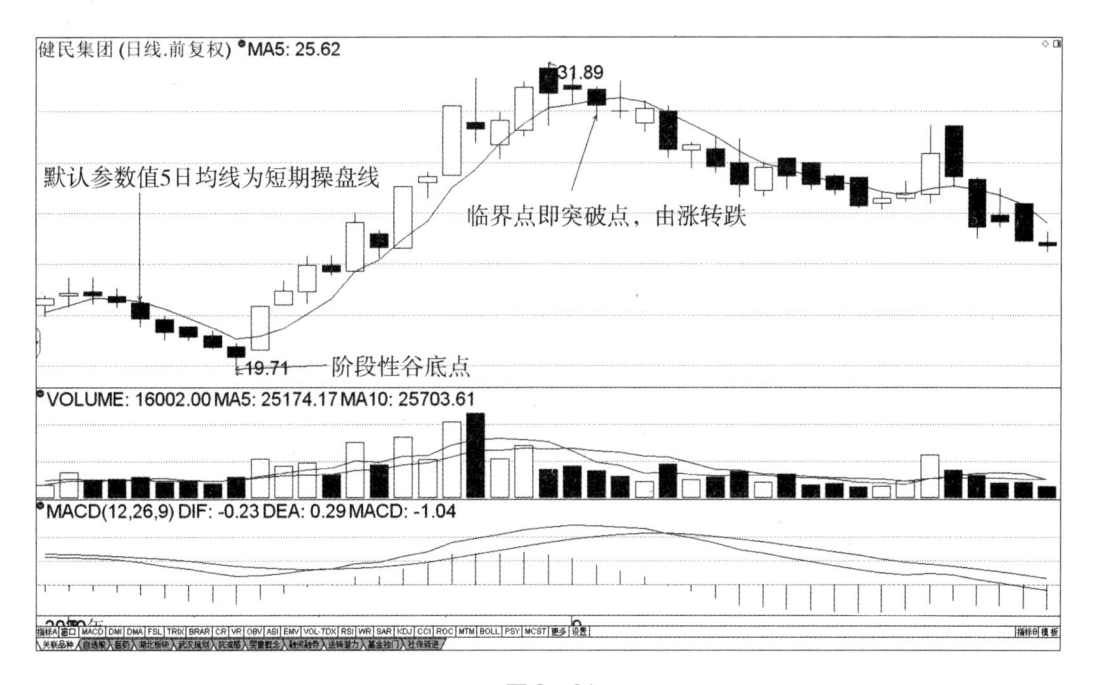

图 3-21

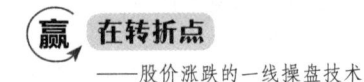

案例2：赤峰黄金（600988），见图3-22。

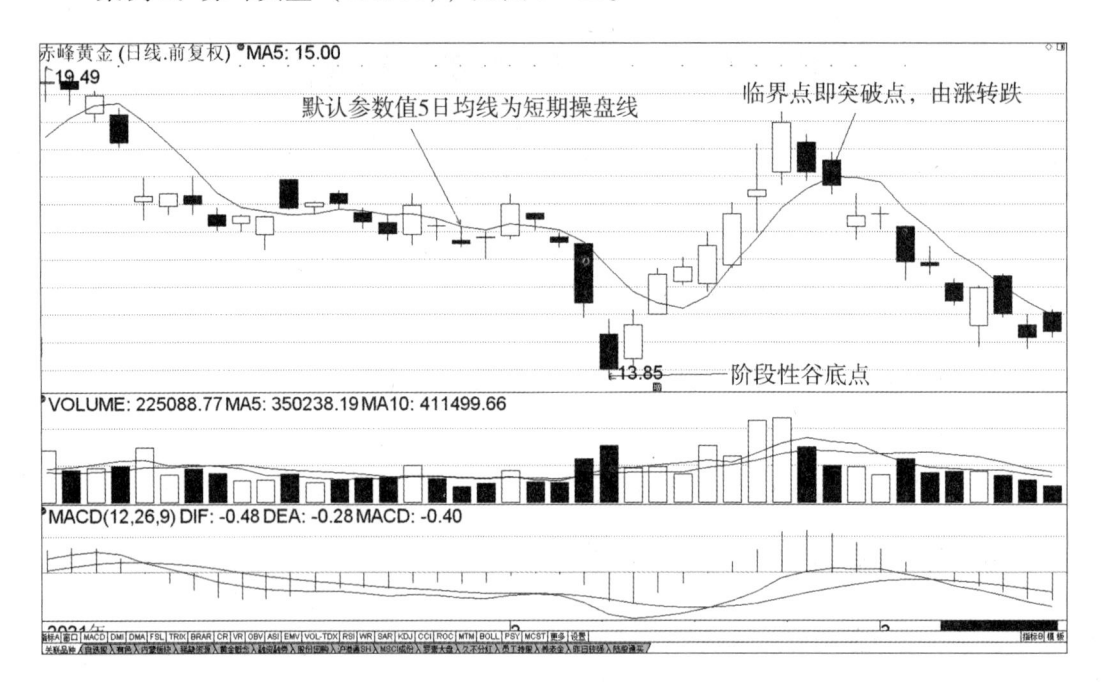

图3-22

（二）向下突破10日均线的临界点

案例1：宝丰能源（600989），见图3-23。

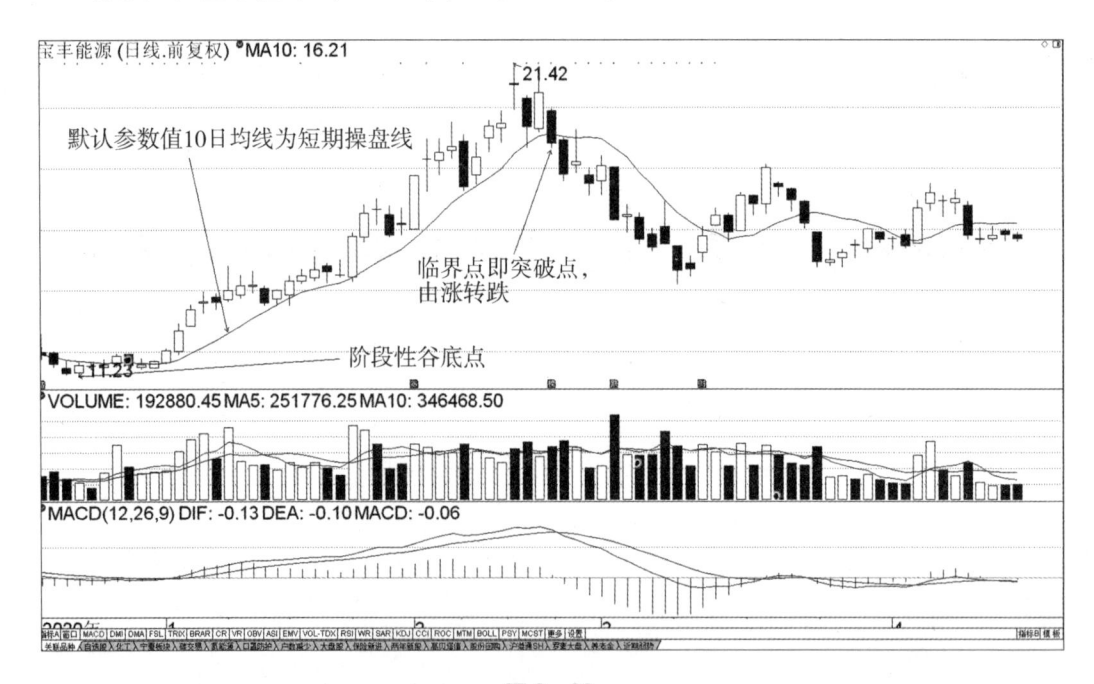

图3-23

案例2：招商证券（600999），见图3-24。

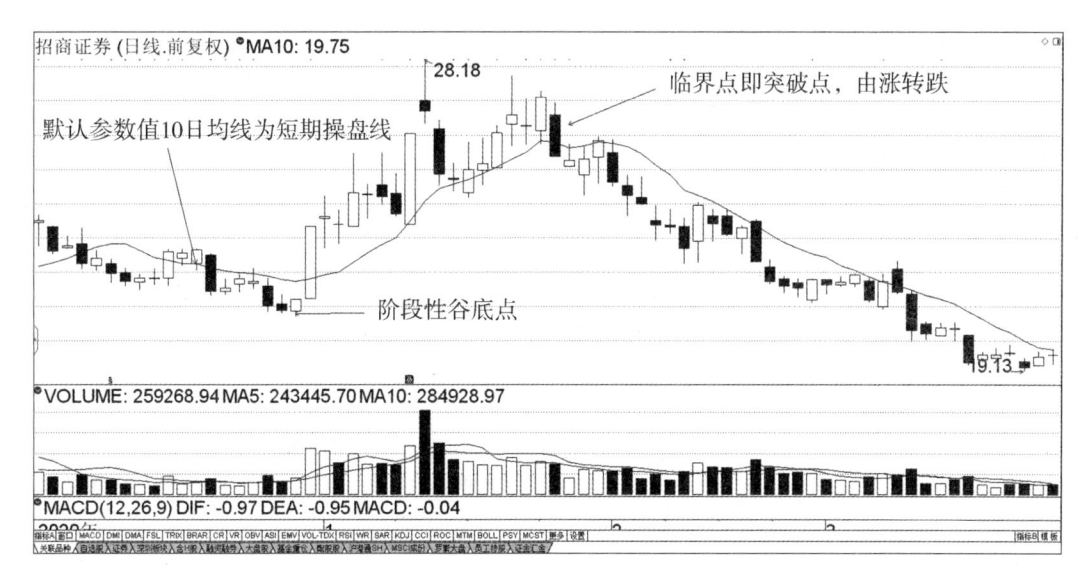

图3-24

二、向下突破中期操盘线的临界点

向下突破中期操盘线的临界点，意味着股价由涨转跌，出现一个中线卖点。

（一）向下突破20日均线的临界点

案例1：唐山港（601000），见图3-25。

图3-25

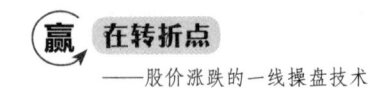

案例2：一拖股份（601038），见图3-26。

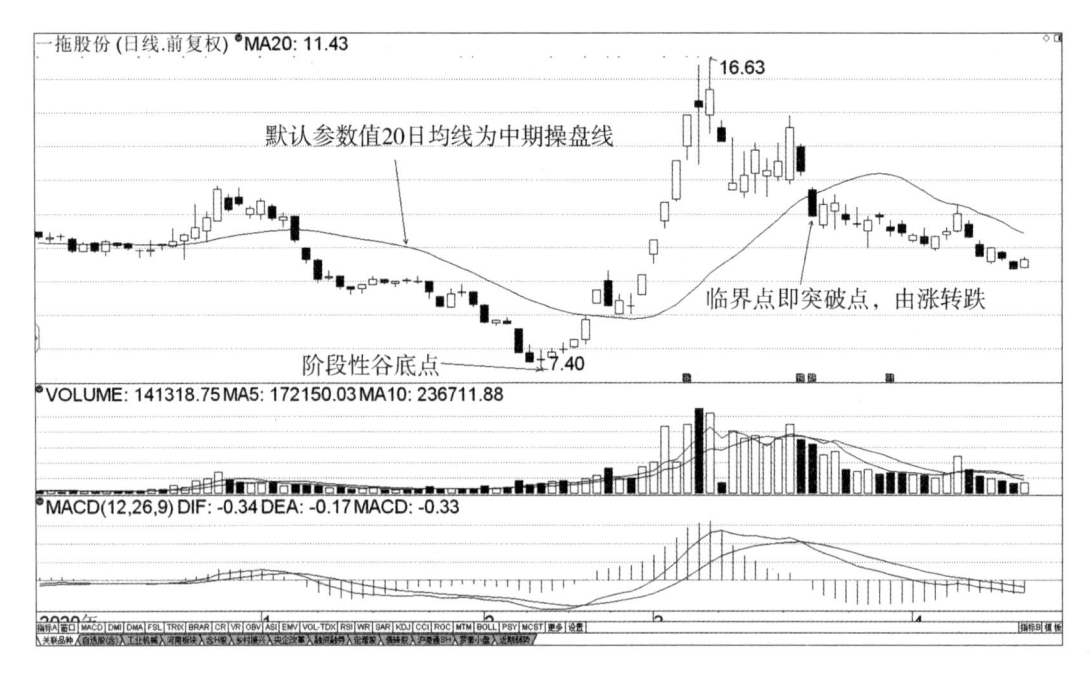

图3-26

（二）向下突破60日均线的临界点

案例1：恒立液压（601100），见图3-27。

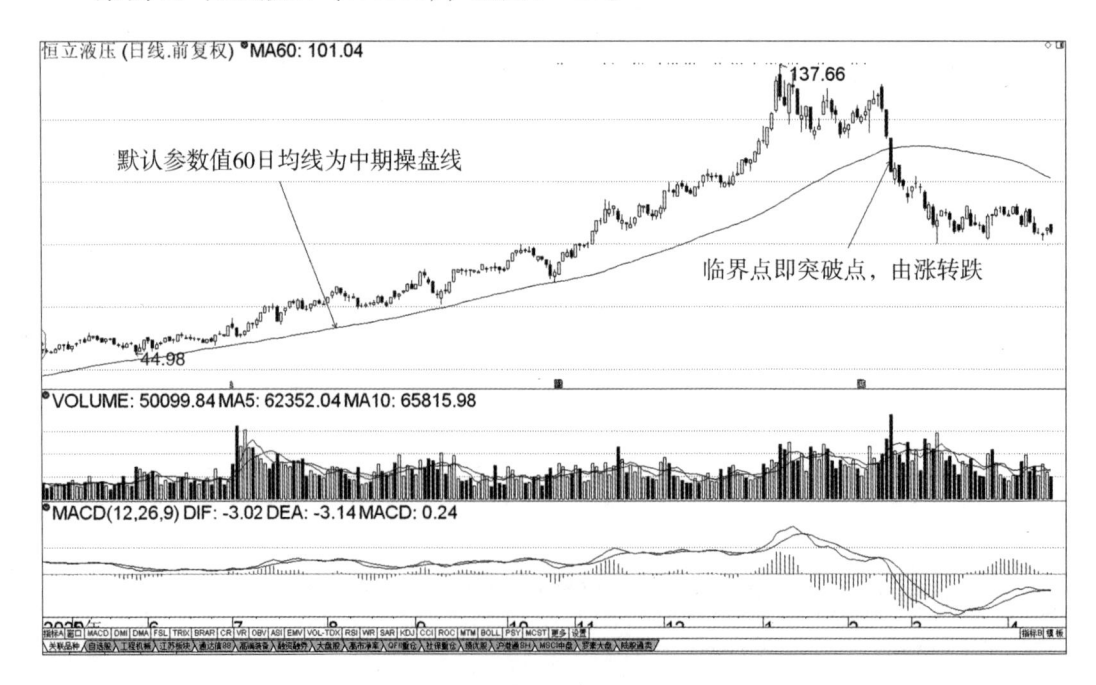

图3-27

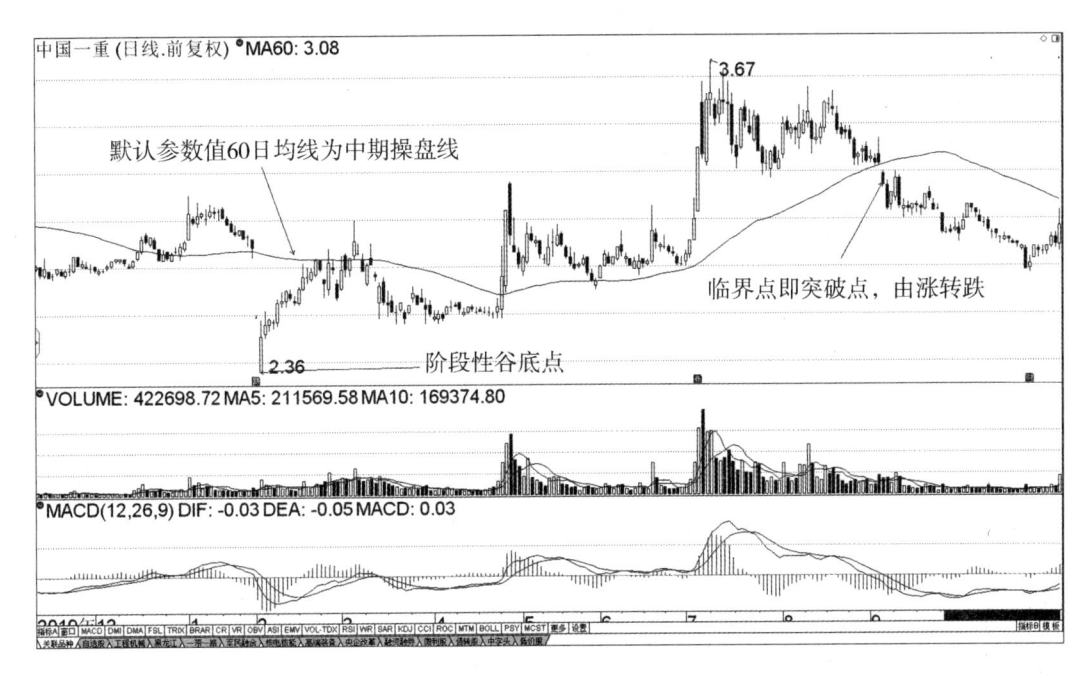

案例2：中国一重（601106），见图3-28。

图3-28

（三）向下突破逢峰调压确定中期操盘线的临界点

案例1：中国化学（601117），见图3-29。

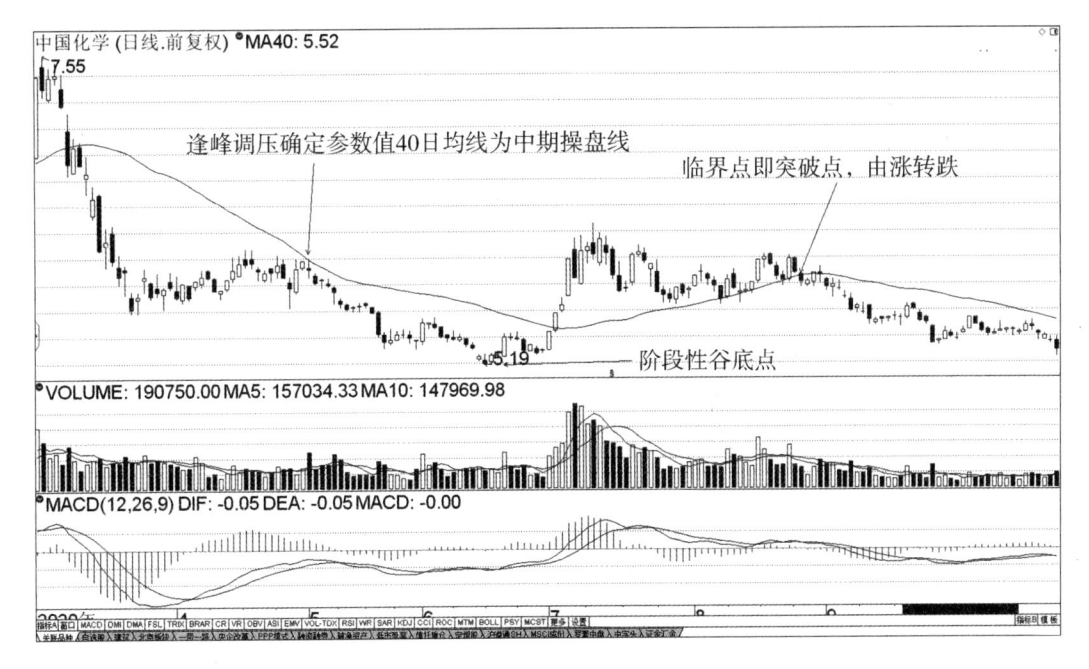

图3-29

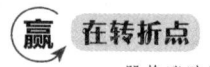

案例2：石基信息（002153），见图3-30。

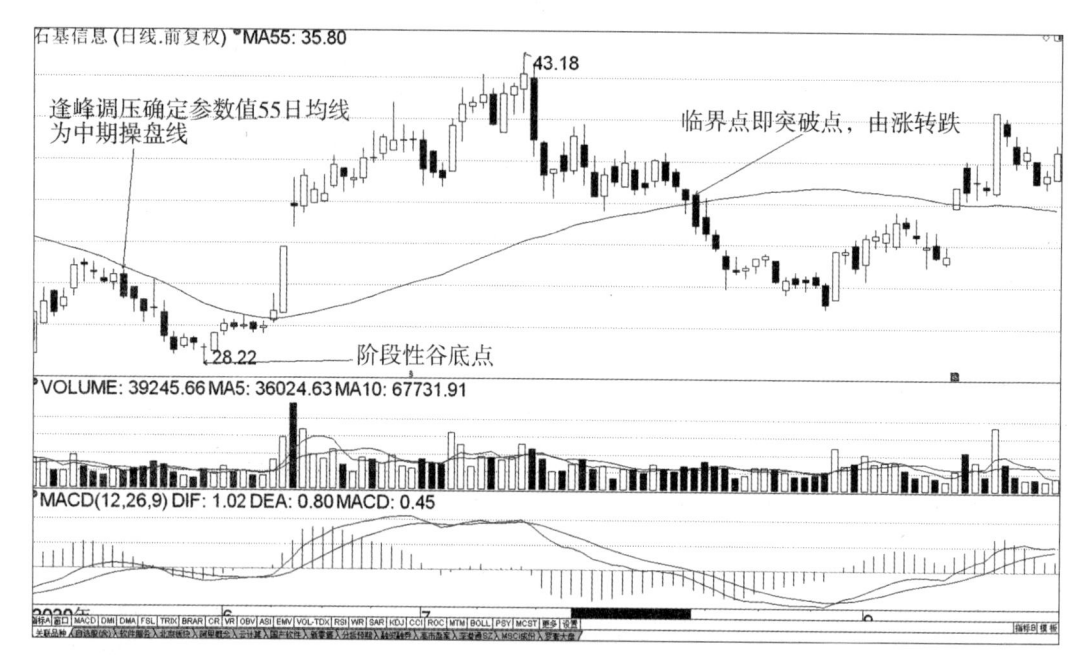

图3-30

（四）向下突破遇谷调撑确定中期操盘线的临界点

案例1：北化股份（002246），见图3-31。

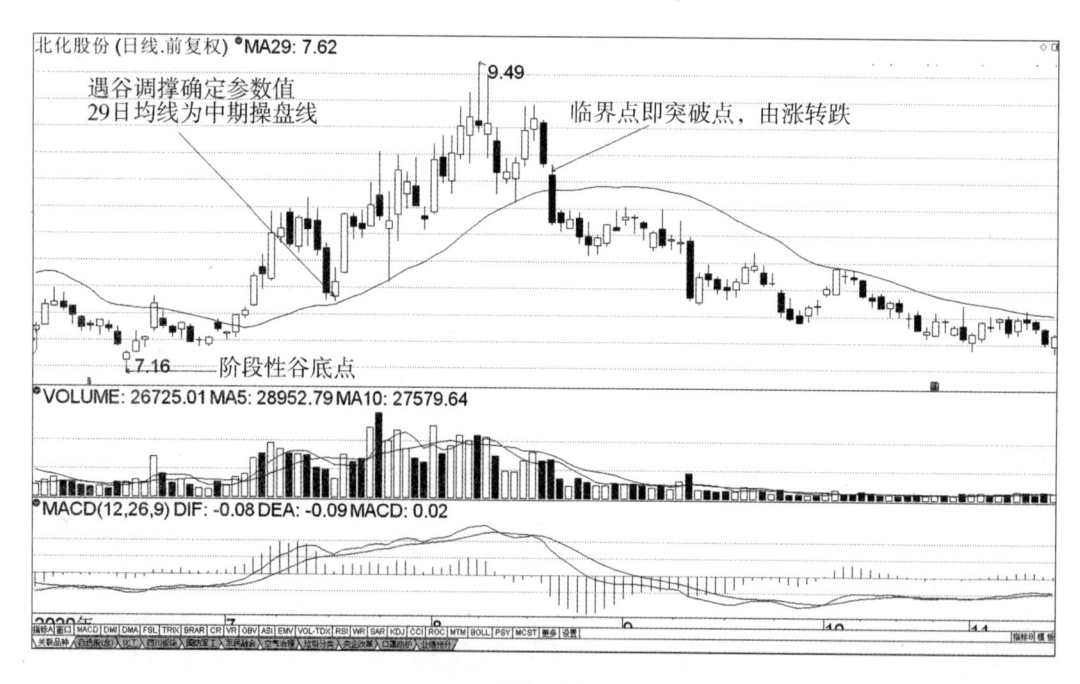

图3-31

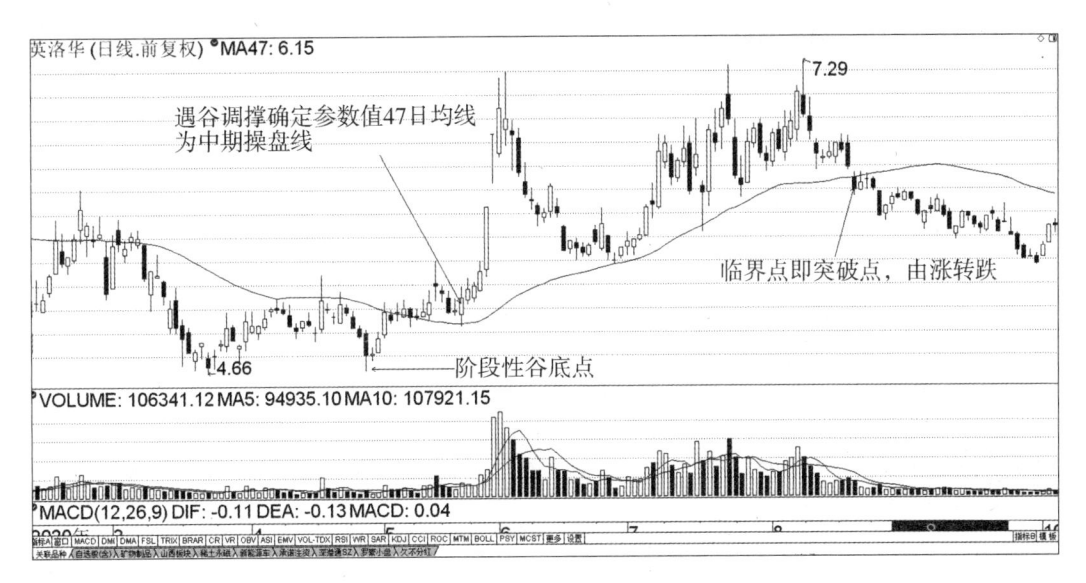

案例2：英洛华（000795），见图3-32。

图3-32

三、向下突破长期操盘线的临界点

向下突破长期操盘线的临界点，意味着股价由涨转跌，出现一个长线卖点。

（一）向下突破120日均线的临界点

案例1：亿帆医药（002019），见图3-33。

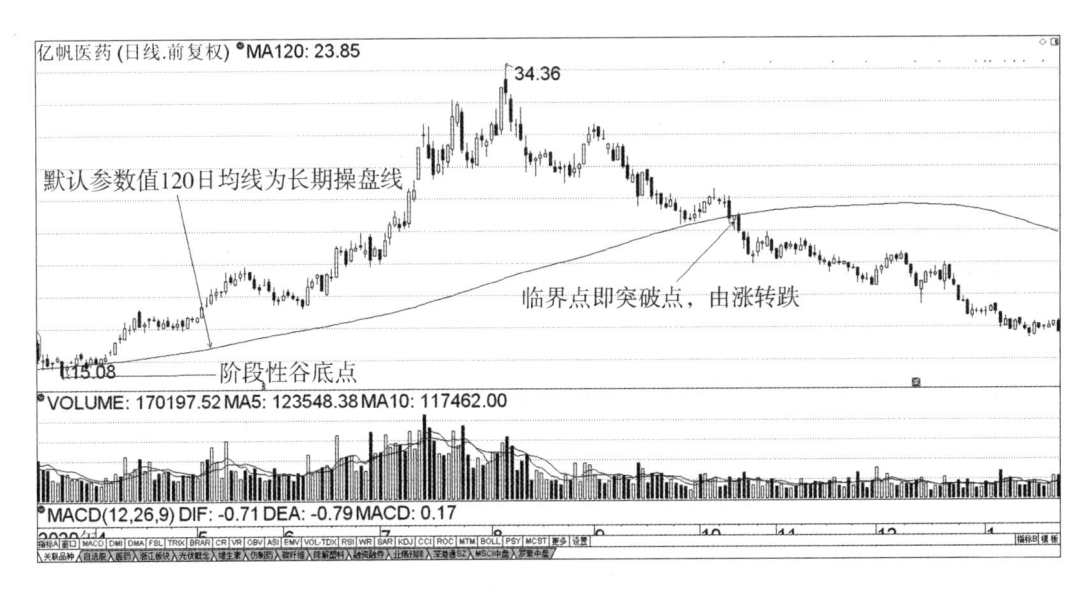

图3-33

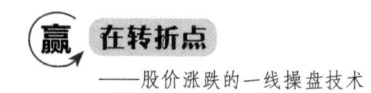

案例2：吉祥航空（603885），见图3-34。

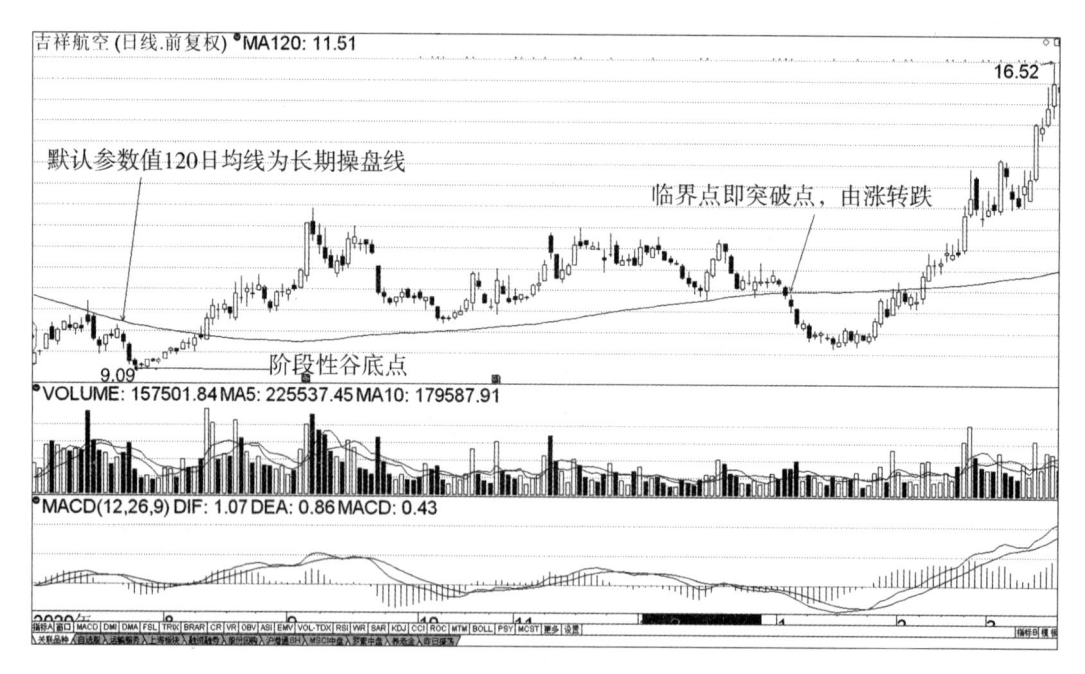

图3-34

（二）向下突破250日均线的临界点

案例1：广晟有色（600259），见图3-35。

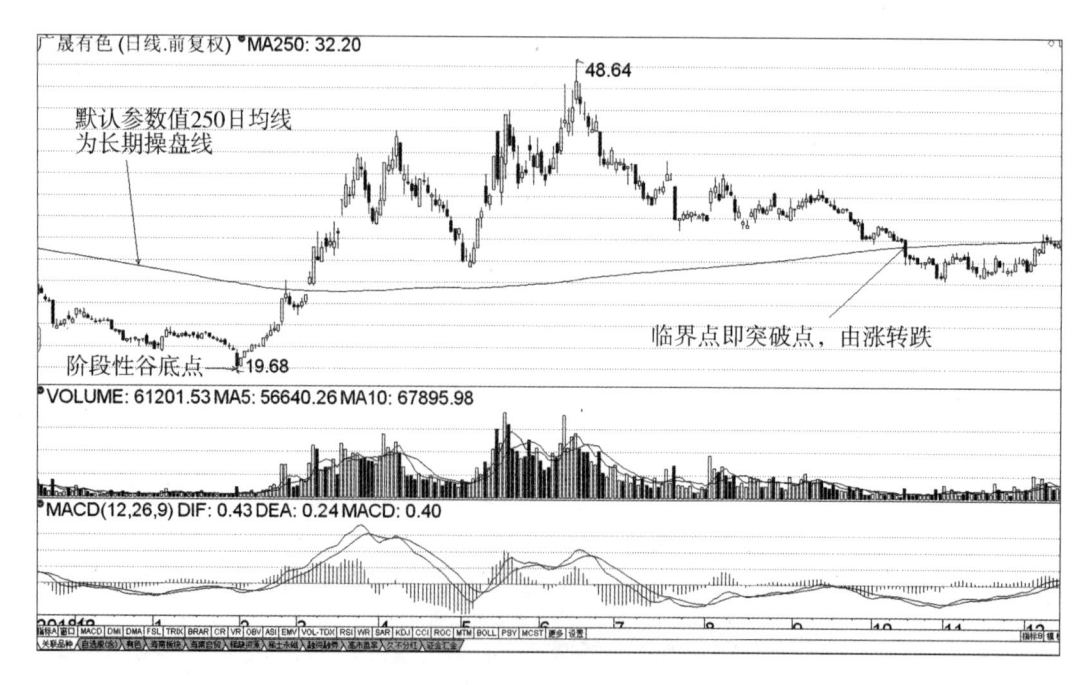

图3-35

案例2：乐普医疗（300003），见图3-36。

图3-36

（三）向下突破逢峰调压确定长期操盘线的临界点

案例1：皖维高新（600063），见图3-37。

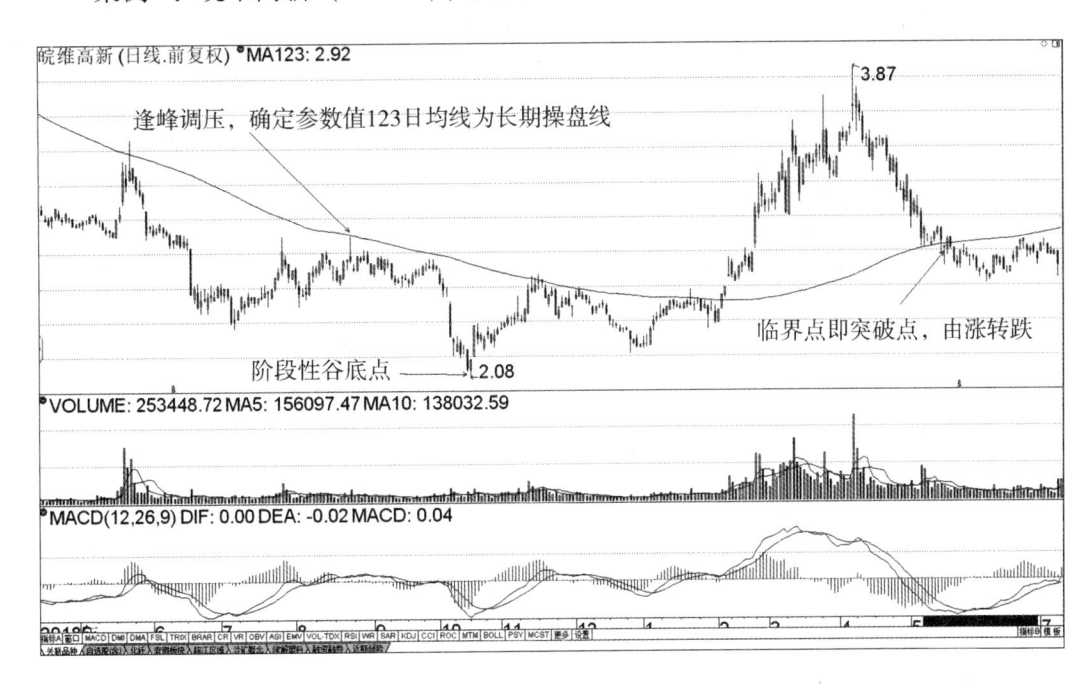

图3-37

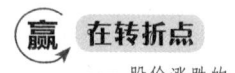

案例2：康欣新材（600076），见图3-38。

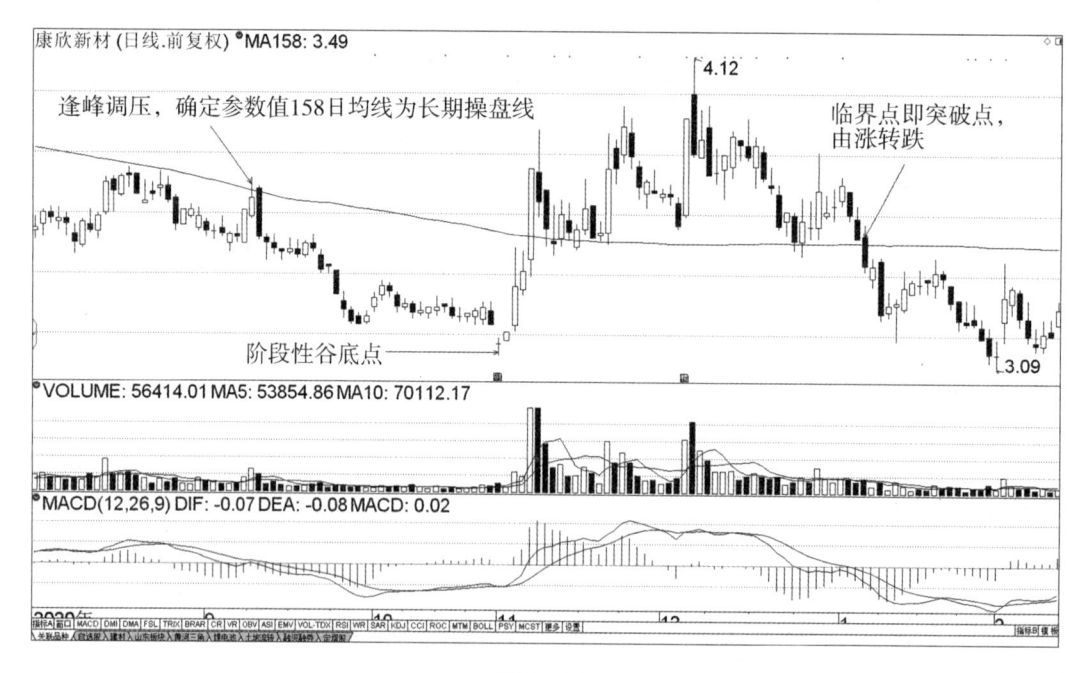

图3-38

（四）向下突破遇谷调撑确定长期操盘线的临界点

案例1：燕京啤酒（000729），见图3-39。

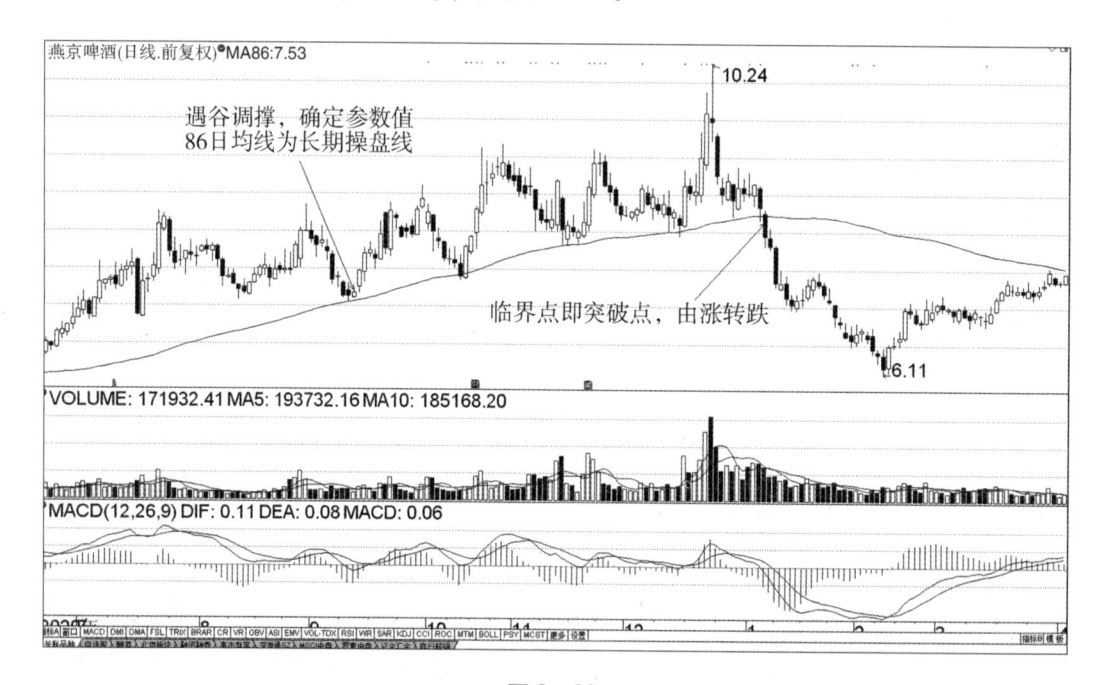

图3-39

案例2：罗牛山（000735），见图3-40。

图3-40

第四章

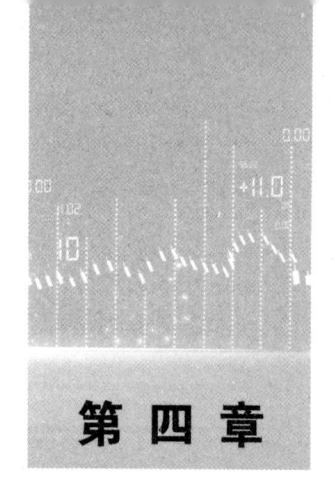

K线的四个基本结构

第一节 基本结构的定义

基本结构就是指由基本的、统一的观点,或者是一般的、基本的原理组成,在证券市场理解为K线运行的一般的、基本的、主要的形态。在大大小小、形形色色、变化万千的K线形态中,大致可归纳、提炼、划分出四个基本结构:标准型、强悍型、蓄势型、震荡型。在操盘线上或者操盘线下的K线均可见到这些基本结构。受资金、大盘、政策面、消息面等各种因素影响,更多的K线运行会演化成其他形态,如蓄势型演化成强悍型,或演化成多个组合形态,如强悍型与标准型相结合,蓄势型与震荡型相结合,还有的是两种以上结构相结合,可谓形态万千。

在复杂多变的K线形态中,投资者只要紧紧抓住"基本结构"这个纲、这个本质、这个规律,透过表象,观出其性,就可获取所期望的盈利。

第二节 操盘线下K线的四个基本结构

操盘线下K线的四个基本结构,指在某条操盘线(包括短、中、长周期操盘线)下,K线运行的四个主要形态,即标准型、强悍型、蓄势型、震荡型。操盘线下K线的运行是主力吸筹、洗盘、试盘,积蓄做多能量或准备爆发的阶段。

限于篇幅,本书以中长周期操盘线为案例,分述操盘线下四个基本结构。

一、标准型

（一）形态特征

1. 股价形成阶段性谷底点之后，不再创新低；

2. 股价至少有两个以上峰顶点触碰中期操盘线，每次反抽到中期操盘线位置就下跌；

3. 股价在中期操盘线下至少形成三个谷底点；

4. 股价突破中期操盘线后，开始中期上涨波段。

（二）形成原因

1. 主力吸筹洗盘有力有度有谋；

2. 股价运行趋势达成市场共识，缩量回调会有资金买入；

3. 从登山理论分析，地壳能量集中大规模爆发前开始进行小规模有规律的释放能量。股价涨跌同理。

（三）实战案例

案例1：阿科力（603722），见图4-1。

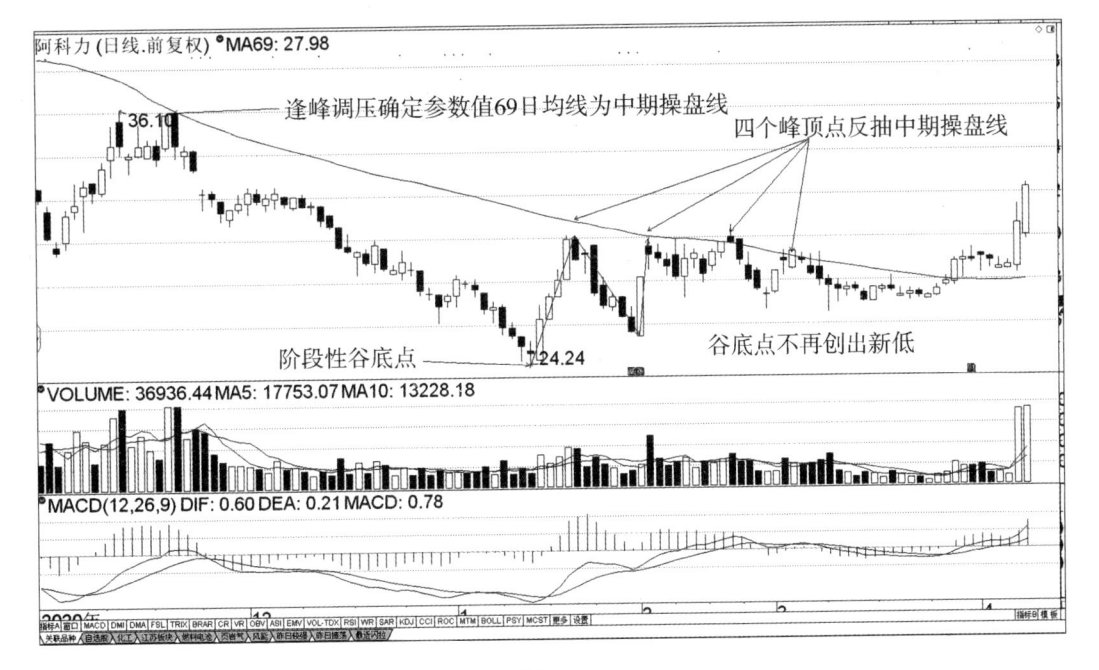

图4-1

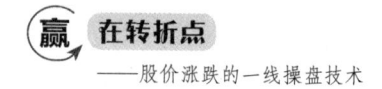

案例2：盾安环境（002011），见图4-2。

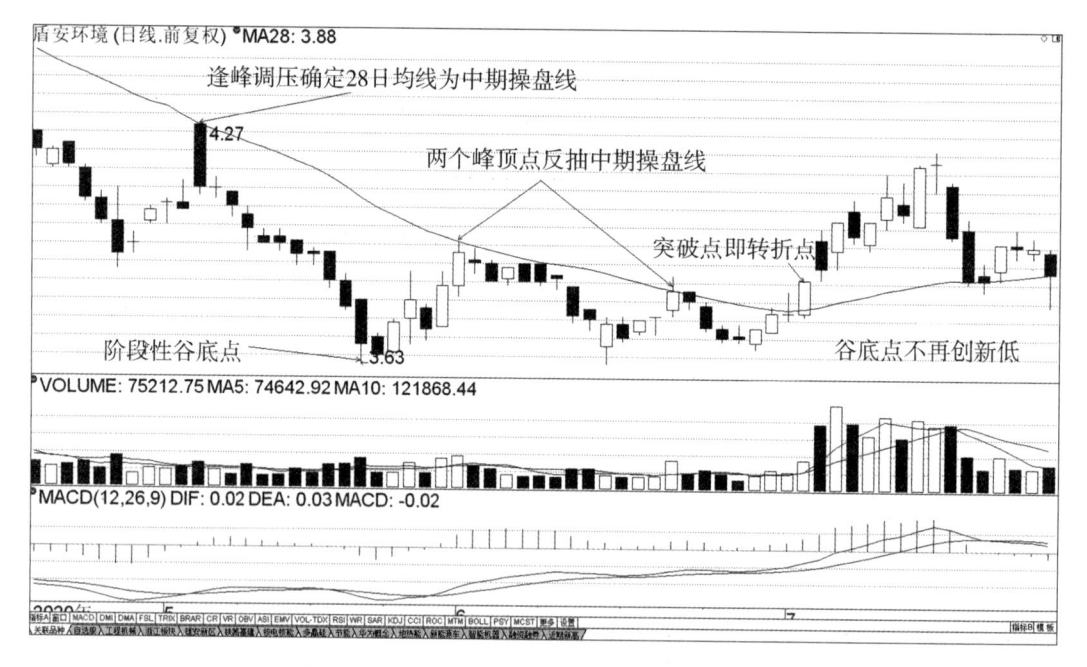

图4-2

二、强悍型

（一）形态特征

1. 股价形成阶段性谷底点之后，不再创新低；

2. 在中期操盘线下只有一个谷底点；

3. 股价形成阶段性谷底点之后，不再蓄势，常以大阳K线形式V形反转向上攻击；

4. 股价放量突破中期操盘线后，开始中期上涨波段。

（二）形成原因

1. 在下跌阶段，主力边打压边吸筹，时机成熟后迅速拉高股价脱离成本区。大盘环境转好，主力快速抢筹；

2. 目标股票受到利好因素影响，股价快速拉升；

3. 从登山理论分析，地壳能量突然大规模集中爆发。股价走势的变化同理。

（三）实战案例

案例1：蓝思科技（300433），见图4-3。

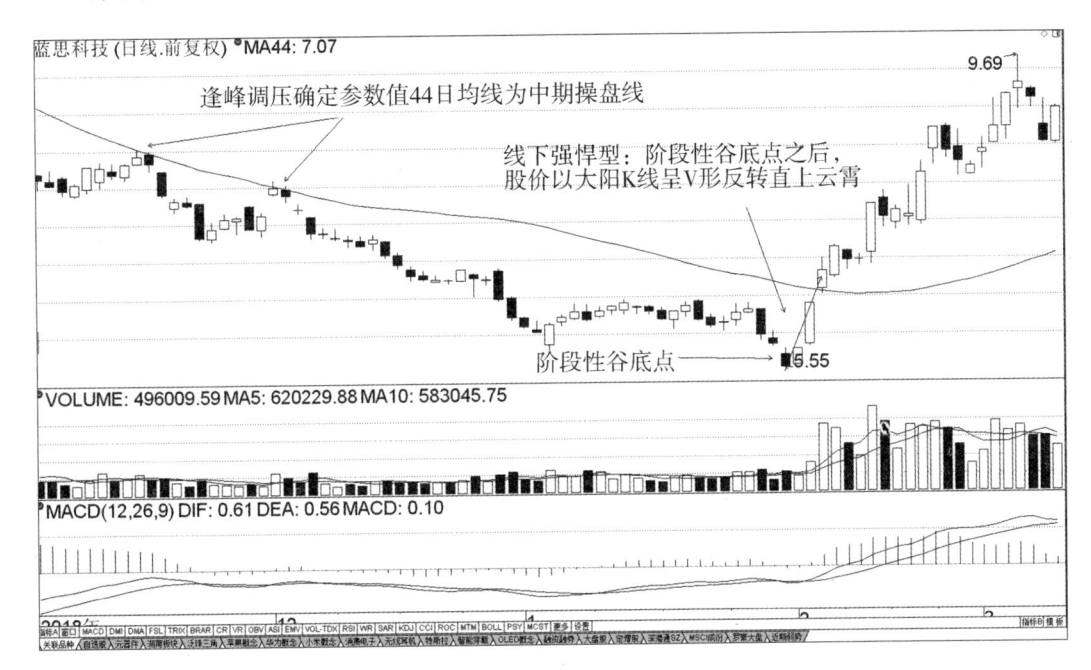

图4-3

案例2：太极集团（600129），见图4-4。

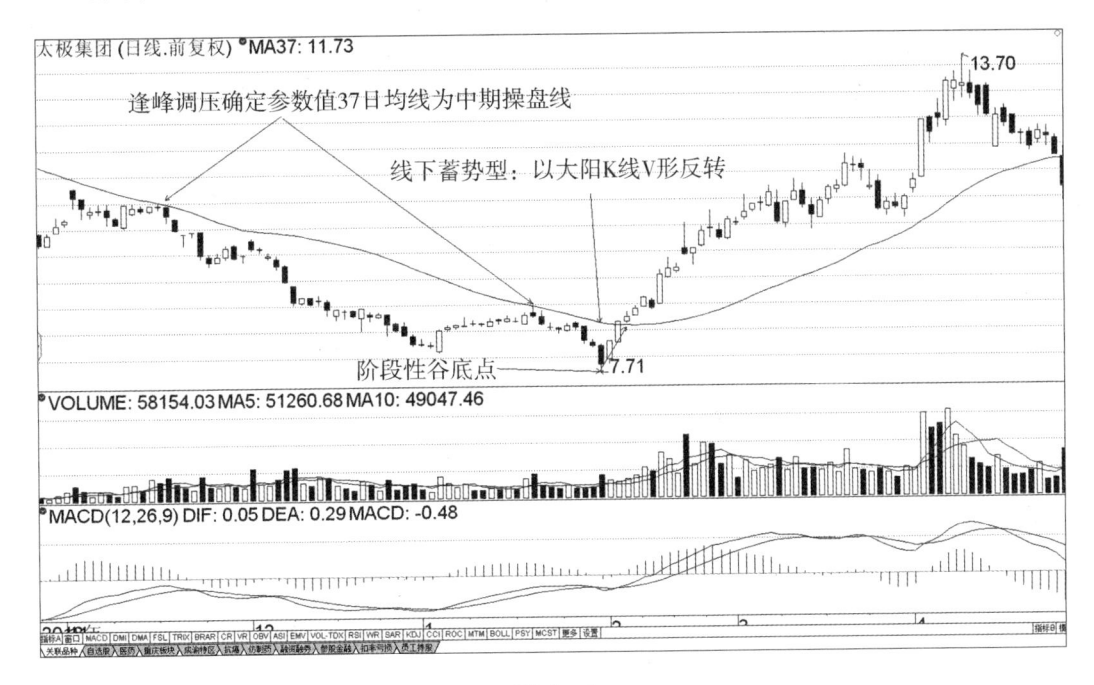

图4-4

三、蓄势型

（一）形态特征

1. 股价形成阶段性谷底点之后，不再创新低；

2. 在中期操盘线下，股价在10%幅度以内横盘小幅波动或小角度缓慢上涨，蓄势时间越长，震荡幅度越小越好，可以无明显峰顶点与谷底点；

3. 中期操盘线下的K线主要是小阴小阳线，每根K线涨跌幅在5%以内；

4. 股价放量突破中期操盘线后，开始中期上涨波段。

（二）形成原因

1. 主力吸筹不够，继续缓慢压价吸筹；

2. 大盘不好或者因洗盘需要，将不坚定持筹者洗出去；

3. 从登山理论分析，地壳能量继续蓄势积累。股价涨跌同理。

（三）实战案例

案例1：金种子酒（600199），见图4-5。

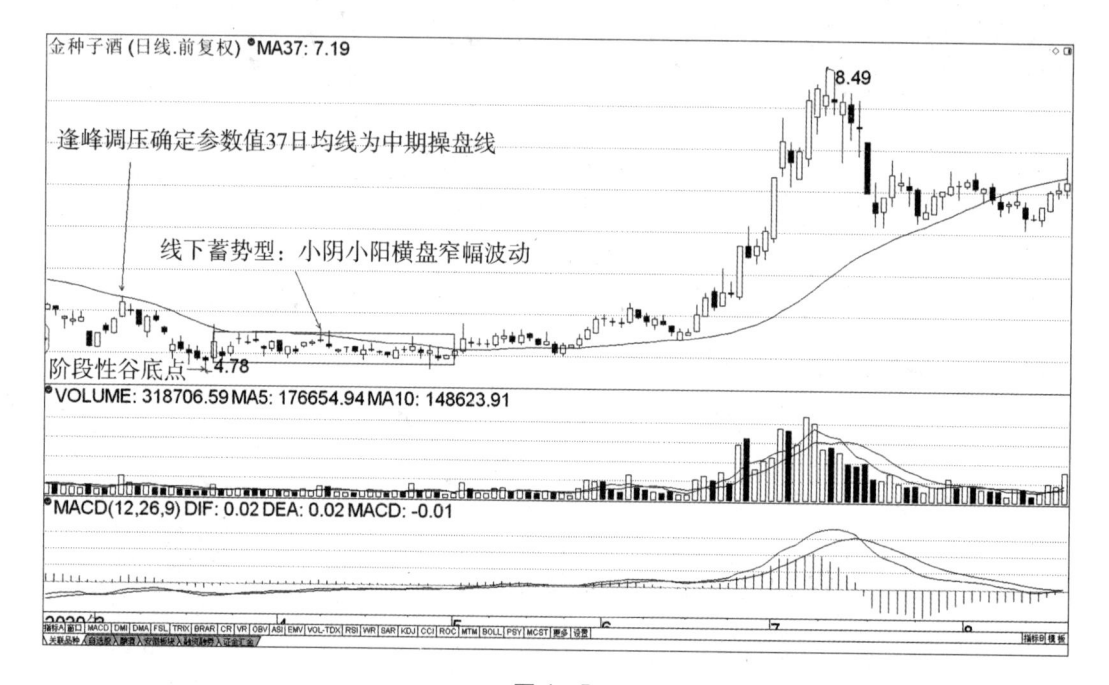

图4-5

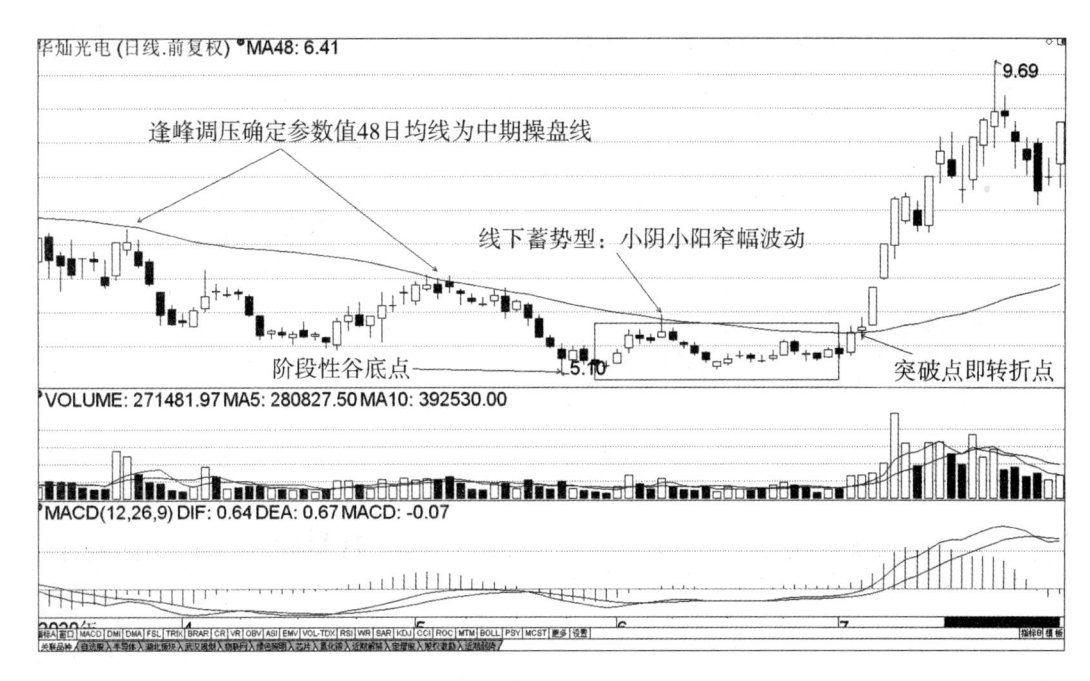

案例2：华灿光电（300323），见图4-6。

图4-6

四、震荡型

（一）形态特征

1. 股价形成阶段性谷底点之后，不再创新低；

2. 在中期操盘线下，股价上下宽幅震荡，幅度在10%以上，至少形成两个以上的谷底点与峰顶点；

3. 中期操盘线下的K线形态常见大阴大阳，上蹿下跳，常见涨跌幅在5%以上的K线，涨放量，跌缩量，股价会有假突破动作；

4. 股价放量突破中期操盘线后，开始中期上涨波段。

（二）形成原因

1. 主力尚未拿够筹码，上拉下打宽幅震荡吸筹；

2. 洗盘需要，将不坚定持筹者洗出去；

3. 从登山理论分析，地壳能量间歇式小规模的爆发。股价涨跌同理。

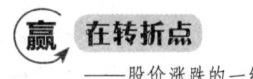

（三）实战案例

案例1：华侨城A（000069），见图4-7。

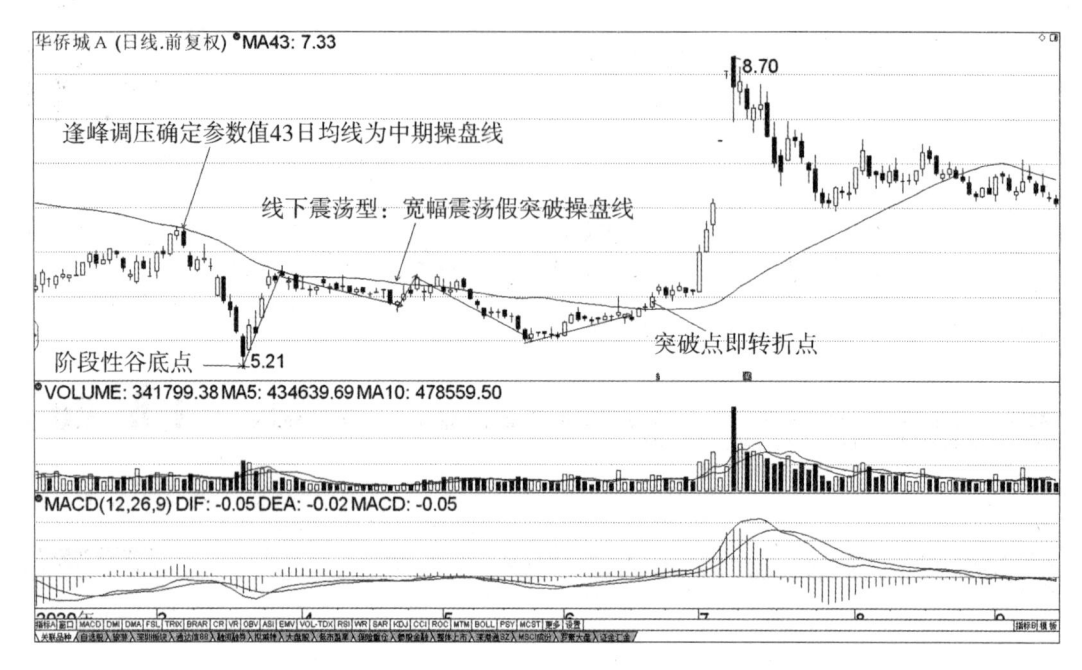

图4-7

案例2：创世纪（300083），见图4-8。

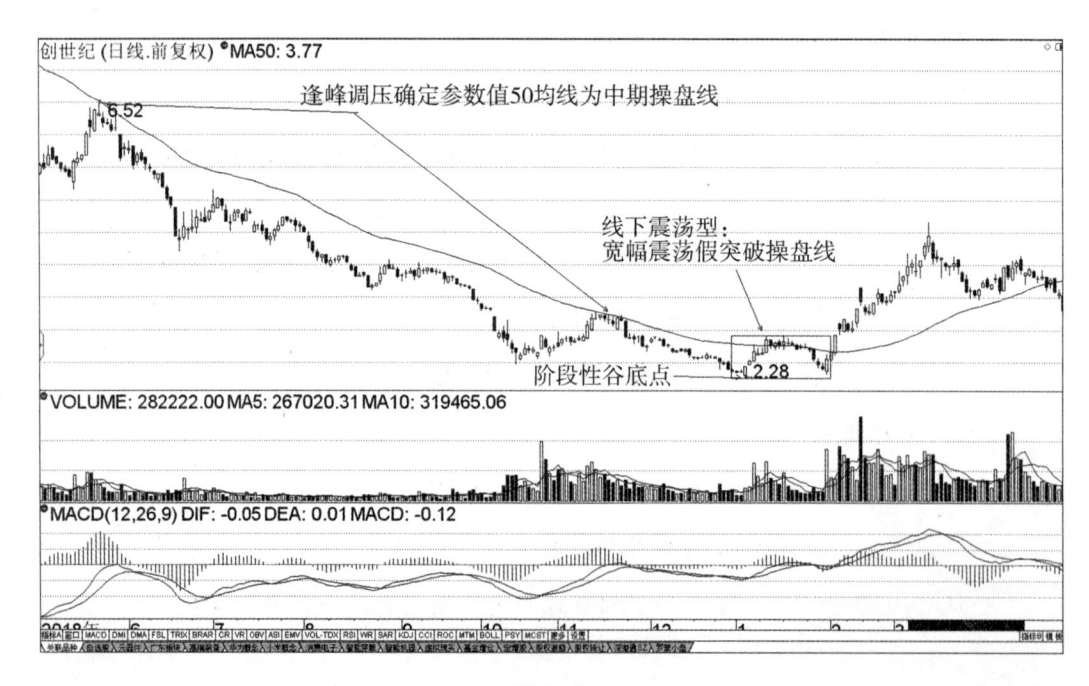

图4-8

第三节　操盘线上K线的四个基本结构

操盘线上的四个基本结构，指在某条操盘线（包括短、中、长、大周期操盘线）之上，K线运行的四个主要形态，即标准型、强悍型、蓄势型、震荡型。

操盘线上K线的运行是主力经过操盘线下吸筹积蓄做多能量，进入爆发拉升的阶段。

不过K线在突破操盘线之后，按照主要形态运行，有的会逐渐演化成其他形态，如标准型演变成震荡型，蓄势型演变成强悍型，有的还会演化成多种形态。在纷繁复杂的K线运行中，只要剪枝蔓立主干，抓住主要矛盾，就能立于不败之地。

本书以中长期操盘线为案例，分述线上的四个基本结构。

一、标准型

（一）形态特征

1. 股价有效突破中长期操盘线；
2. 股价在中长期操盘线上至少形成两个谷底点；
3. 股价每次跌到中长期操盘线处就止跌企稳，且股价回踩次数在两次以上；
4. 股价有效跌破中长期操盘线或者在相对高位放出巨量，上涨攻击波段结束。

（二）形成原因

1. 主力控盘有节奏有规律，收放自如；
2. 股价波动节奏已被市场认同，投资者的力量往往就是群众的力量，主力也要顺势为之；
3. 从登山角度分析，地壳能量有节奏有规律地释放，形成有规律的高低起伏山脉。登山者登上一个高点后，经过充分休整再攀登高峰。股价涨跌同理。

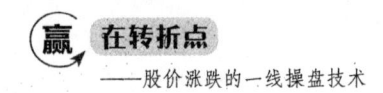

(三)实战案例

案例1：兔宝宝（002043），见图4-9。

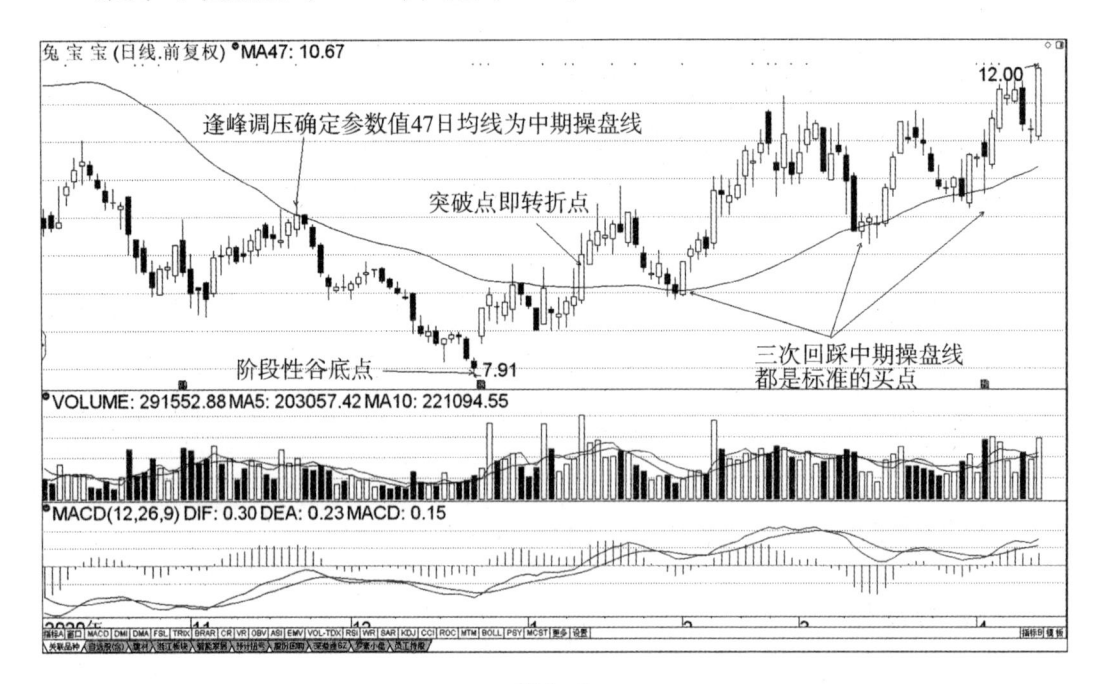

图4-9

案例2：泰胜风能（300129），见图4-10。

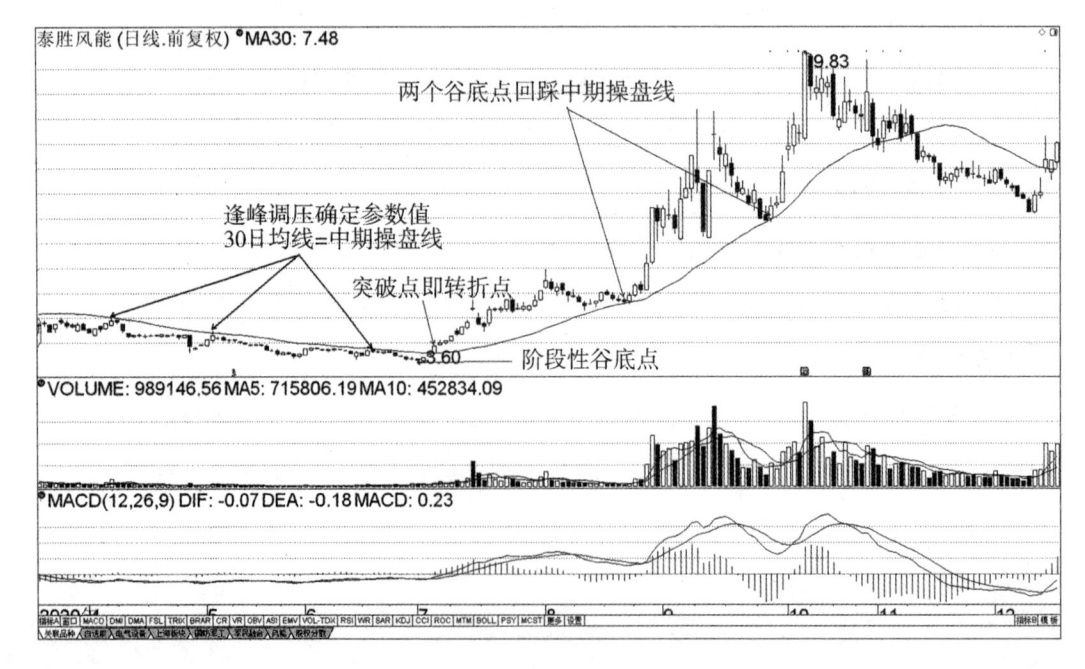

图4-10

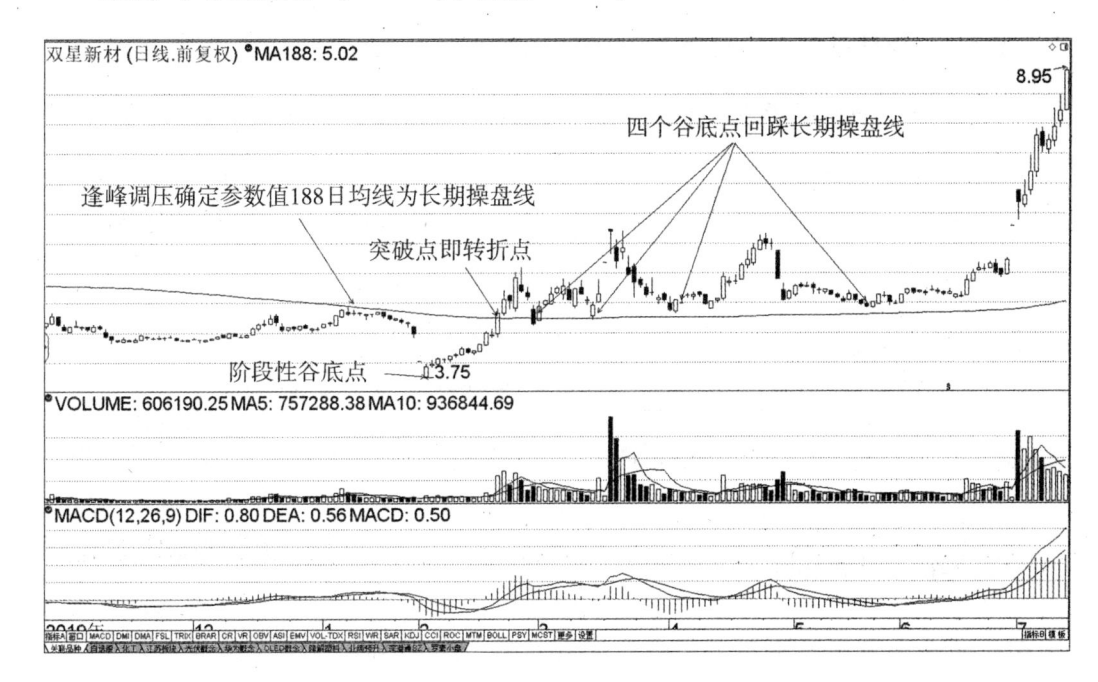

案例3：双星新材（002585），见图4-11。

图4-11

二、强悍型

（一）形态特征

1. 股价有效突破中长周期操盘线后，上涨途中常见大阳K线；

2. 股价有效突破中长周期操盘线后，大多沿5日、10日均线、短期操盘线单边上涨；

3. 股价在中长周期操盘线上的调整幅度不深；

4. 股价与操盘线之间的涨幅达到30%左右并放出巨量，或股价跌破操盘线后，上涨攻击波段结束。

（二）形成原因

1. 大盘向好，主力快速吸筹、拉升、出货，或在下跌阶段主力就开始吸筹，待大盘好转，主力迅速拉升股价脱离成本区，加速上涨，吸引各方资金，拉高出货；

2. 目标股票受到利好消息如重组、兼并或者政策面的影响，引起市场各方力量共振后快速上涨；

3. 从登山理论分析，地壳能量突然爆发，形成陡峭山脉。股价涨跌同理。

(三) 实战案例

案例1：华昌化工（002274），见图4-12。

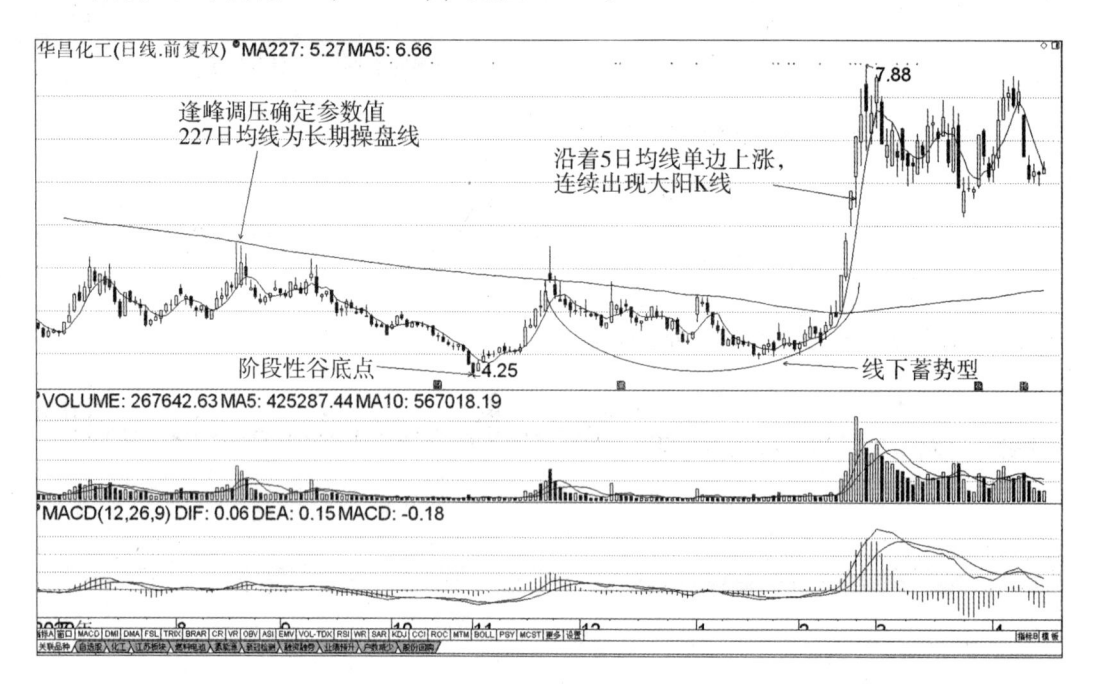

图4-12

案例2：中国中车（601766），见图4-13。

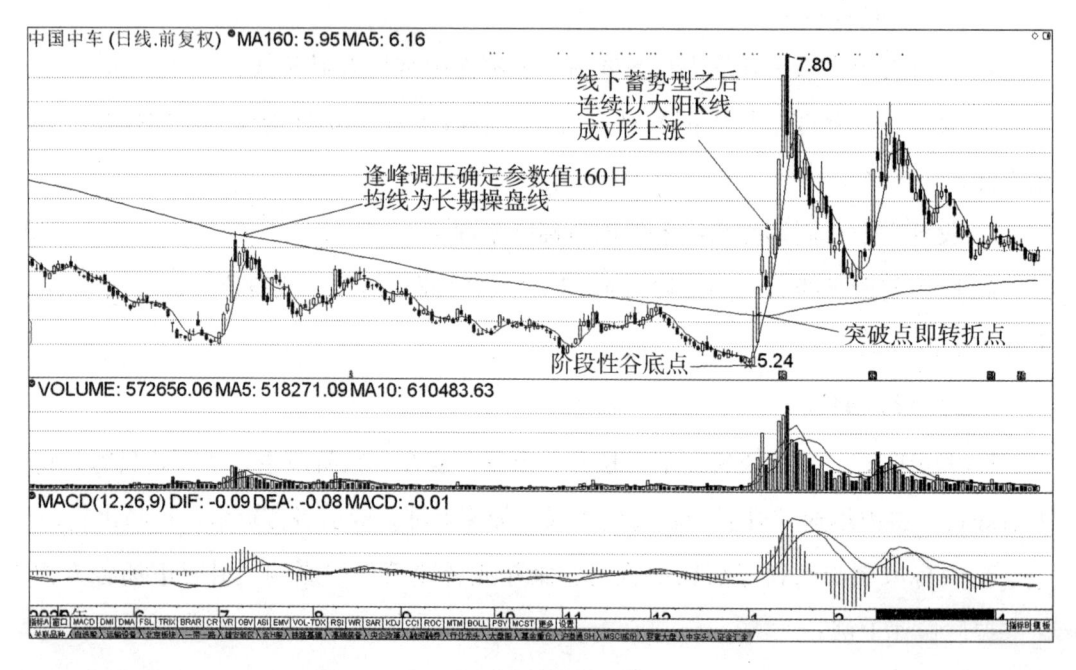

图4-13

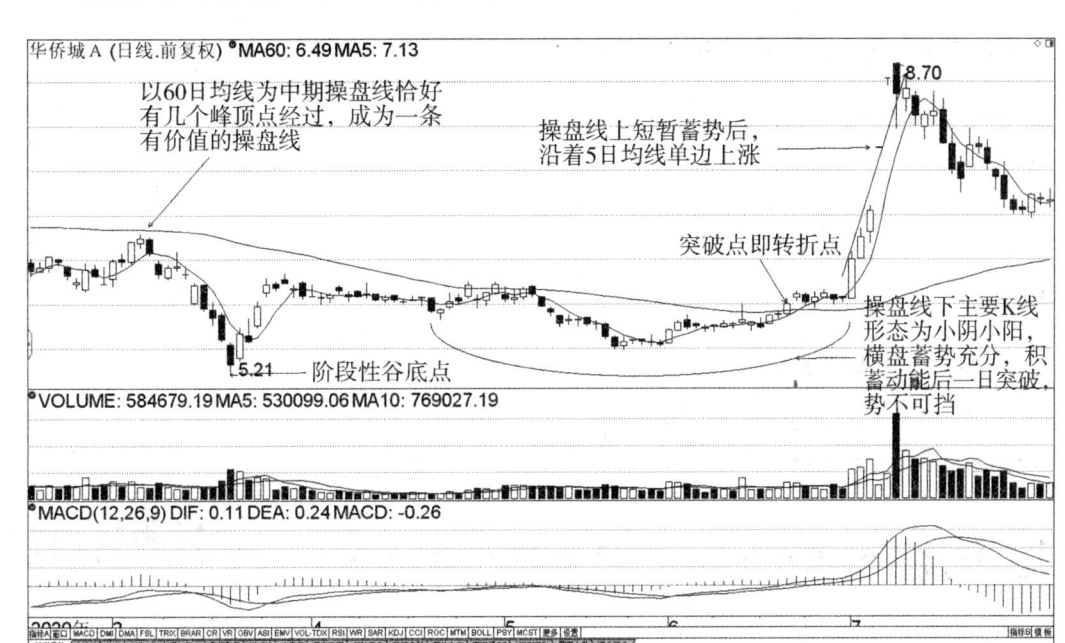

案例3：华侨城A（000069），见图4-14。

图4-14

三、蓄势型

（一）形态特征

1. 股价有效突破中期操盘线；

2. 在中期操盘线上，K线形态常见小阴小阳，排列紧凑，每根K线的涨跌幅不超过5%；

3. 股价以10%以内的幅度窄幅横盘震荡或者以小于45度角缓慢上涨，无明显峰顶点、谷底点，蓄势时间越长，股价爆发力度越大；

4. 股价有效跌破中长期操盘线或者在相对高位放出巨量，上涨攻击波段结束。

（二）形成原因

1. 在中期操盘线下，主力未收集够筹码，在突破中期操盘线后，以横盘或者小角度上涨的方式继续吸筹；

2. 主力因洗盘、蓄势待机爆发的需要，将不坚定的持股跟风者洗出局；

3. 从登山理论分析，地壳能量爆发一段时间之后，继续缓慢释放能量，形成走势平缓的山脉。股价涨跌走势同理。

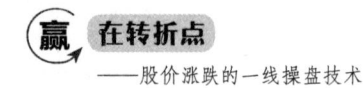

(三) 实战案例

案例1：盛讯达（300518），见图4-15。

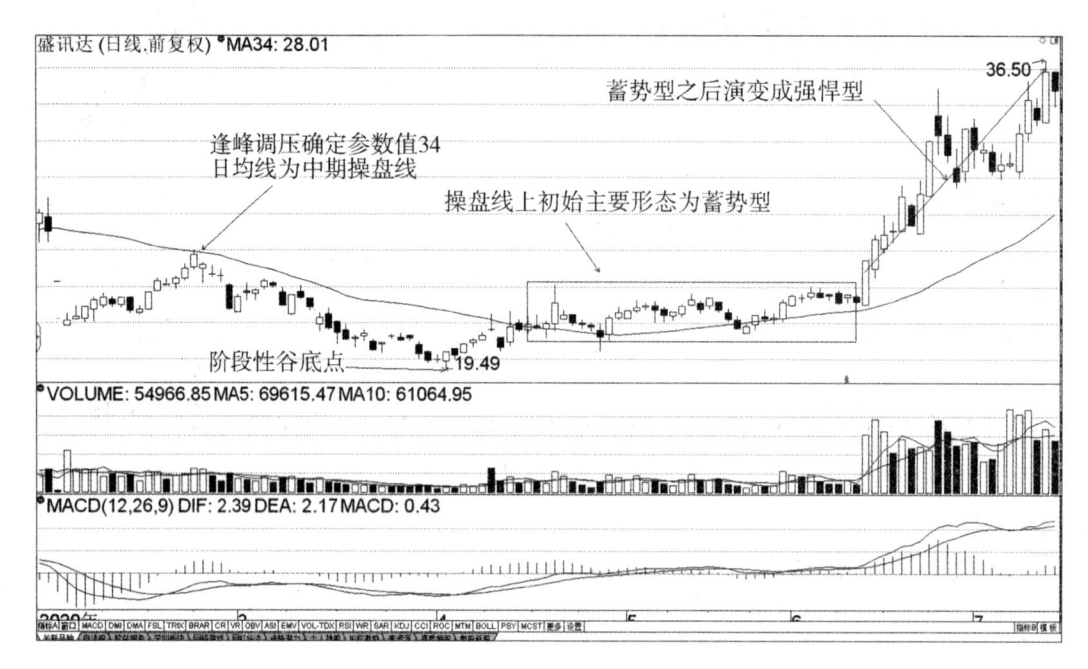

图4-15

案例2：宝钢股份（600019），见图4-16。

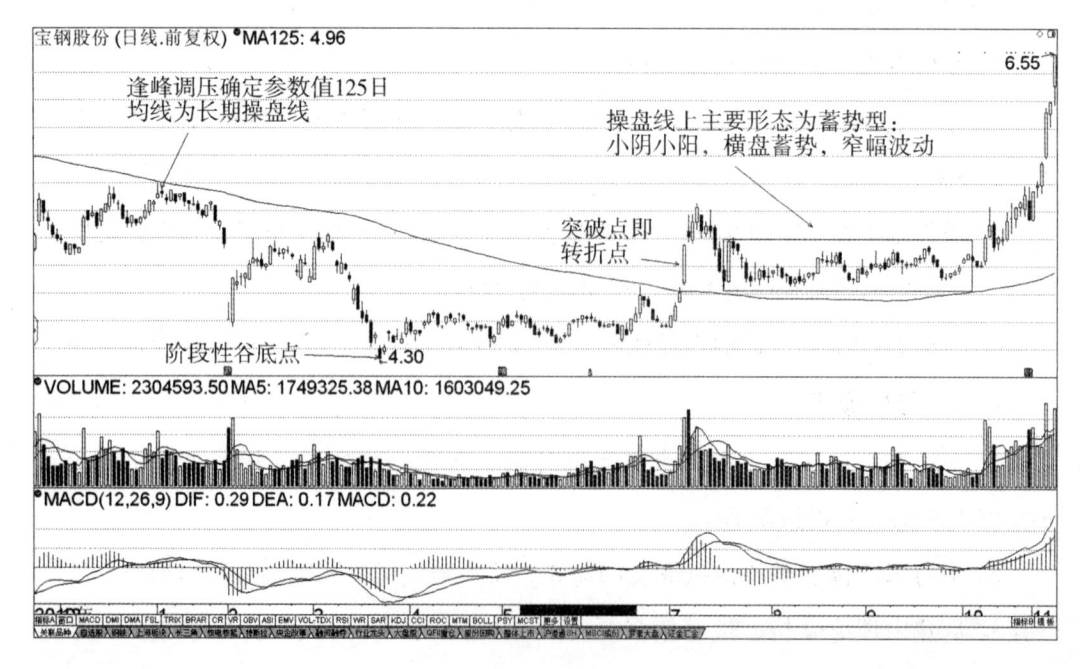

图4-16

四、震荡型

（一）形态特征

1. 股价有效突破中长周期操盘线；

2. 股价见到阶段性的谷底点之后，不管如何震荡，谷底点不断抬高；

3. 以中长周期操盘线为中心，股价上下宽幅震荡，幅度在10%以上，K线形态常见5%以上的大阳大阴；

4. 股价有效跌破中长期操盘线或者在相对高位放出巨量，上涨攻击波段结束。

（二）形成原因

1. 由于大盘环境不好，主力想拉升却心有余而力不足，只能顺势为之；

2. 主力因吸筹、洗盘的需要，围绕中长周期操盘线上下震荡；

3. 从登山理论分析，地壳能量间歇式爆发，形成高低不一错落有致的山脉。股价涨跌走势同理。

（三）实战案例

案例1：铜峰电子（600237），见图4-17。

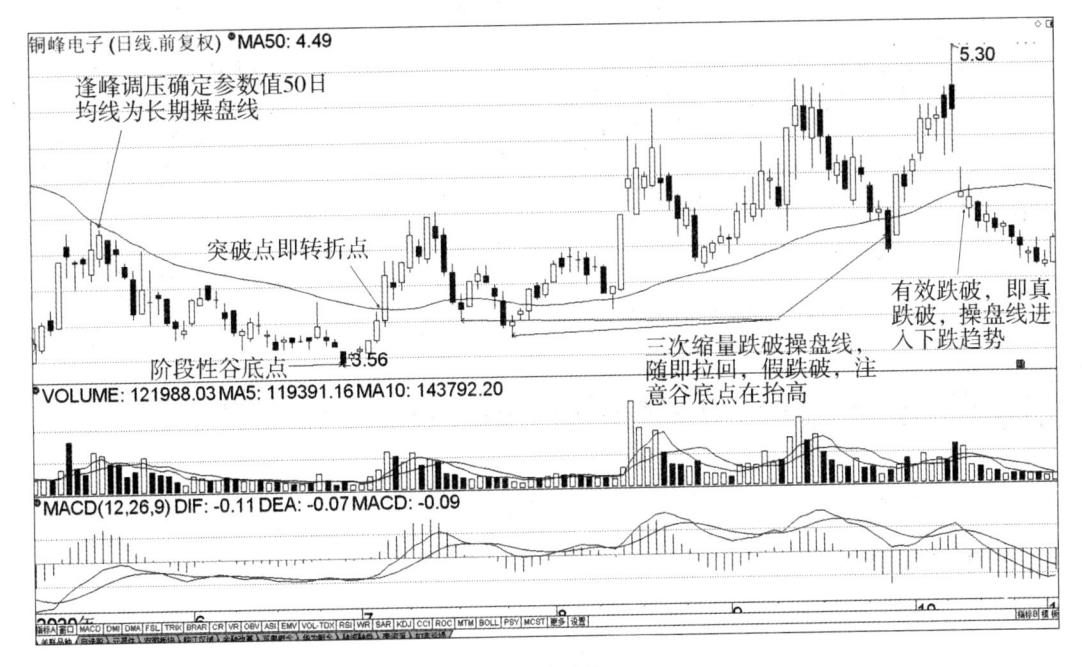

图4-17

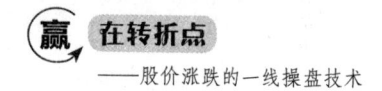

案例2：新集能源（601918），见图4-18。

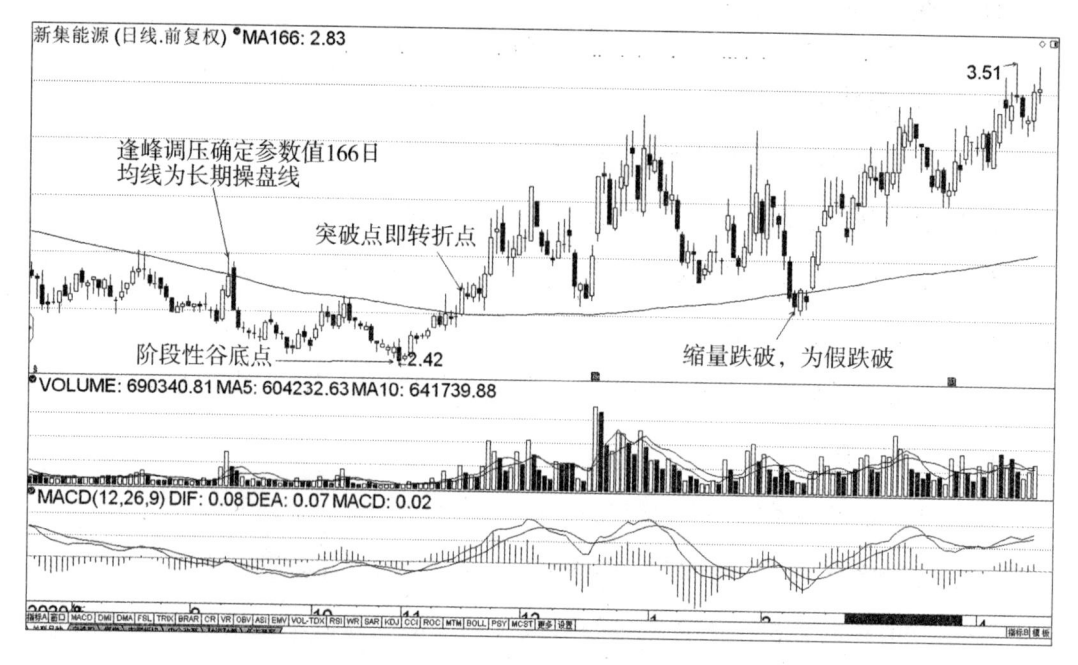

图4-18

案例3：农发种业（600313），见图4-19。

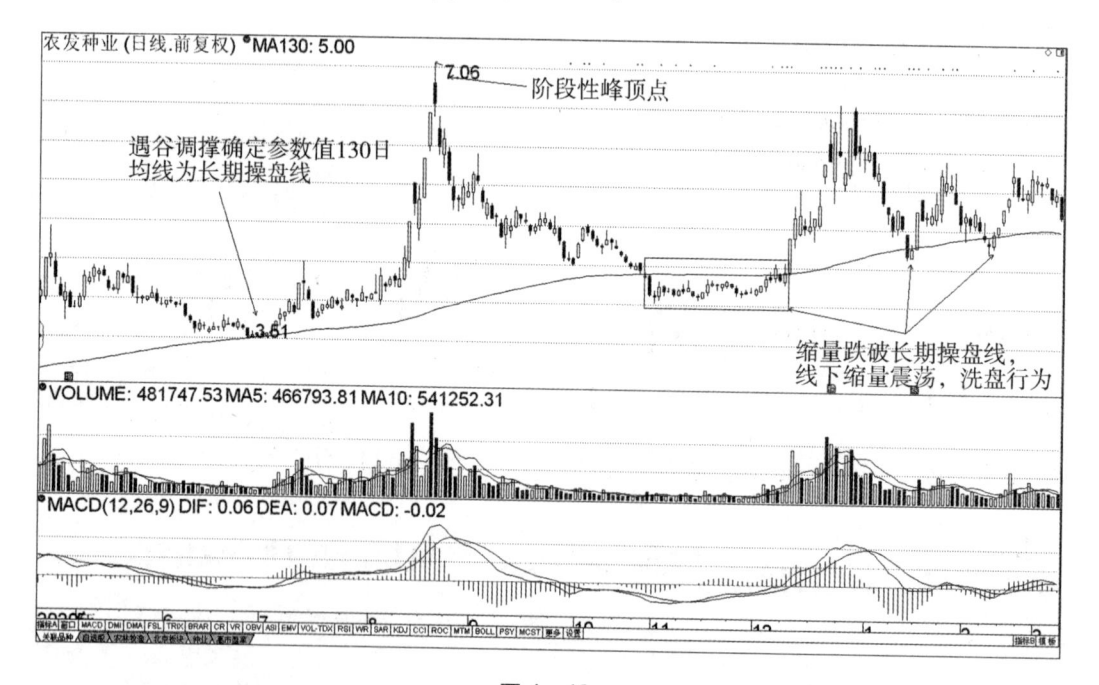

图4-19

第五章

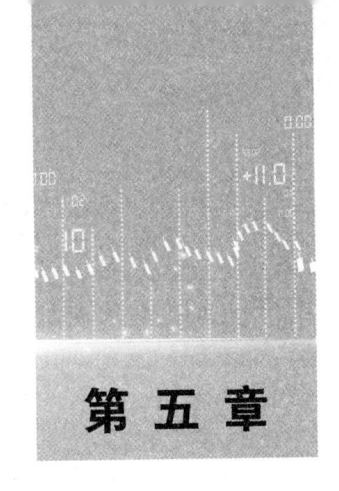

K线的五个买点与卖点

K线存在于股票、期货、外汇等任何金融市场之中，其运行受到两个因素制约，一是内在价值，二是市场的活跃度。

投资人要在股票期货市场上做交易，获取利润，首先就要解决技术分析范畴里的买卖点问题。

在纷繁芜杂、令人眼花缭乱的K线波动中，如何化繁为简，剪枝蔓立主干，如何确定买点与卖点是一线交易系统的核心技术。

第一节 K线的五个买点

一线交易系统阐述的股票K线的五个买点，在K线波动过程中，分布在某条操盘线下或线上，分别是：抄底点、突破点、回踩点、启涨点、追涨点。

以上五个买点可以分布在月、周、日、分钟K线图形中，也可分布在大周期、长周期、中周期、短周期K线等不同时间周期的K线图形中。

本节以中期操盘线为例，阐述五个买点分布位置。

逢峰调压确定中期操盘线的五个买点如图5-1所示。

遇谷调撑确定中期操盘线的五个买点如图5-2所示。

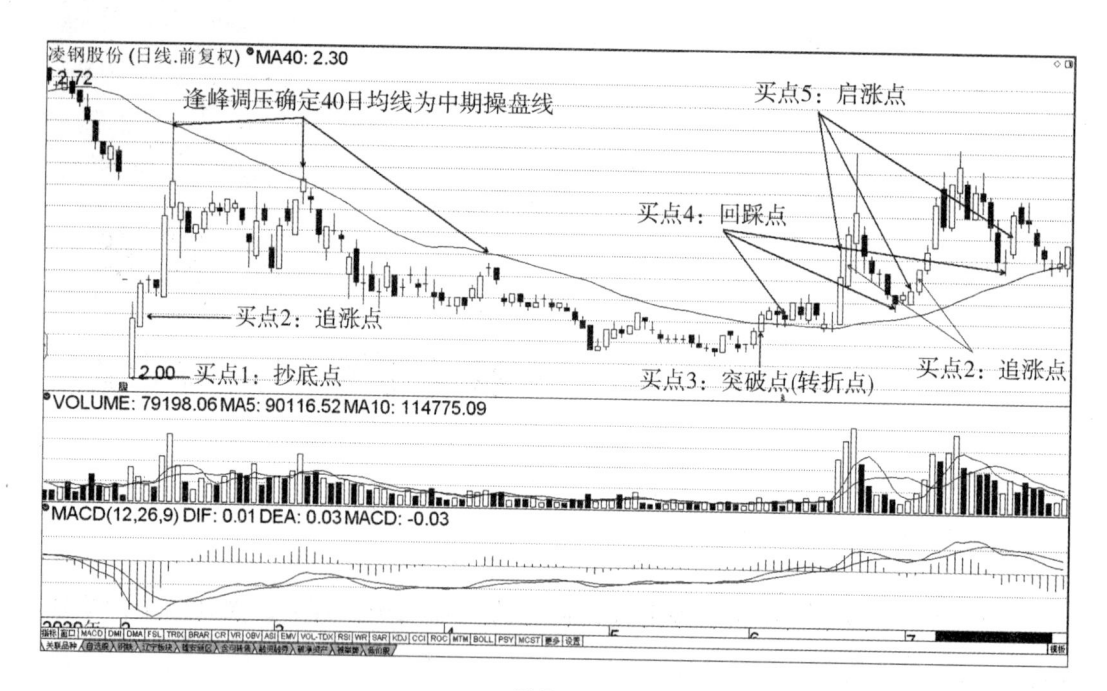

图 5-1

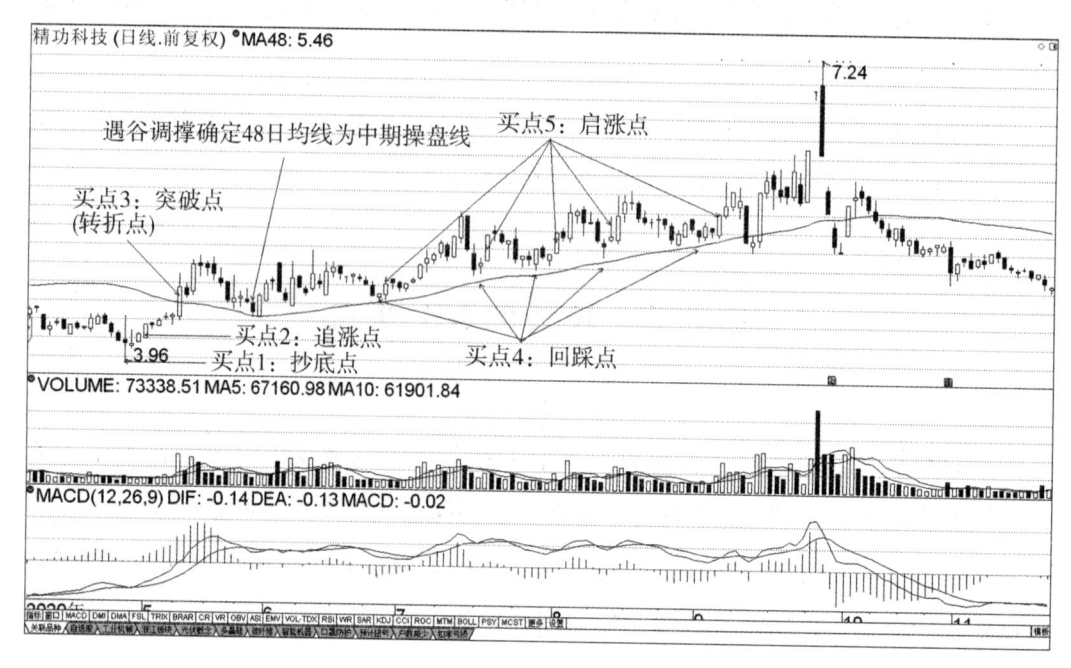

图 5-2

中期操盘线是股价中级行情涨跌的临界线、分水岭，既蕴含费氏神奇数字、共振级数、江恩理论、道氏理论之奥秘，又符合波浪理论之意境，更是抓住了市场本质、股价波动及主力意图，符合国内证券市场的状况。中期操盘线上K线的五个买点分述如下。

一、抄底点

股价在下跌过程中出现的阶段性最低点——谷底点,实战中,通常是可遇不可求,但买在相对位置是可以做到的。

案例1:君正集团(601216),见图5-3。

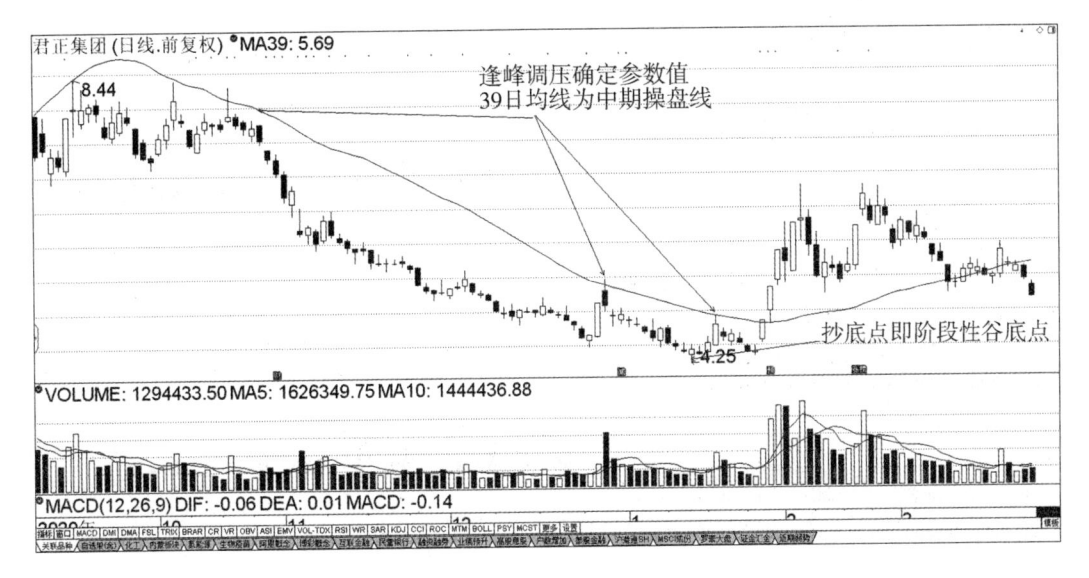

图5-3

案例2:盛屯矿业(600711),见图5-4。

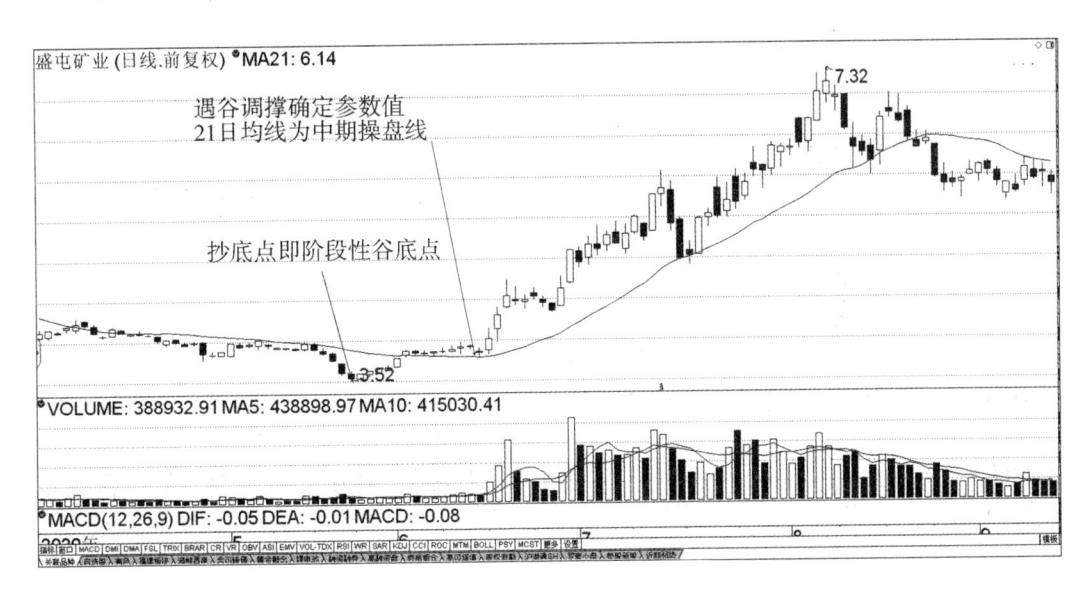

图5-4

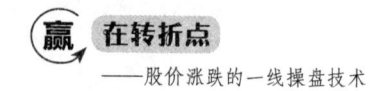

二、突破点

股价在下跌过程中出现的阶段性最低点——谷底点后,在上涨过程中向上突破中期操盘线时的第一根阳 K 线,就是"转折点"亦即"突破点",实战价值最大。

案例1:信邦制药(002390),见图 5-5。

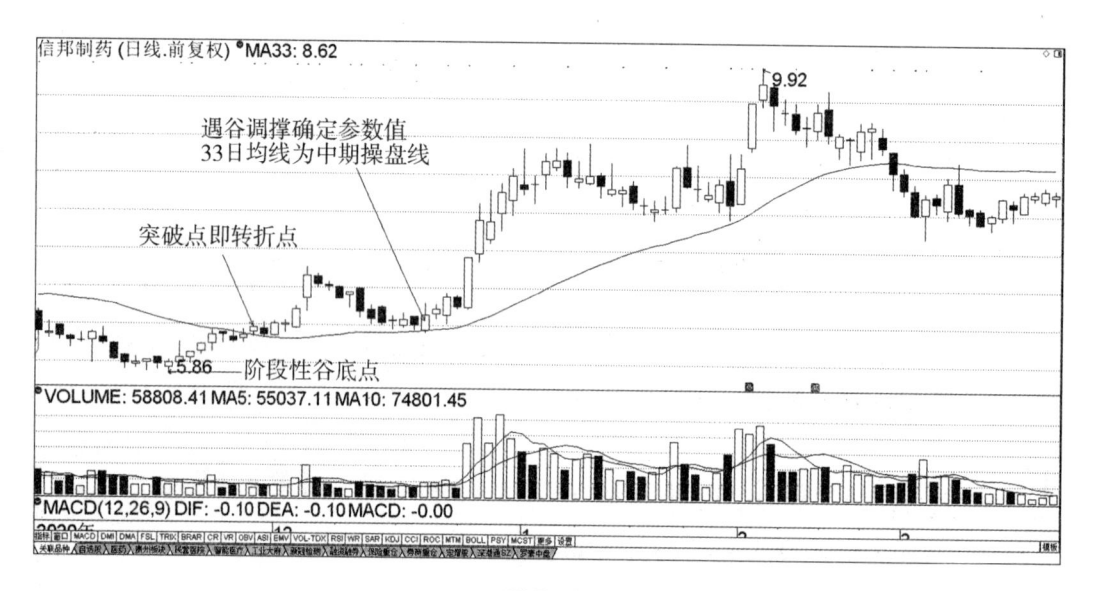

图 5-5

案例2:科大讯飞(002230),见图 5-6。

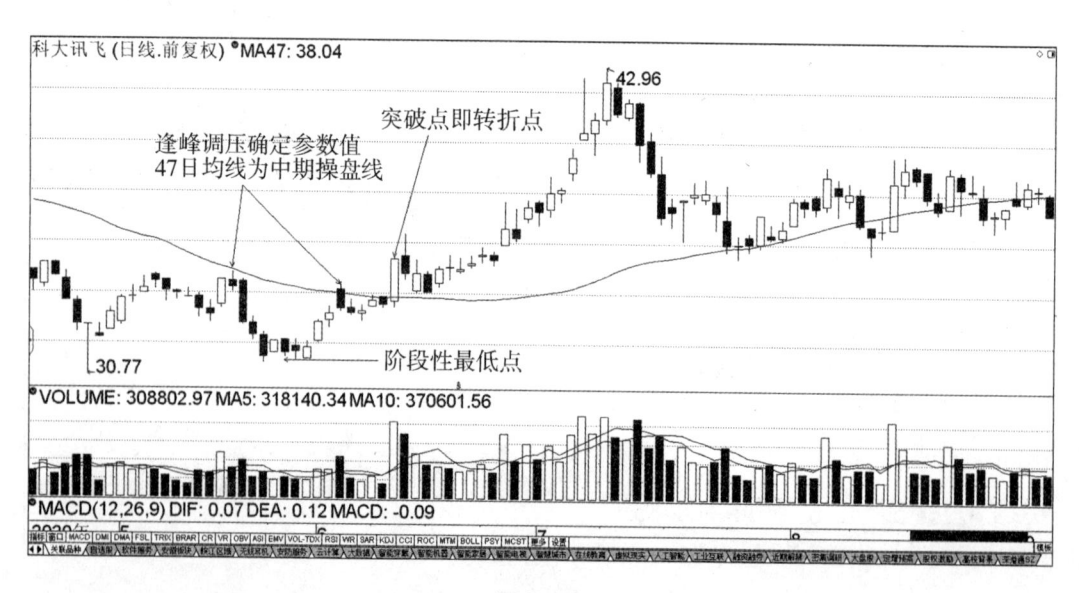

图 5-6

三、追涨点

追涨点通常出现在突破点或者启涨点之后。

案例1：中水渔业（000798），见图5-7。

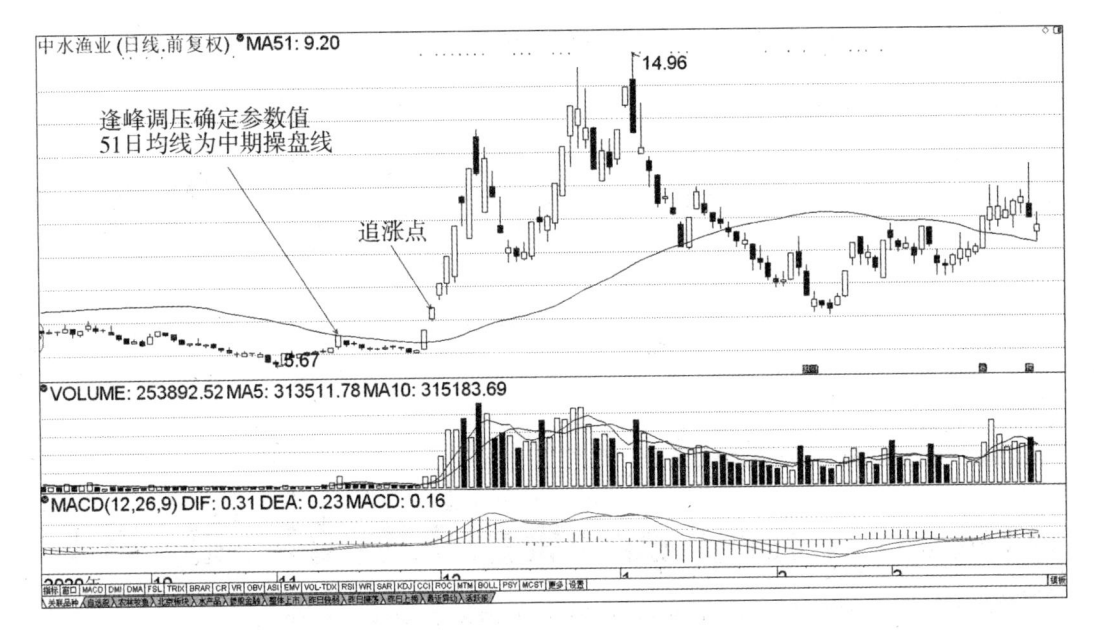

图5-7

案例2：诚意药业（603811），见图5-8。

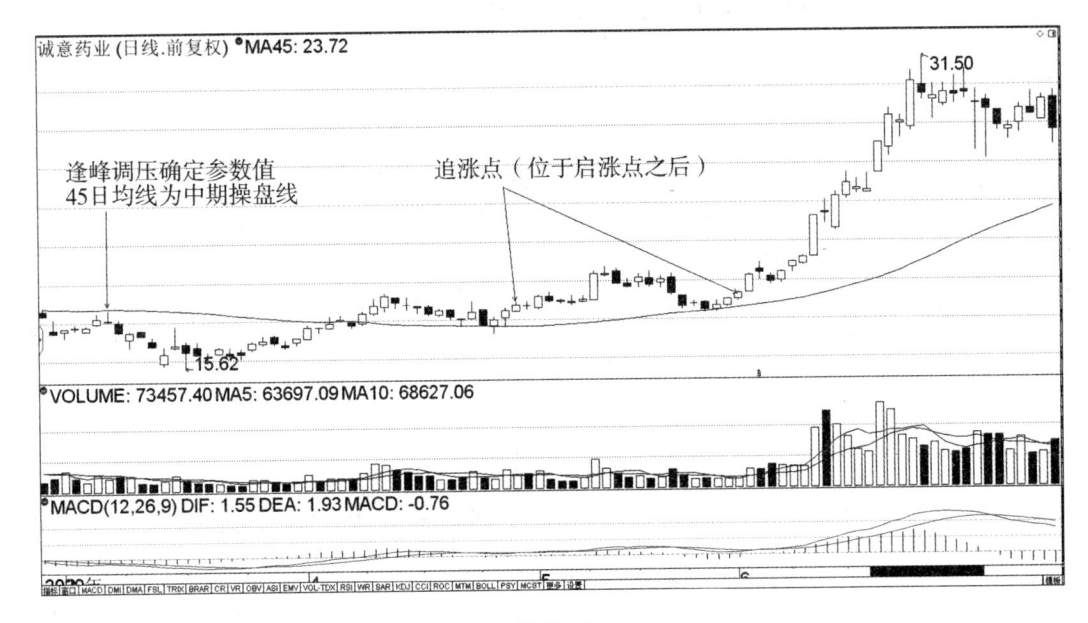

图5-8

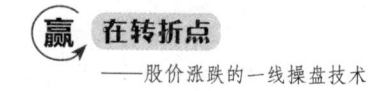

四、回踩点

股价向上突破中期操盘线后，在上涨过程中遇阻下跌，回踩中期操盘线时的那一根 K 线，这个点位是五个买点中机会成本最低，也是风险最大的一个买点。

案例1：芒果超媒（300413），见图5-9。

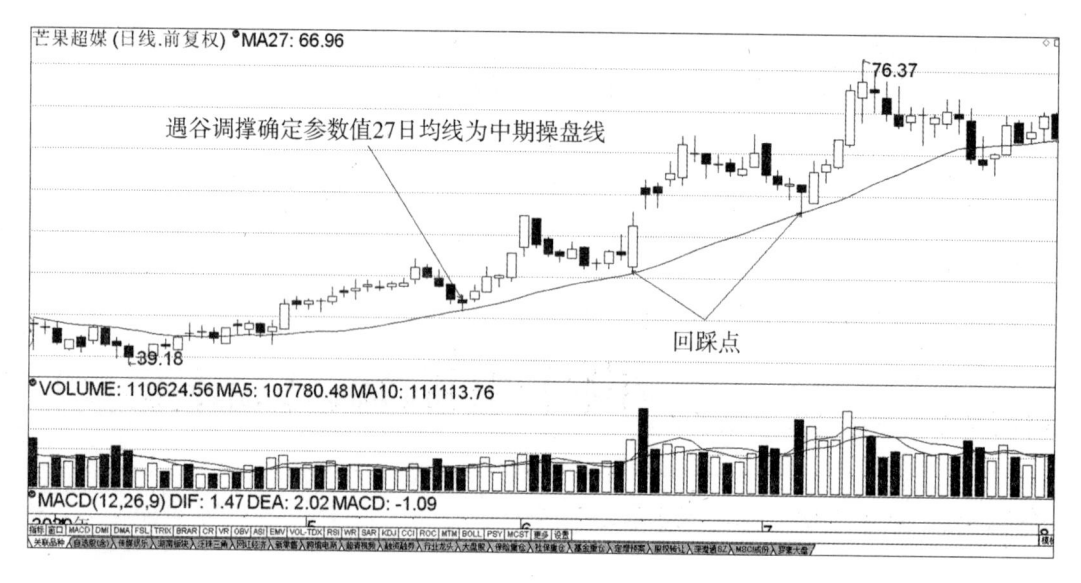

图 5-9

案例2：万顺新材（300057），见图5-10。

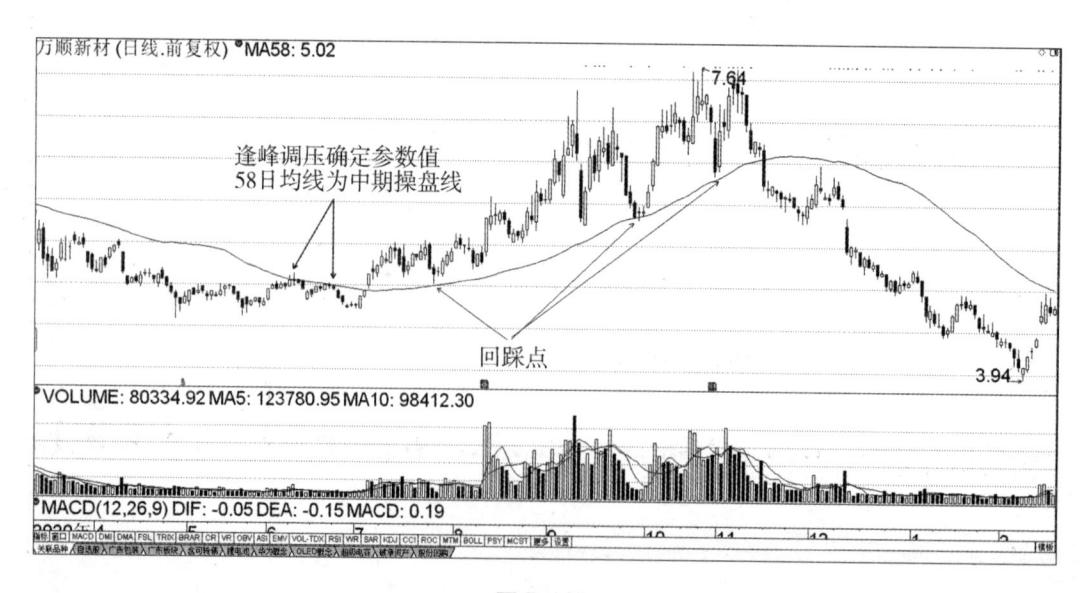

图 5-10

五、启涨点

启涨点是位于回踩点之后的一个买点，属于确认阶段性下跌结束，再次上涨的买点。

案例1：建新股份（300107），见图5-11。

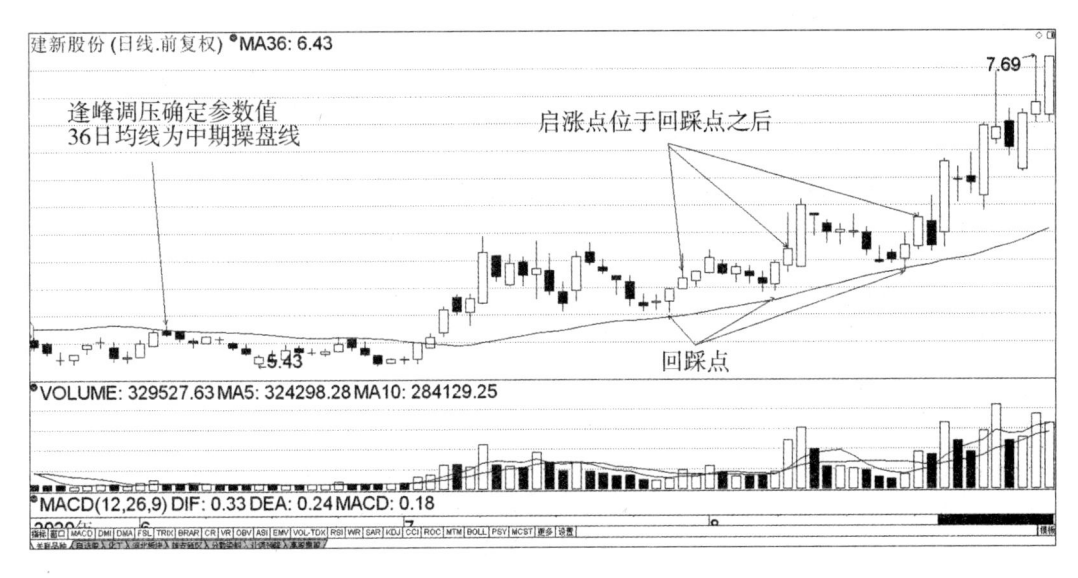

图5-11

案例2：超频三（300647），见图5-12。

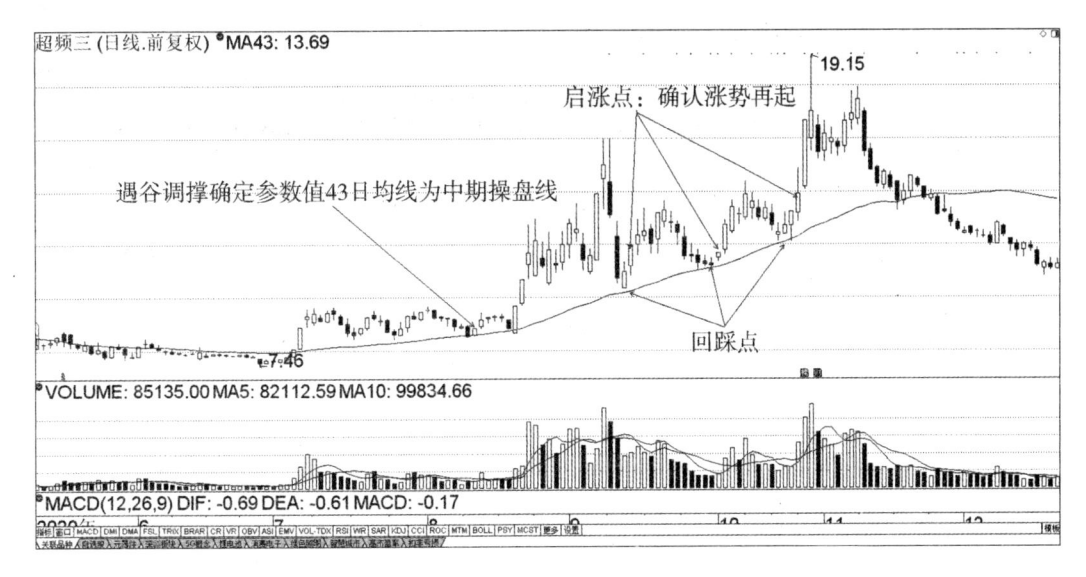

图5-12

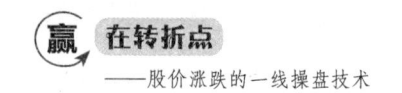

第二节　K线的五个卖点

一线交易系统阐述的K线的五个卖点，在K线波动过程中分布在某条操盘线下或上，分别是：逃顶点、突破点、反抽点、启跌点、杀跌点。

以上五个卖点可能分布在月、周、日、分钟K线图形中，也可能分布在大周期、长周期、中周期、短周期等不同时间周期的K线图形中。

本节以中期操盘线为例，阐述五个卖点的分布位置。

逢峰调压确定中期操盘线的五个卖点如图5-13所示。

遇谷调撑确定中期操盘线的五个卖点如图5-14所示。

图5-13

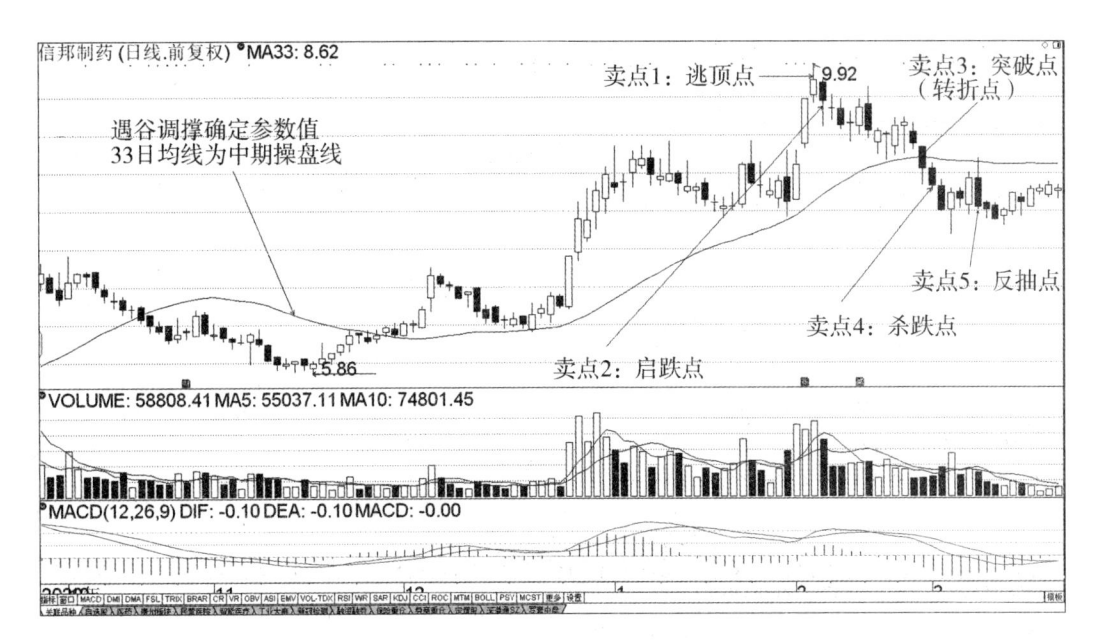

图 5-14

一、逃顶点

股价在上涨过程中出现的最高点——峰顶点,实战中,通常是可遇不可求,但卖在相对位置是可以做到的。

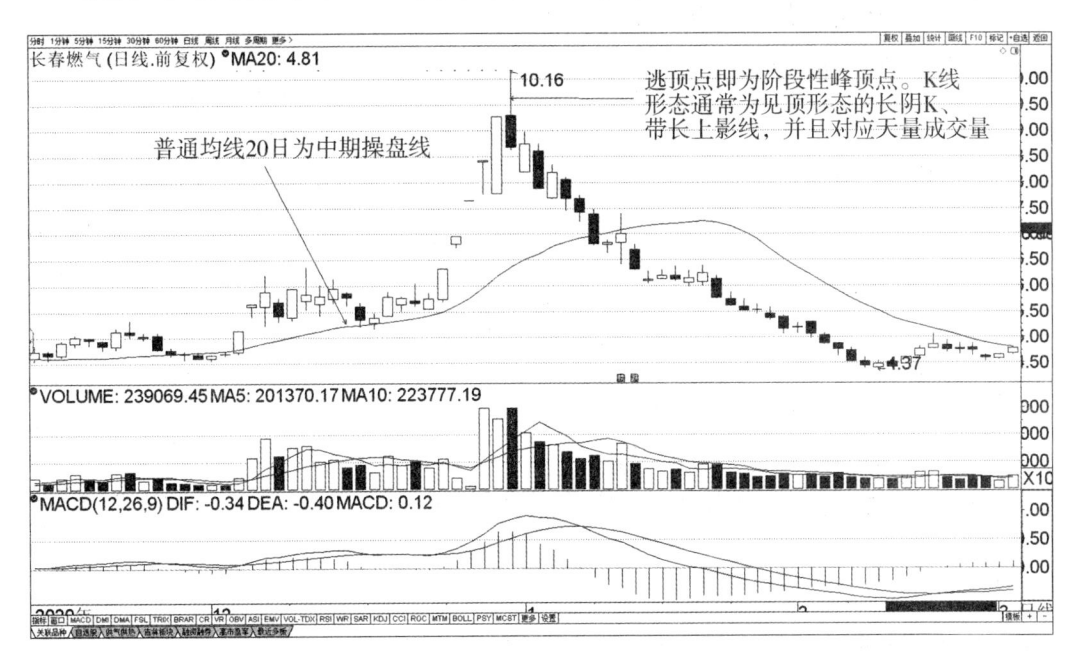

案例1:长春燃气(600333),见图5-15。

图 5-15

案例2：超频三（300647），见图5-16。

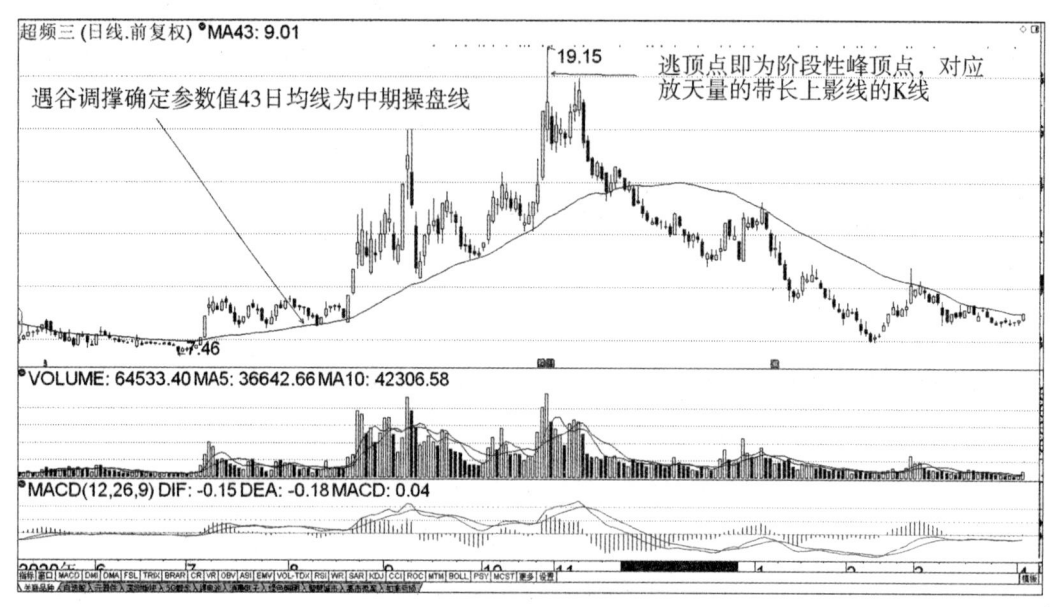

图5-16

二、启跌点

位于逃顶点之后的一个卖点，属于确认性质的卖点，标志股价阶段性上涨行情结束，开启阶段性下跌。

案例1：达安基因（002030），见图5-17。

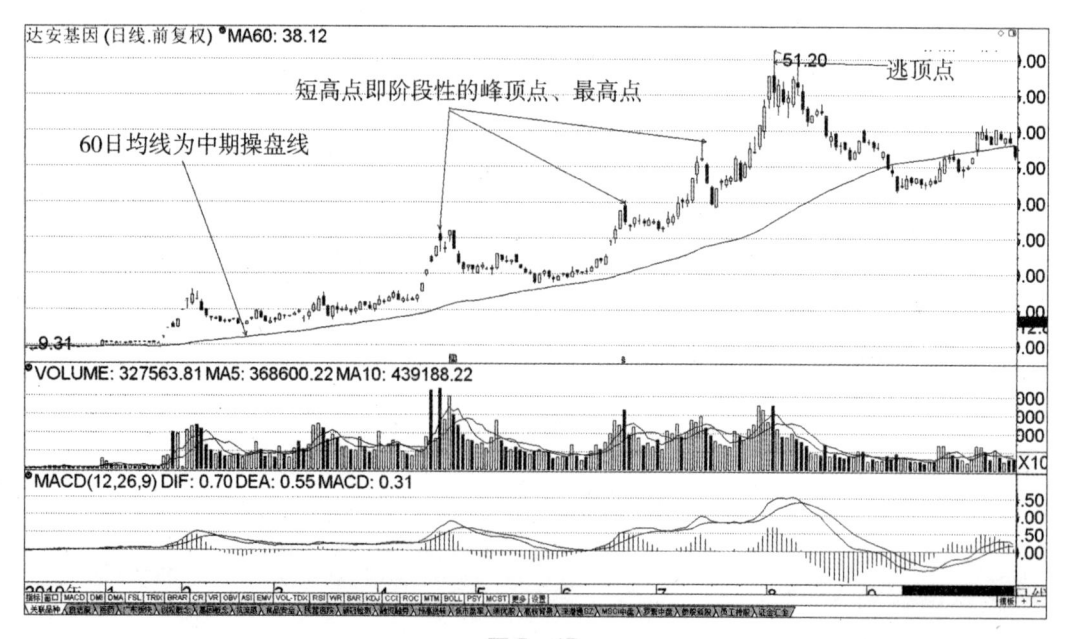

图5-17

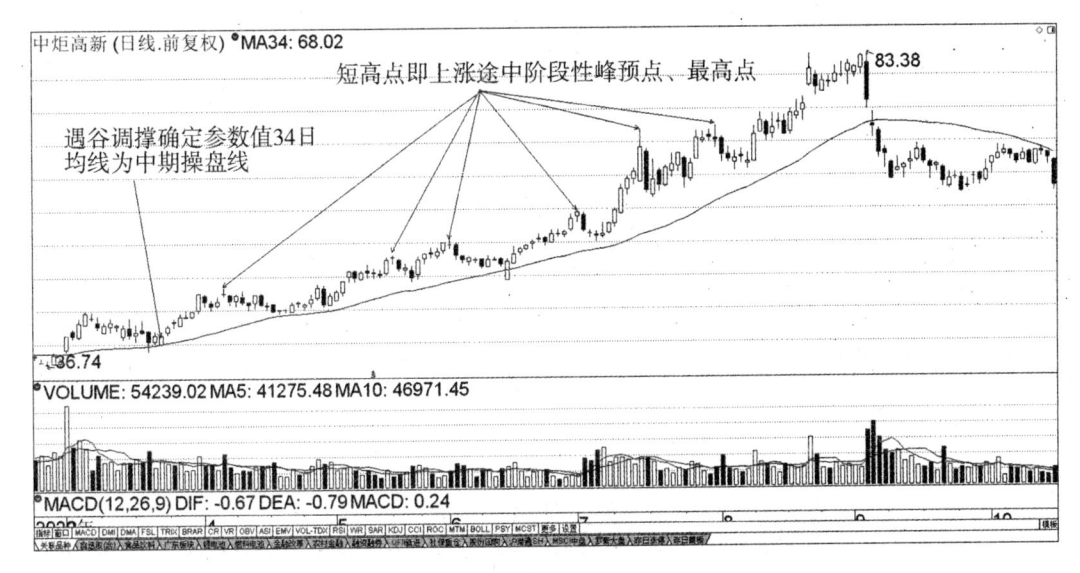

案例2：中炬高新（600872），见图5-18。

图5-18

三、突破点

股价阶段性见顶后，在下跌过程中向下突破中期操盘线时的第一根阴K线，这个点也是本书重点论述的转折点，实战价值最大，卖出信号最强烈。

案例1：超频三（300647），见图5-19。

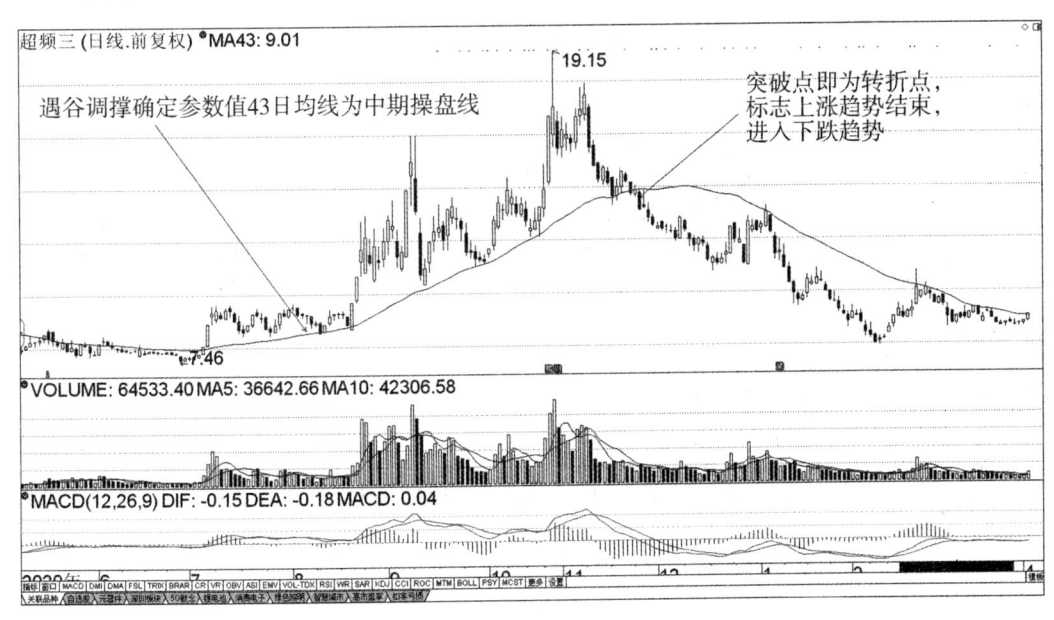

图5-19

093

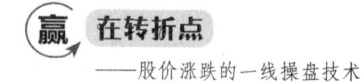

案例2：迦南科技（300412），见图5-20。

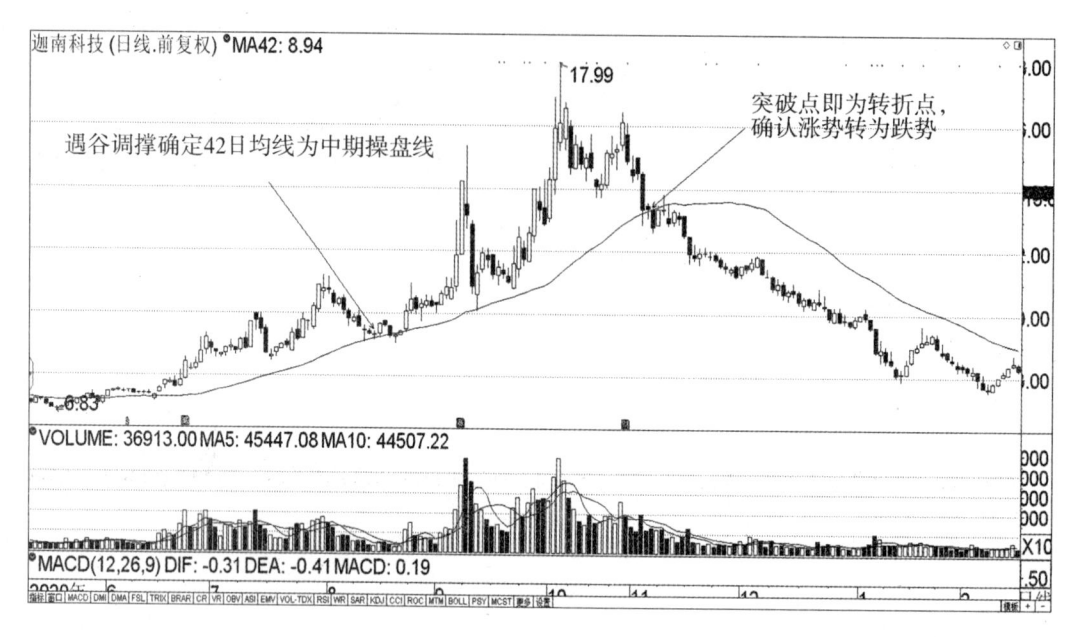

图5-20

四、杀跌点

股价向下突破操盘线之后的一根K线，通常位于启跌点、突破点之后。

案例1：濮阳惠成（300481），见图5-21。

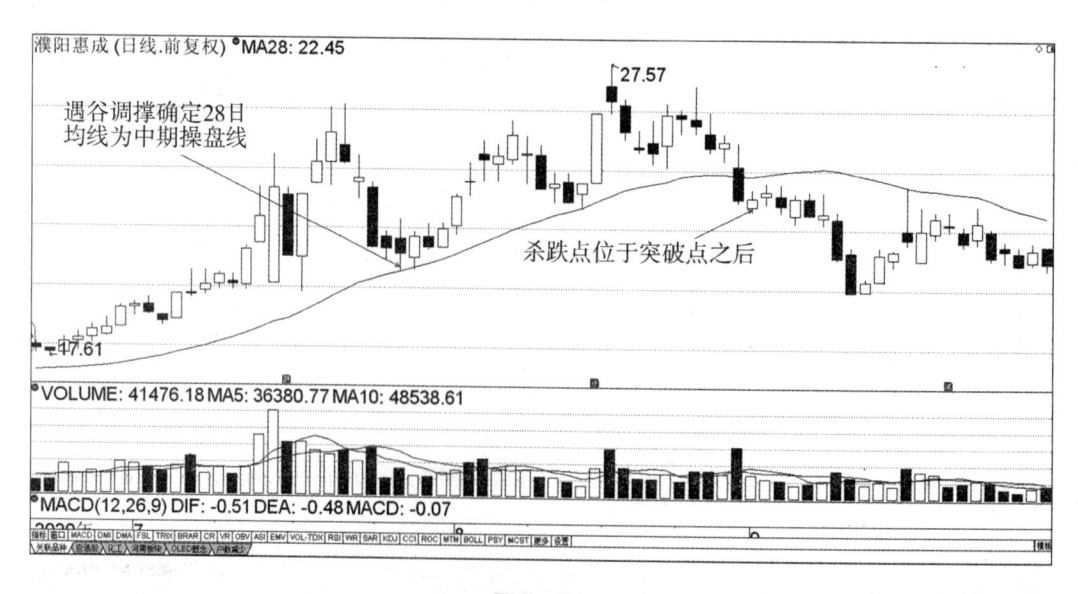

图5-21

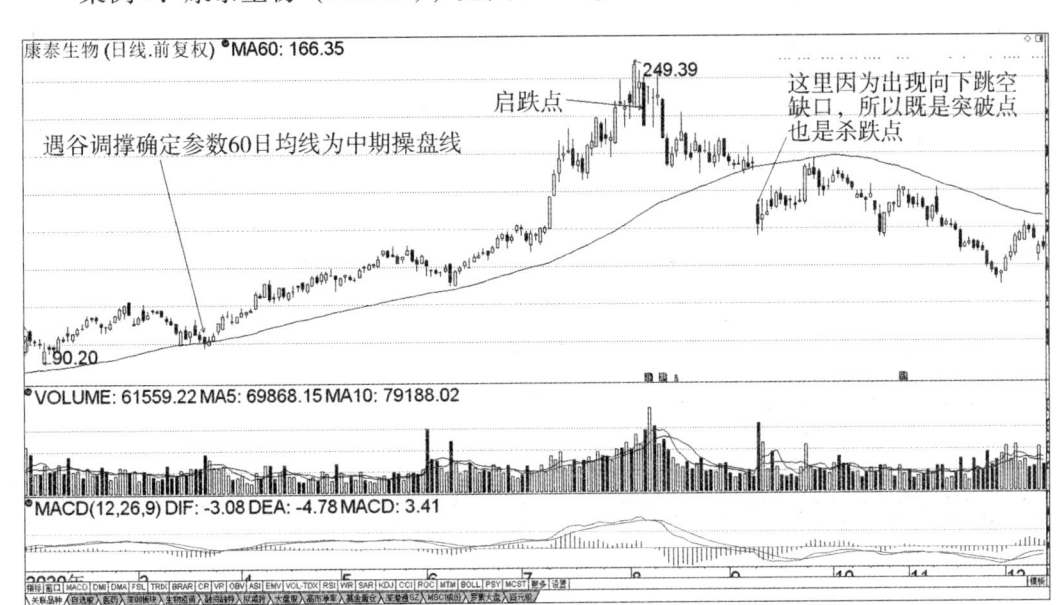

案例2：康泰生物（300601），见图5-22。

图5-22

五、反抽点

股价在下跌过程中出现的阶段性反向运动又称反弹而形成的峰顶点即反抽点。反抽的高点形成后，股价继续依照下跌趋势运行。

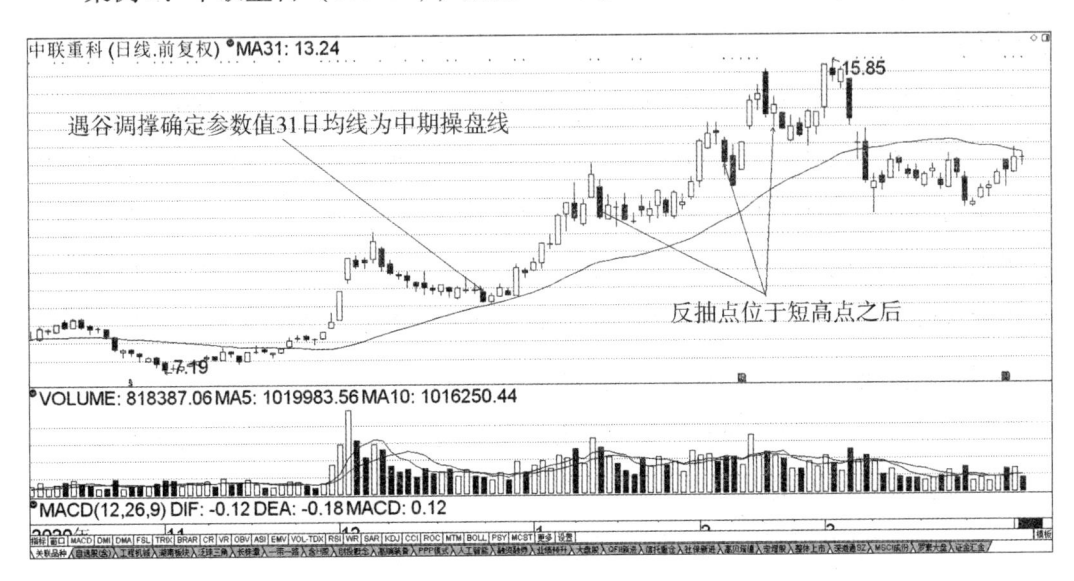

案例1：中联重科（000157），见图5-23。

图5-23

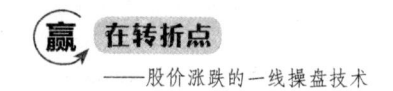

案例 2：东方盛虹（000301），见图 5-24。

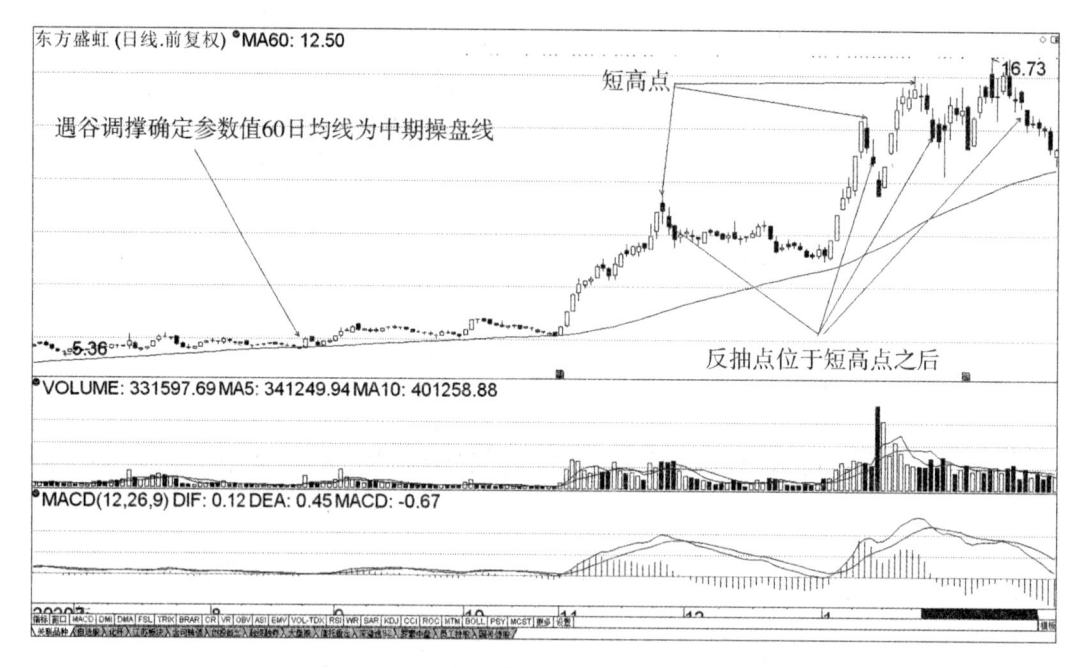

图 5-24

第三节　低买高卖利润最大化的技巧

　　如何在股价涨跌之间高抛低吸做差价，如何用最低的成本赢利最大的利润，是投资证券市场每一个投资者梦寐以求的目标。经济学中有个很重要的概念——机会成本，它是指因为从事 A 项经营活动而放弃 B 项经营活动的机会，或利用一定资源获得 A 种收入时所放弃的 B 种收入。B 项经营活动应取得的权益或 B 种收入即为正在从事的经营活动 A 的机会成本。简而言之，即选择一种东西，意味你需要放弃其他可选择东西的成本和收益，又叫择机成本、替换成本。美国经济学家萨缪尔森对机会成本做了通俗的描述，即：做一件事的成本可以被认为是他为此而失掉的可能用同样时间做成另一件事，或者是他为此而牺牲的闲暇。

　　有得必有失，有舍才有得，懂得放弃，学会选择，权衡自己所做的事收益有多大就是机会成本的体现。

　　在证券市场中，运用机会成本原理获取操盘最大利润的案例层出不穷。

先看图 5-25，股价向上突破中期操盘线时，突破点（转折点）买入；向下突破中期操盘线时，突破点（转折点）卖出。

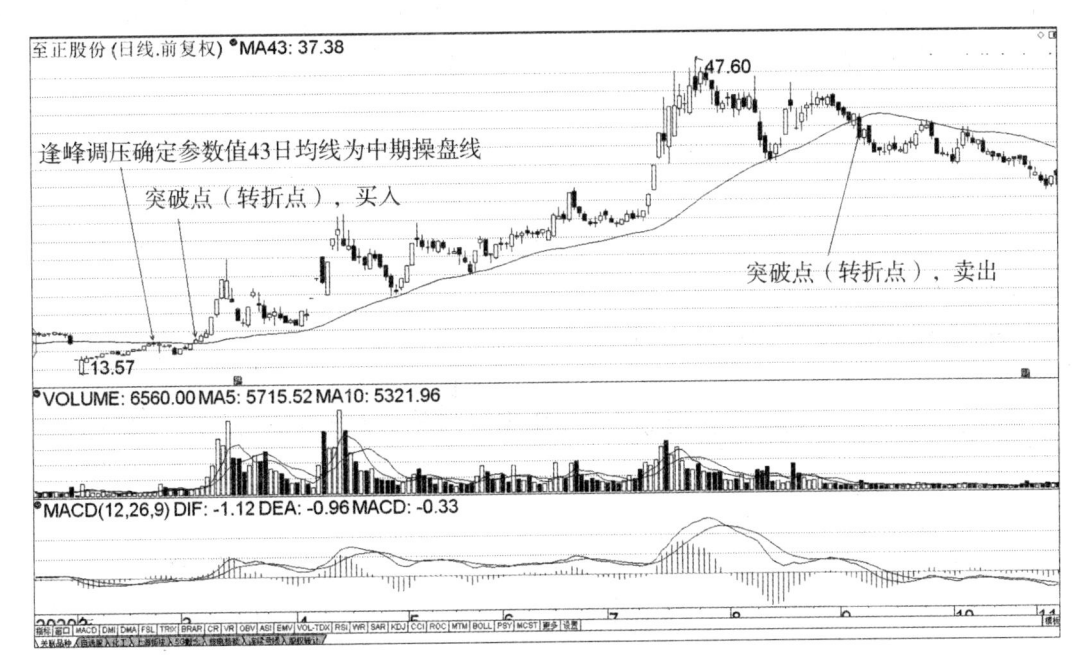

图 5-25

图 5-25 操盘手法是秉承一线交易系统"从哪根线进就从哪根线出"的交易原则来操作的案例。该股自突破点买入，收盘价为 17.1 元，自突破点卖出，收盘价为 38.68 元，涨幅 128%。如果将中期操盘线之上弯弯曲曲的 K 线拉直，高抛低吸规避回撤波段，利润就可以最大化，过滤较大的回撤，实战中如果一味地坚持持有原则，赢利会有所不足。那么能否有效地避开下跌的波段，能否做差价？

股价突破中期操盘线之后，投资者可以采取以下两种方法来扩大利润，一步步做差价，过滤较大的回撤。

一、两个卖点法

卖出可参照一线交易系统五个卖点中的反抽点、逃顶点、启跌点。

（一）短高点卖

短高点即短期高点，指股价在操盘线之上运行时，短期做多能量积累释放形成脉冲式上涨而出现的阶段性峰顶点。上涨趋势阶段性高点，可视作波段性峰顶点或短期逃顶点，此时即卖。

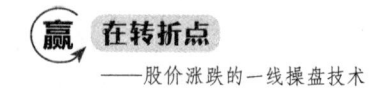

案例1：长春燃气（600333），见图5-26。

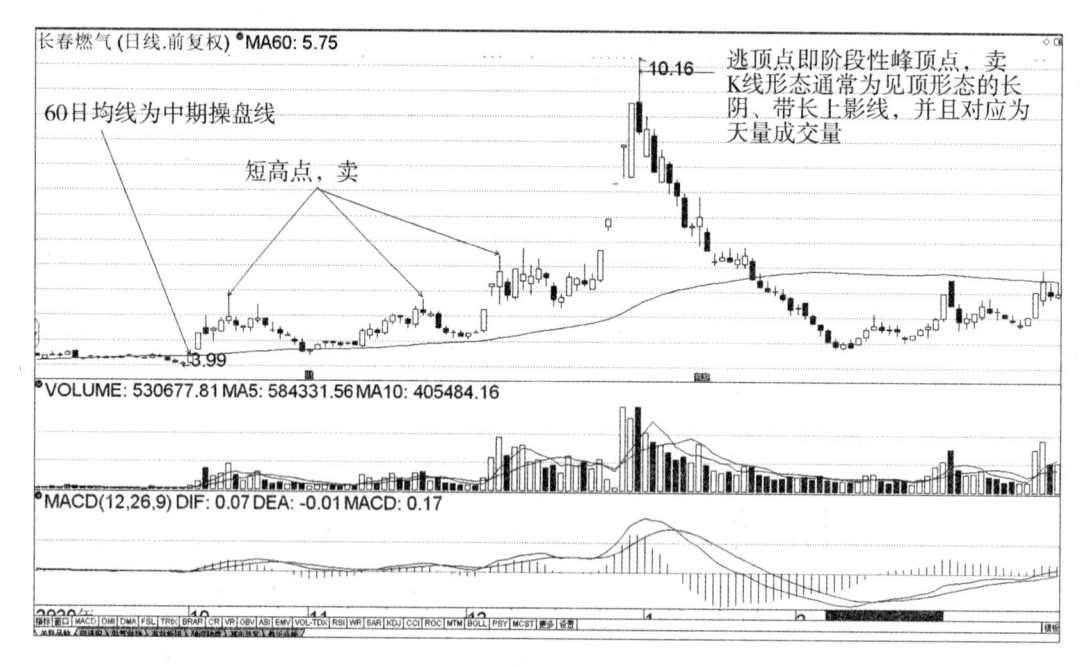

图5-26

案例2：华侨城A（000069），见图5-27。

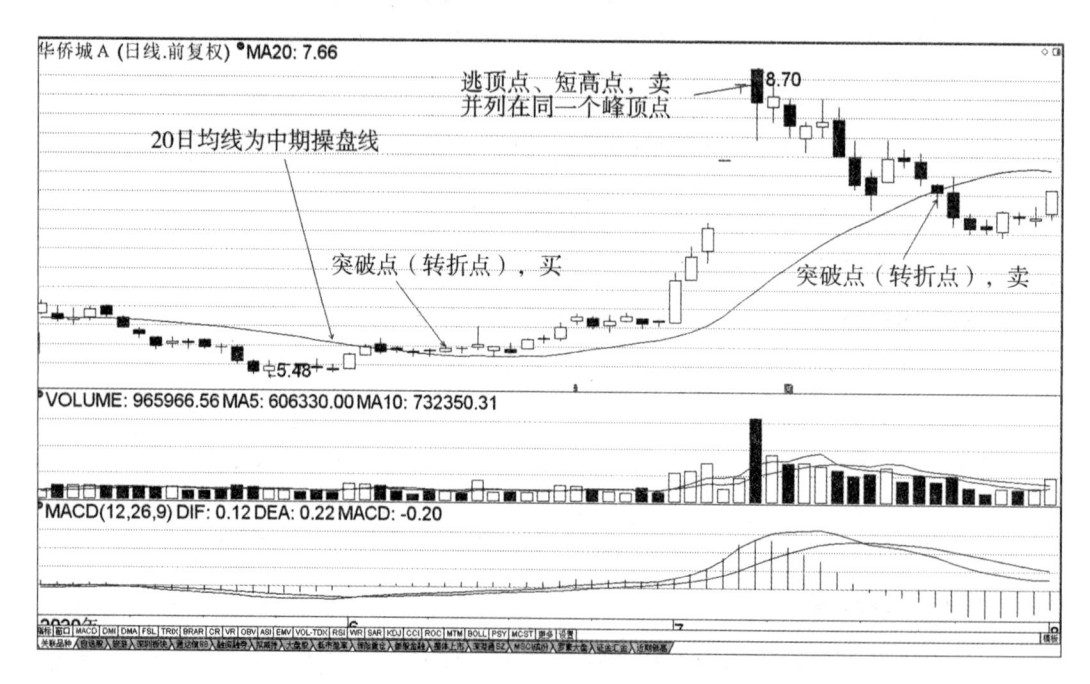

图5-27

（二）回撤确认点卖

回撤确认点发生在短高点之后，是股价在阶段性峰顶点之后出现回撤的确认点，标志着脉冲式上涨行情结束，股价往操盘线位置回撤。

案例1：晨鸣纸业（000488），见图5-28。

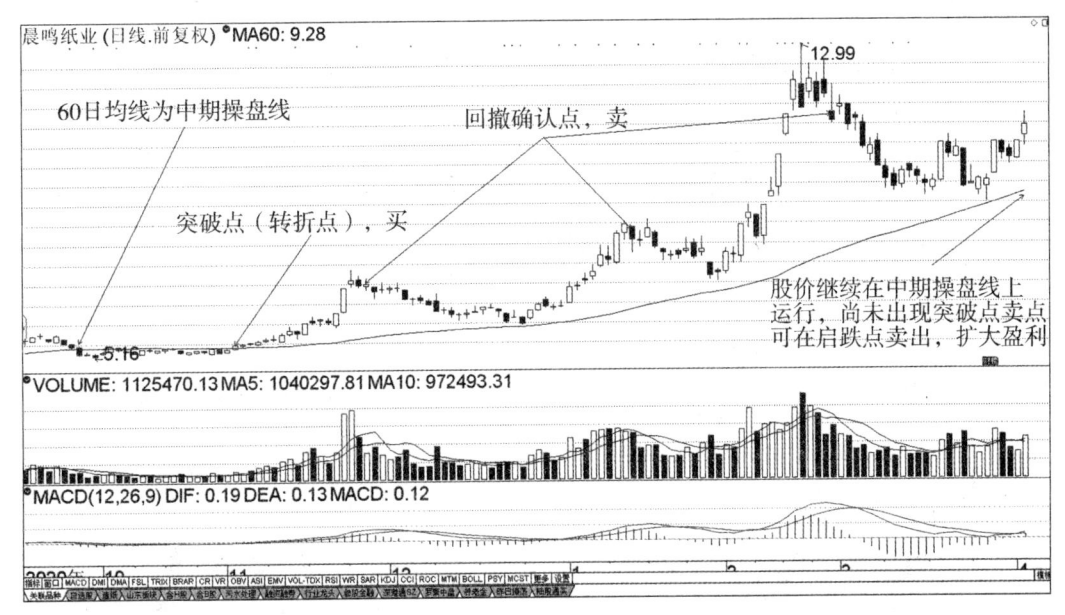

图5-28

案例2：朗姿股份（002612），见图5-29。

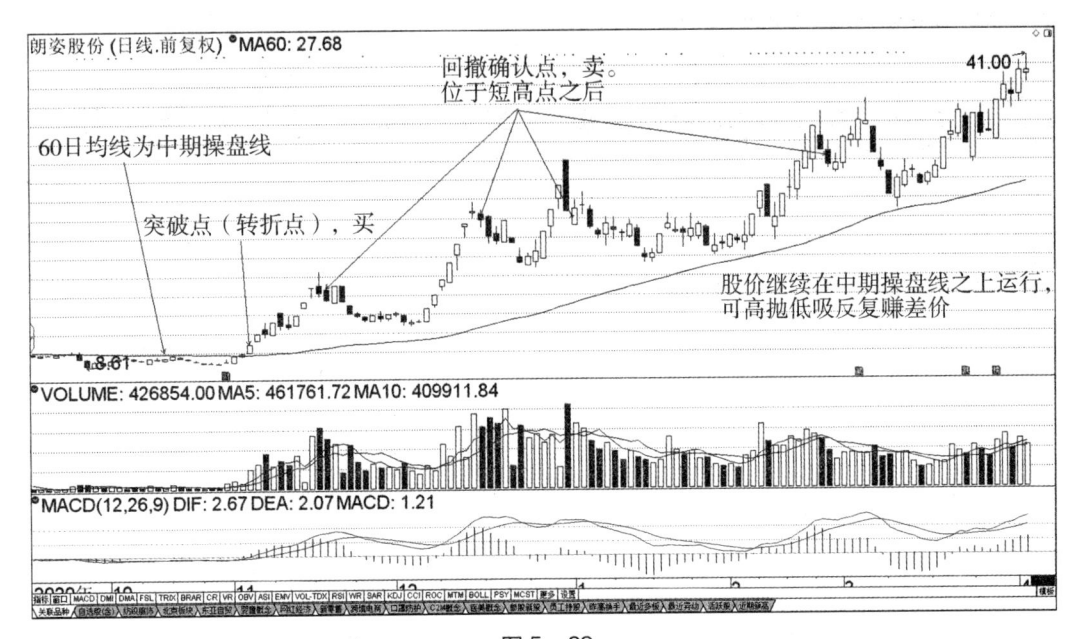

图5-29

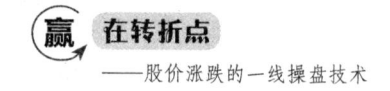

二、周期买卖法

周期买卖法就是采用长周期操盘线买进，以短周期操盘线卖出的方法。也可理解为：在低位操盘线买进，高位操盘线卖出。股价向上突破中期操盘线后，在上涨途中跌破5日、10日等攻击线时，卖出。

所谓攻击线，一般是指操盘线确立之后，用短于操盘线周期、按遇谷调撑技术调绘出的均价线。

（一）股价在中期操盘线上方，跌破5日均线，卖

案例1：盾安环境（002011），见图5-30。

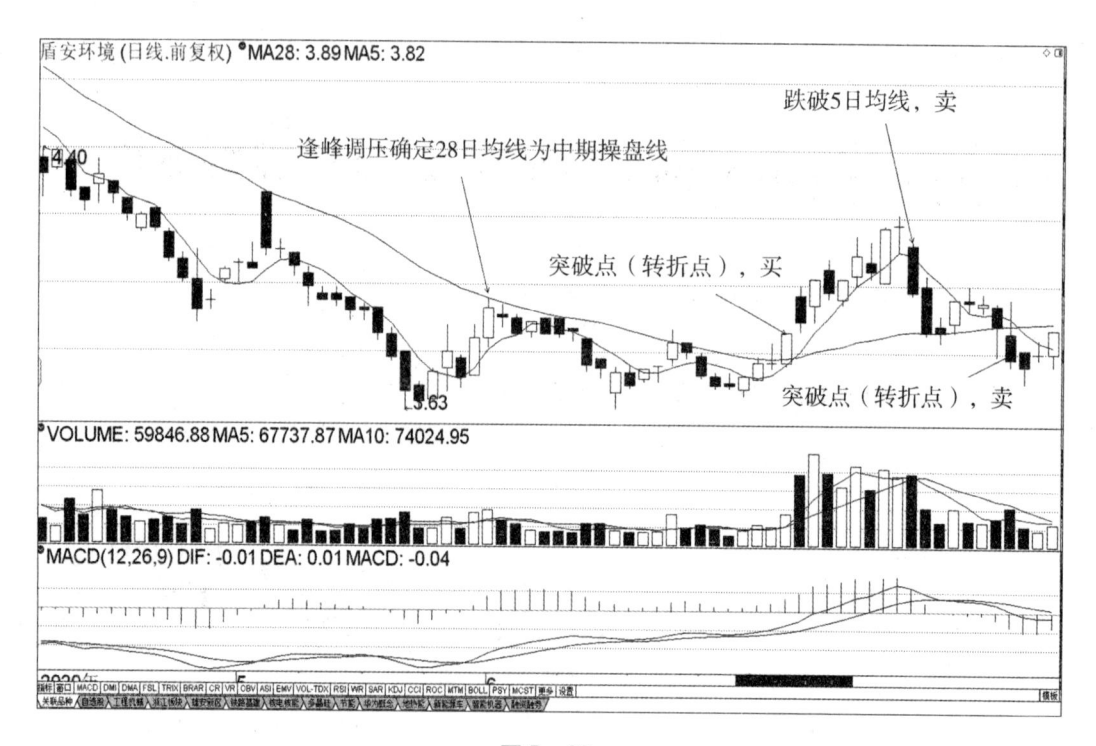

图5-30

案例2：百联股份（600827），见图5-31。

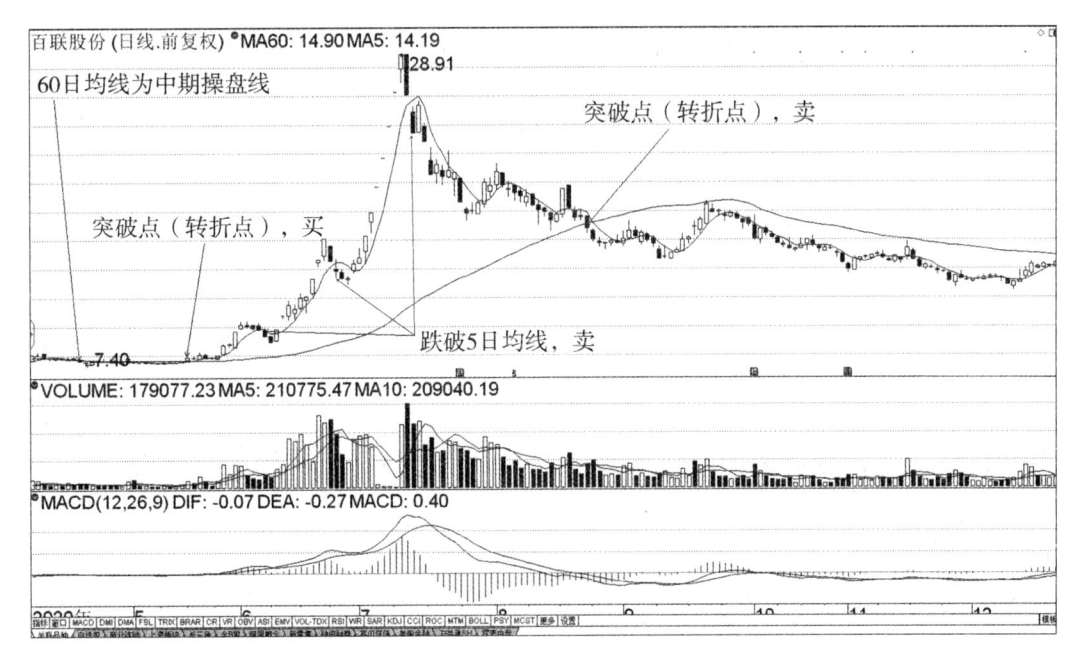

图5-31

（二）股价在中期操盘线上方，跌破10日均价线，卖

案例1：皖通高速（600012），见图5-32。

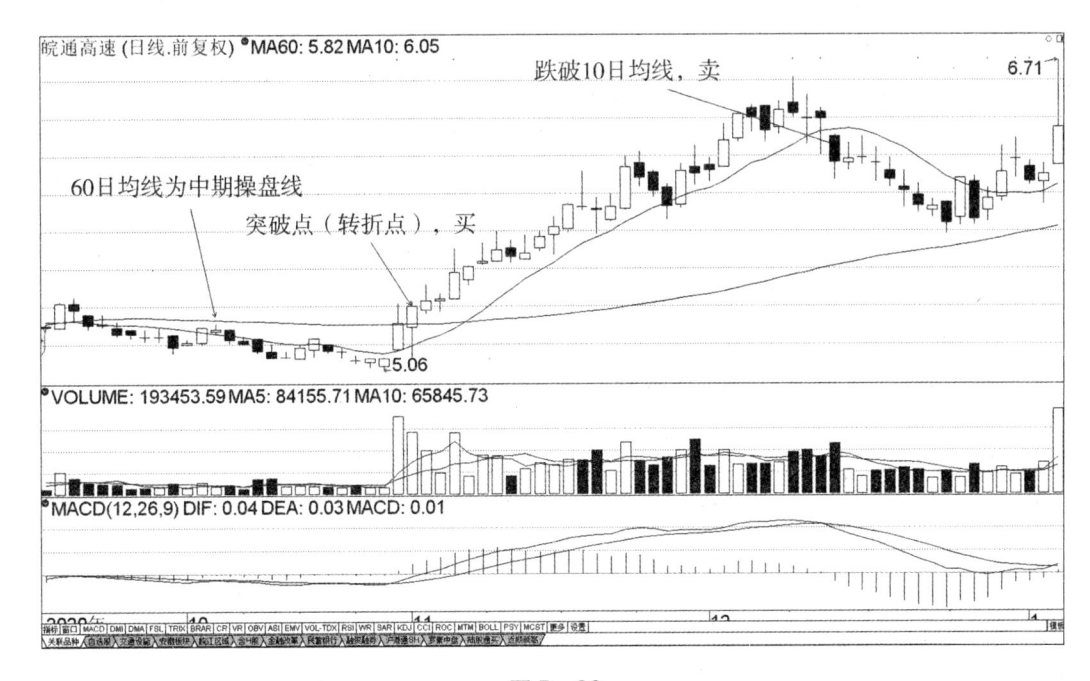

图5-32

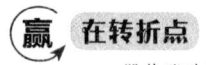

案例2：中信特钢（000708），见图5-33。

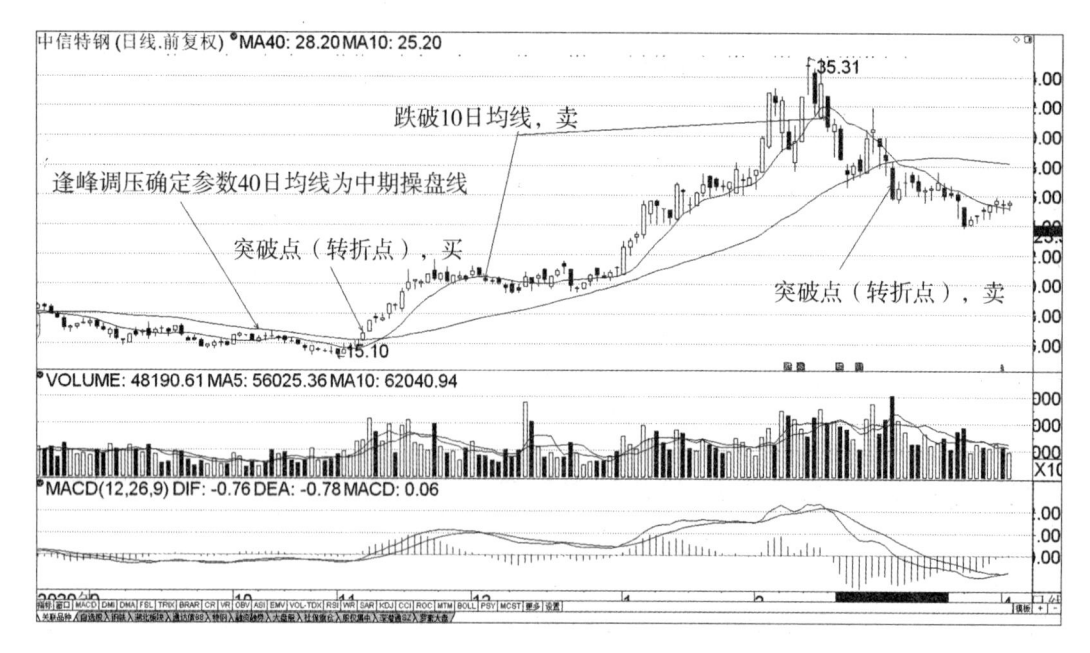

图5-33

（三）股价在中期操盘线上方，跌破攻击线，卖

案例1：老凤祥（600612），见图5-34。

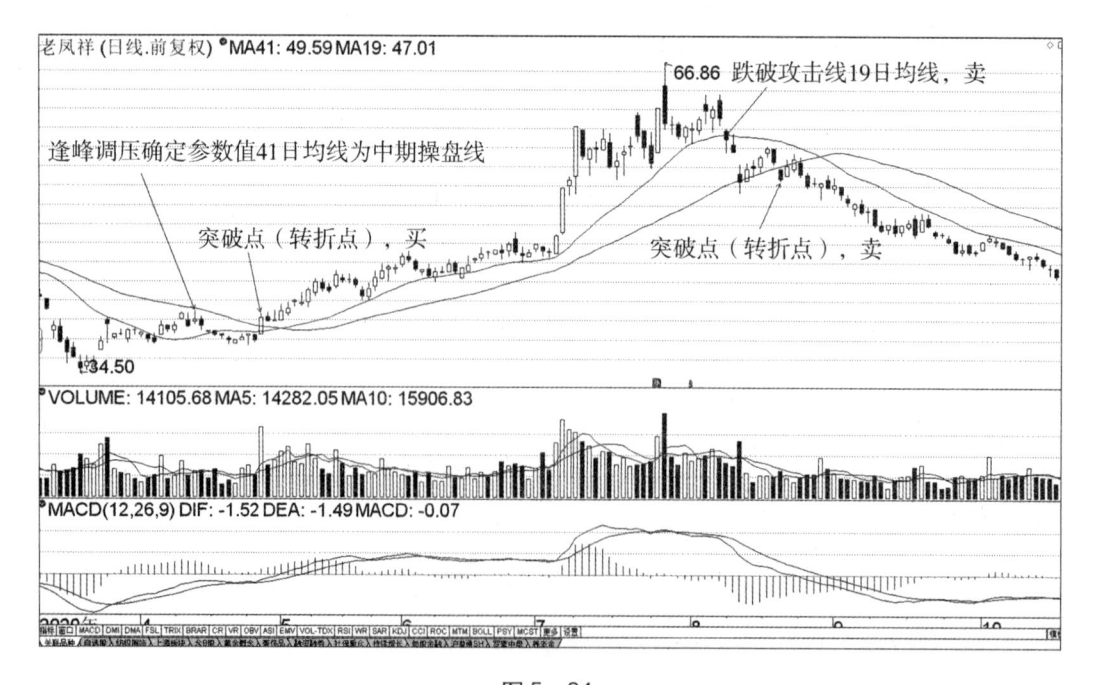

图5-34

案例2：中水渔业（000798），见图5-35。

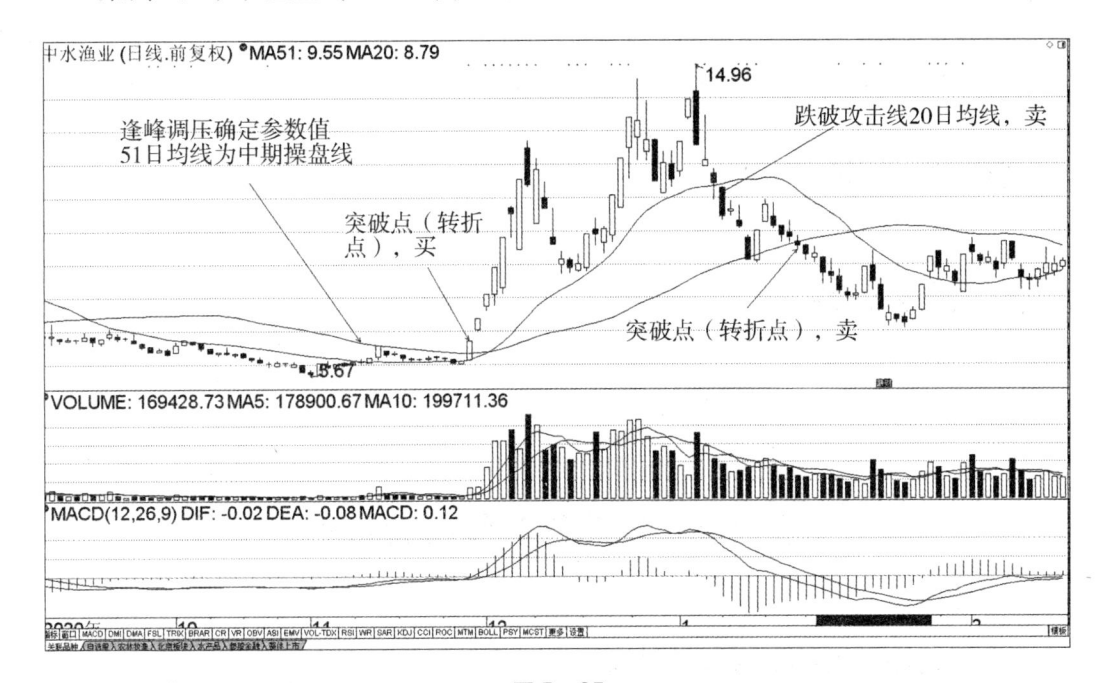

图5-35

第六章

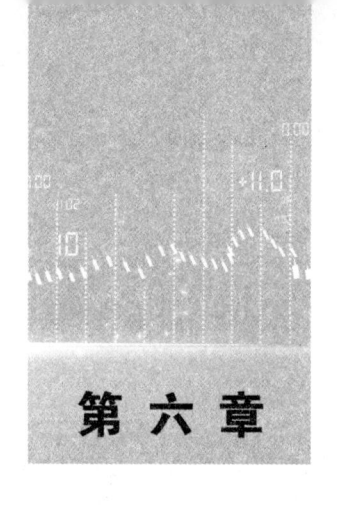

赢在转折点

第一节 短期操盘线的转折点

一、短期操盘线的转折点定义

（一）短期操盘线

短期操盘线的转折点即短期操盘线的突破点。

1. 在日K线图形中，股价在波动过程中形成谷底点或峰顶点之后，根据一线交易系统核心技术遇谷调撑或逢峰调压调绘而成的参数值在5～20日的山谷线或山峰线即短期操盘线。经过阶段性最大压力点或者支撑点的均价线均可称为操盘线。

2. 在日K线图形中，证券行情软件默认的均线为5日、10日、20日均线等。它们代表筹码的短期市场平均成本，是股价短期行情涨跌的临界线、分水岭。主力在股价某一个波段的拉升过程中，通常会依托短期操盘线进行一系列震仓洗盘动作，直到遇到某个强压力位置为止。股价如果有效跌破短期操盘线，标志着短期拉升行情结束，向下寻找支撑。

3. 证券行情软件默认的均线参数值5、10、20日等均线如果经过了近期谷底点或者峰顶点，则形成符合市场常态的有实战价值的短期操盘线，从而节省遇谷调撑或逢峰调压调绘操盘线的时间与精力。

（二）确定短期操盘线的五个原则

1. 谷底点或峰顶点第一原则。

2. 谷底点或峰顶点越大越陡峭越好。

3. 谷底点或峰顶点越多点同线越好。

4. 谷底点或峰顶点的时间择近。

5. 参数值在 5～20 之间。

二、短期操盘线的向上转折点

短期操盘线的向上转折点即短期操盘线的向上突破点，实战中，也可看作启涨点、水平趋势线突破点，代表股票操作的一个短线买点。

（一）5 日均线的向上转折点

案例1：中联重科（000157），见图6-1。

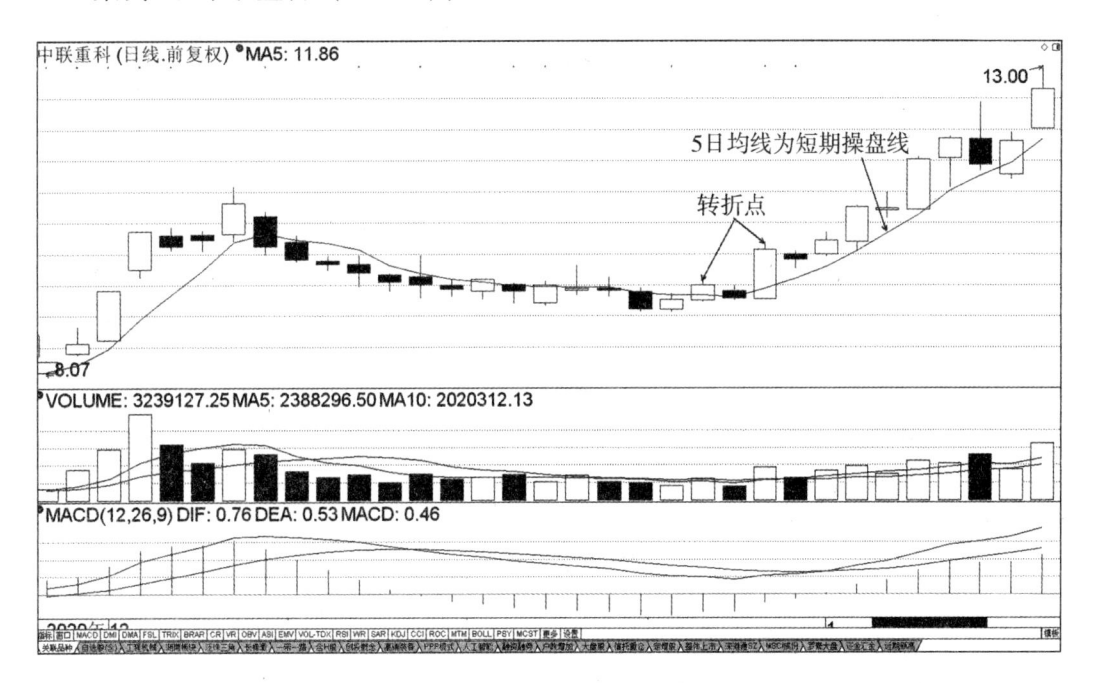

图6-1

案例 2：盛讯达（300518），见图 6-2。

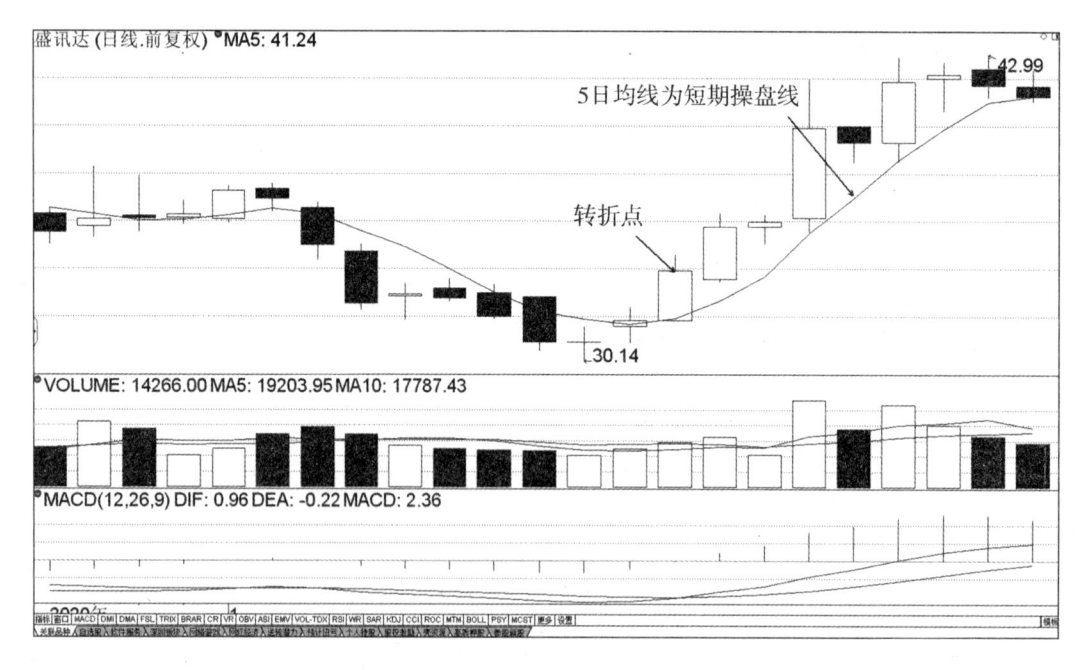

图 6-2

（二）10 日均线的向上转折点

案例 1：博汇纸业（600966），见图 6-3。

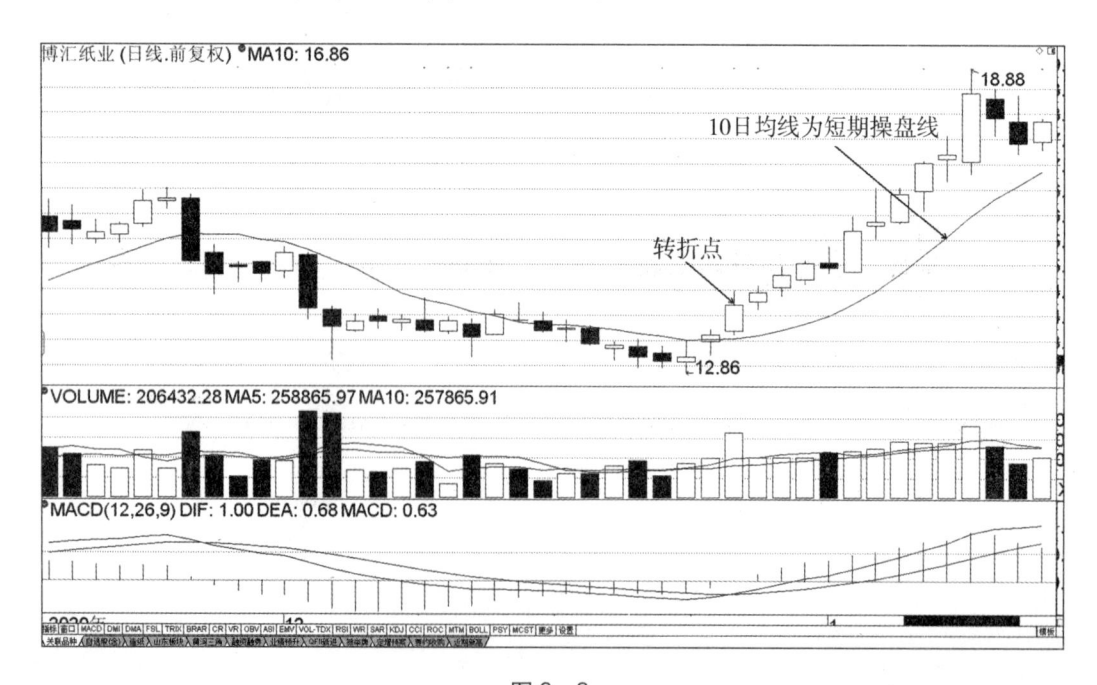

图 6-3

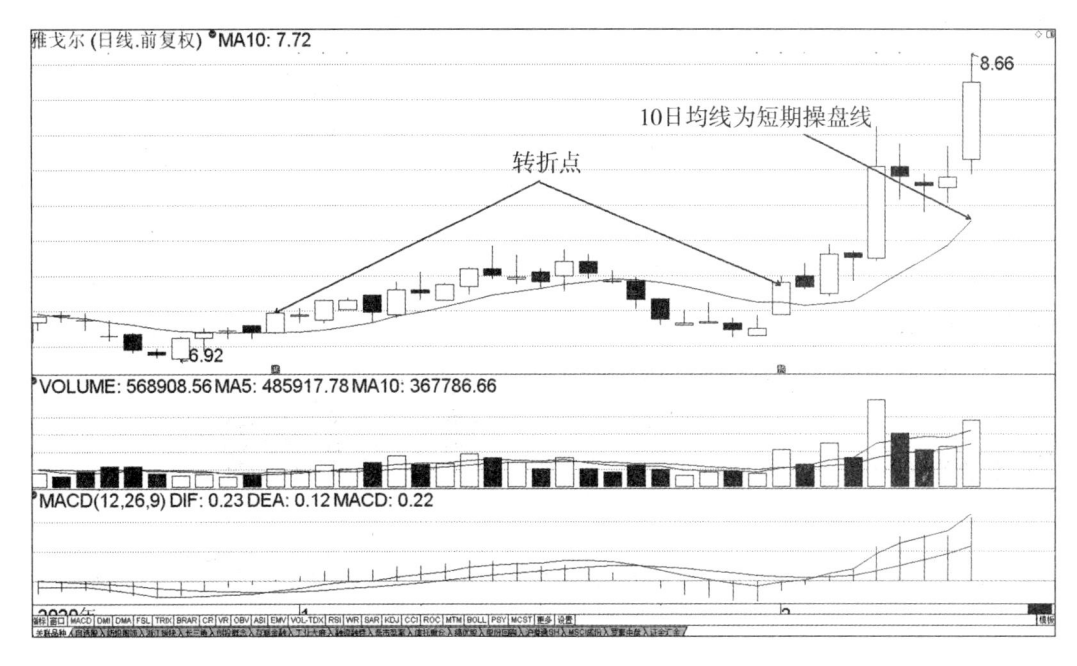

案例2：雅戈尔（600177），见图6-4。

图6-4

(三) 20日均线的向上转折点

案例1：中颖电子（300327），见图6-5。

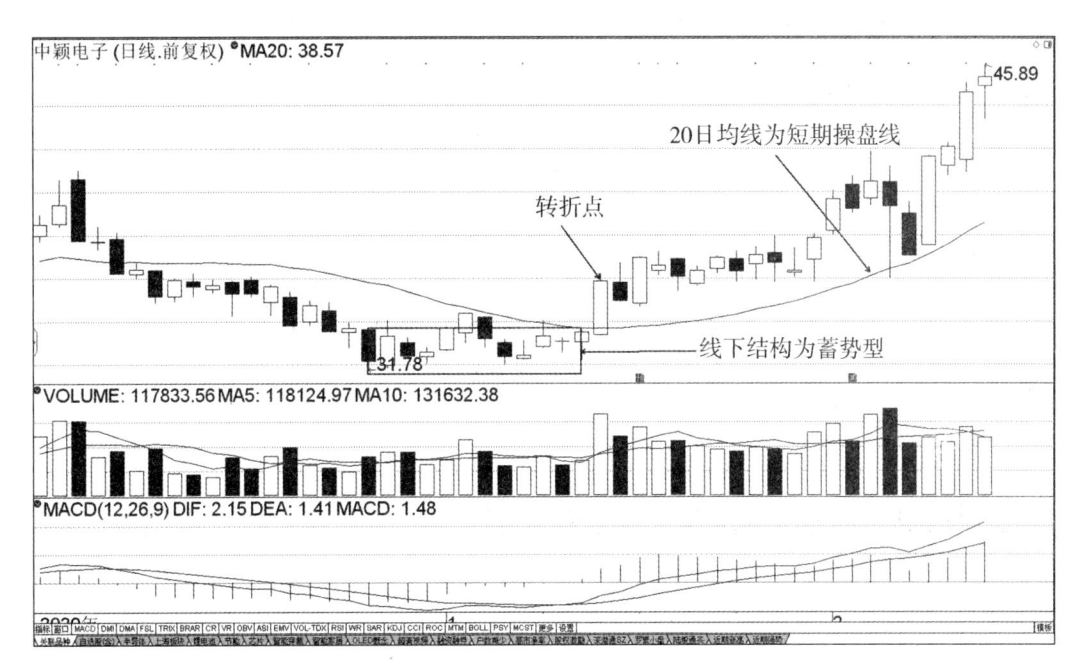

图6-5

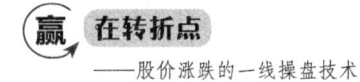

案例2：陕西黑猫（601015），见图6-6。

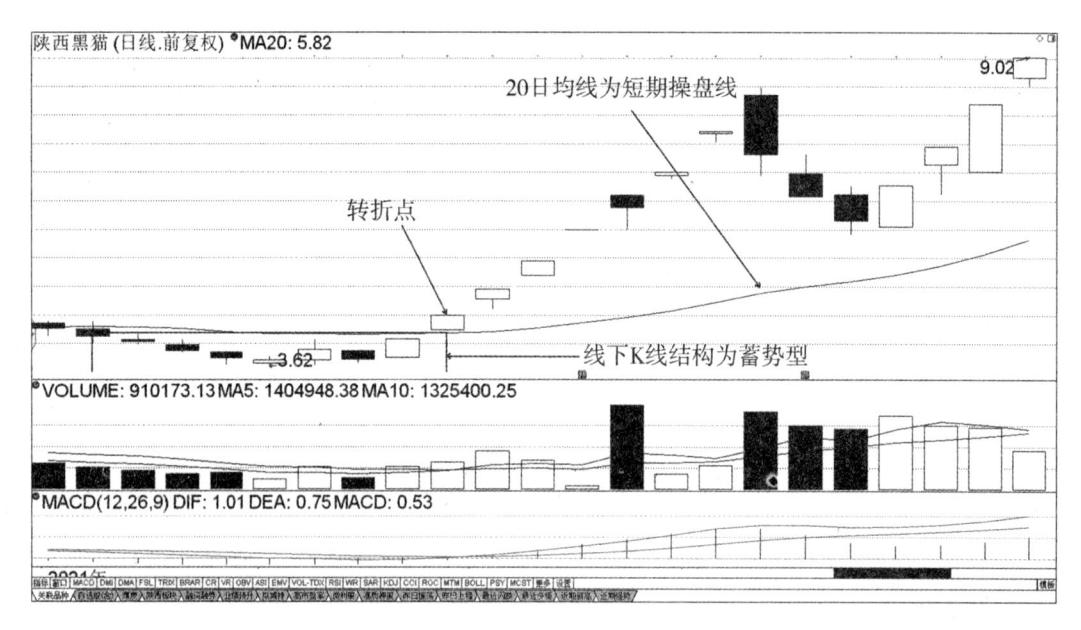

图6-6

（四）逢峰调压确定短期操盘线的向上转折点

一线交易系统逢峰调压核心技术，采用以点定线、以线测点，即通过阶段性峰顶点确定操盘线，再通过操盘线测算买点。

案例1：中直股份（600038），见图6-7。

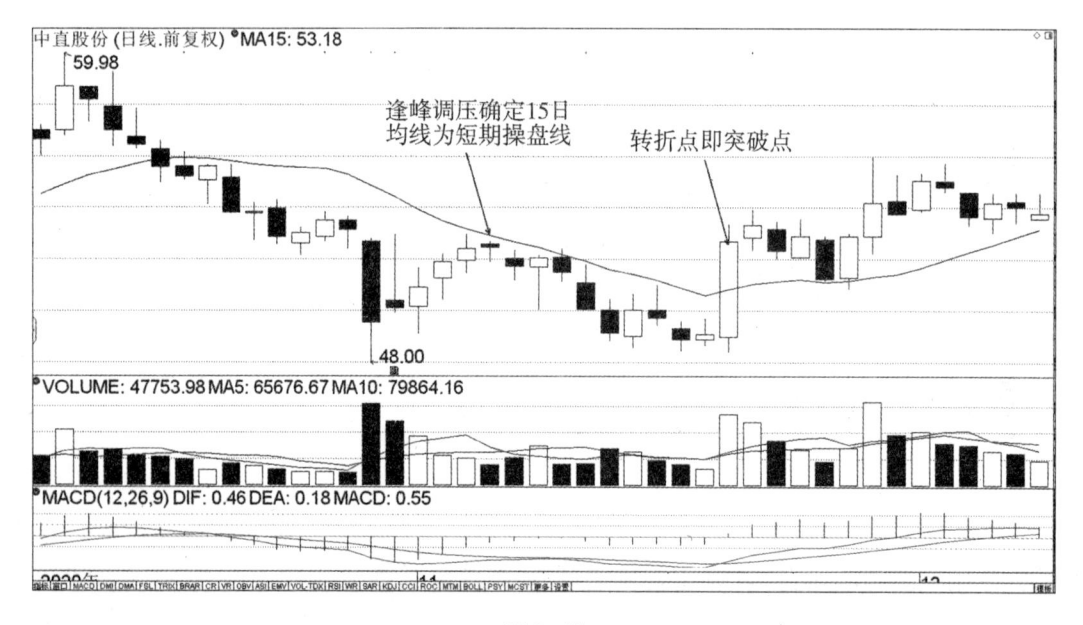

图6-7

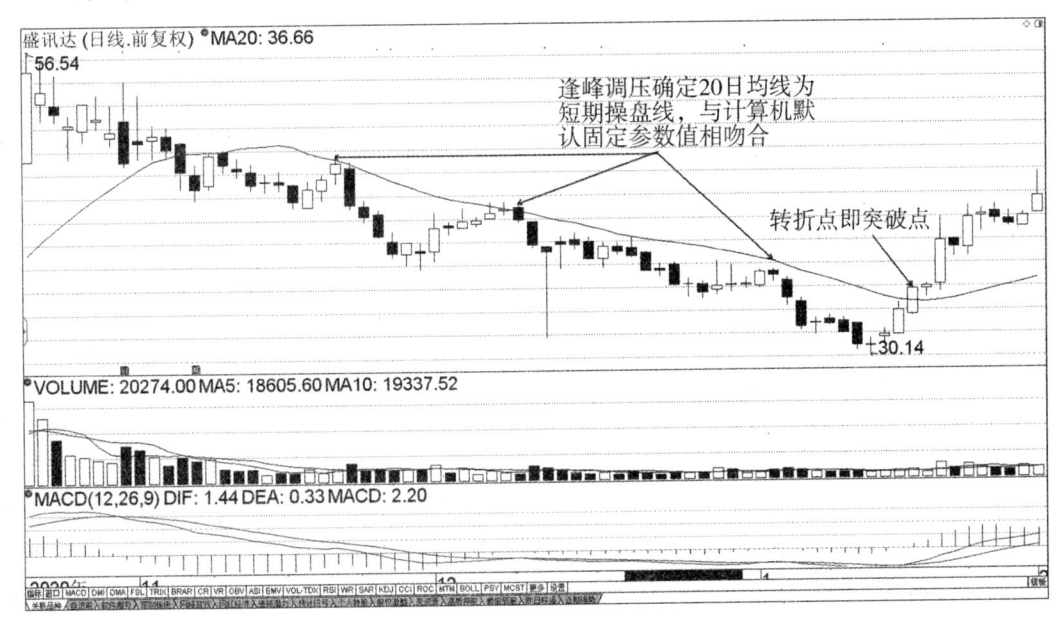

案例2：盛讯达（300518），见图6-8。

图6-8

（五）遇谷调撑确定短期操盘线的向上转折点

一线交易系统遇谷调撑核心技术，采用以点定线、以线测点，即通过阶段性谷底点确定操盘线，再通过操盘线测算买点。股价在波动过程中，转折点即突破点。

案例1：丽尚国潮（600738），原兰州民百，见图6-9。

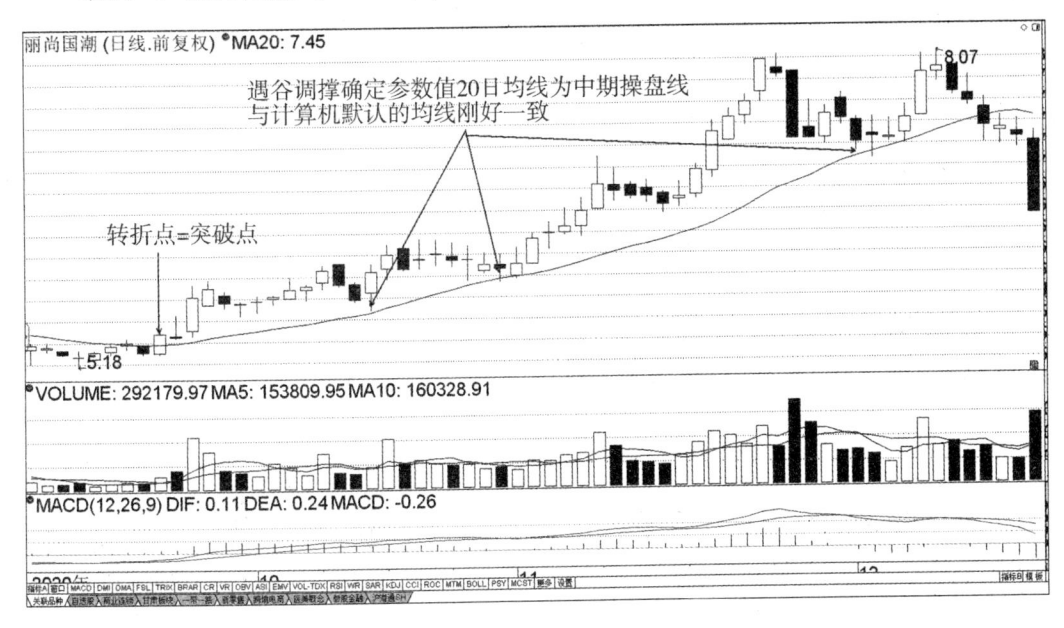

图6-9

一线操盘系统也适用于商品期货。

案例2：PVC2105商品期货，见图6-10。

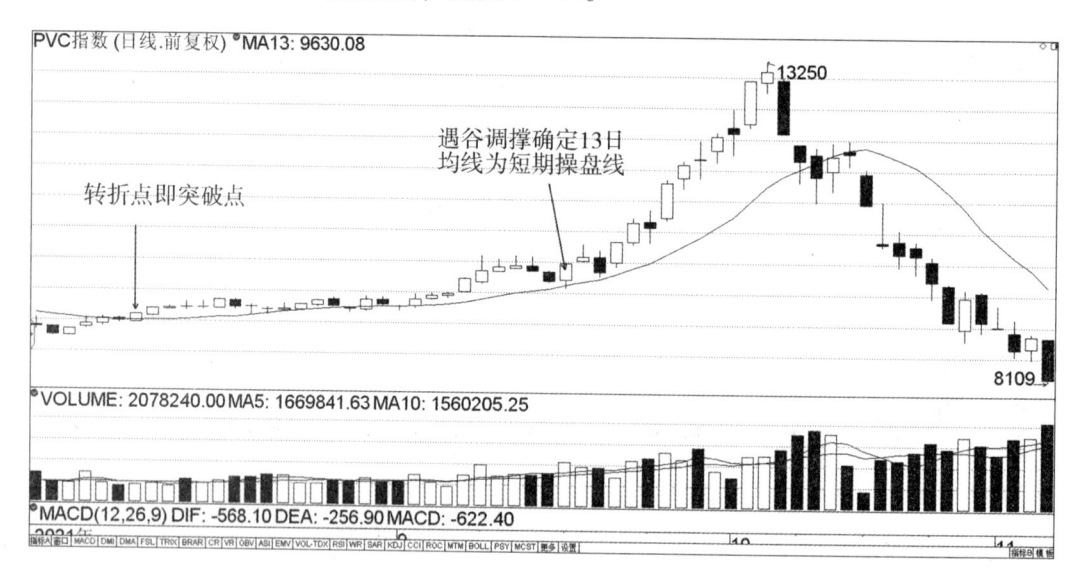

图6-10

三、短期操盘线的向下转折点

短期操盘线的向下转折点即短期操盘线的向下突破点，也可看作启跌点、水平趋势线突破点，代表股票操作的一个短线卖点。

（一）5日均线的向下转折点

案例1：中联重科（000157），见图6-11。

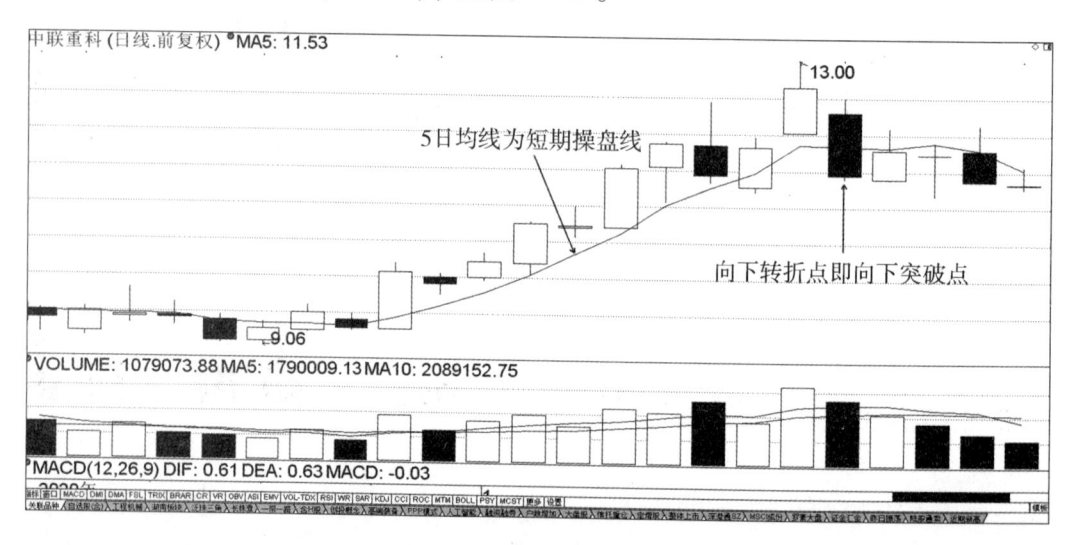

图6-11

案例2：盛讯达（300518），见图6-12。

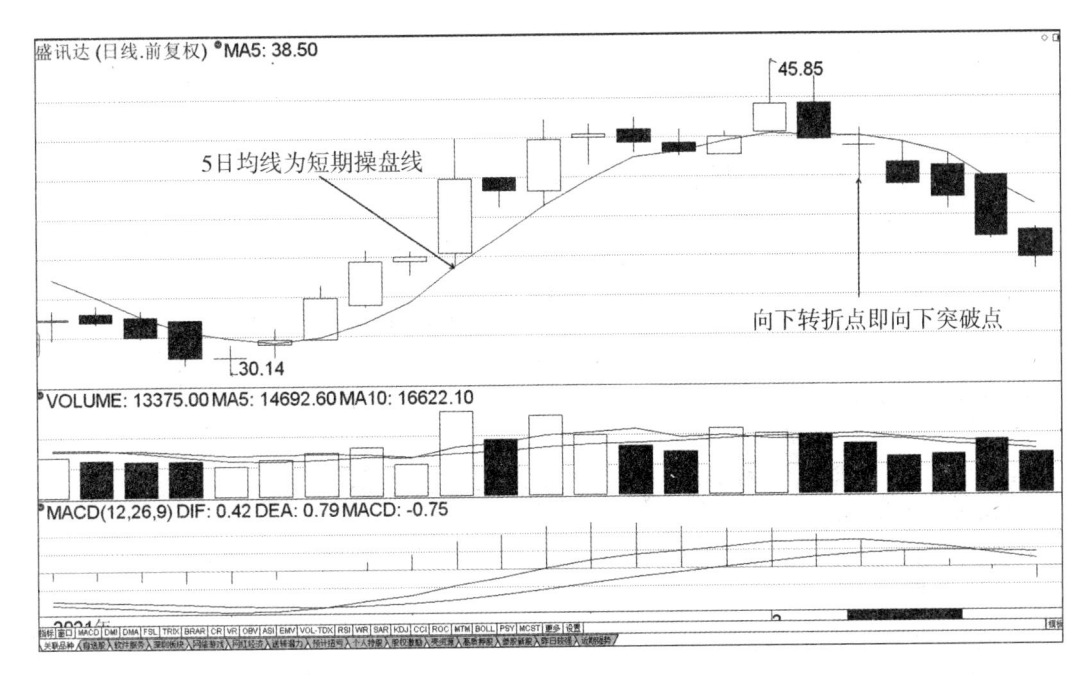

图6-12

（二）10日均线的向下转折点

案例1：长盈精密（300115），见图6-13。

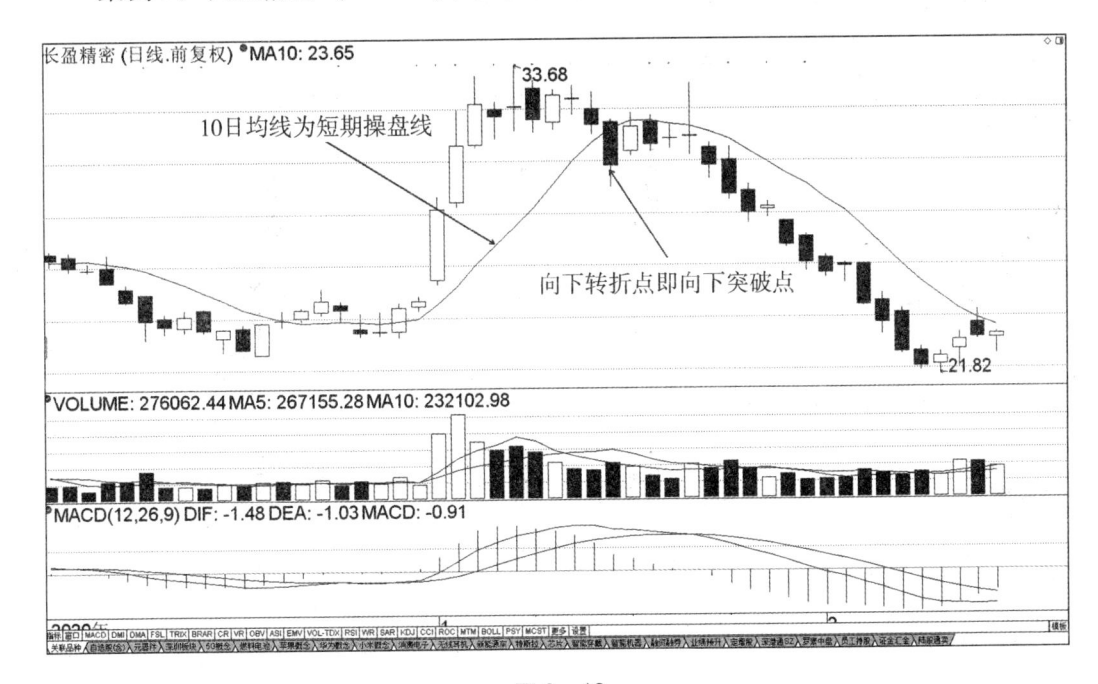

图6-13

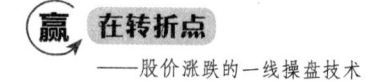

案例2：道道全（002852），见图6-14。

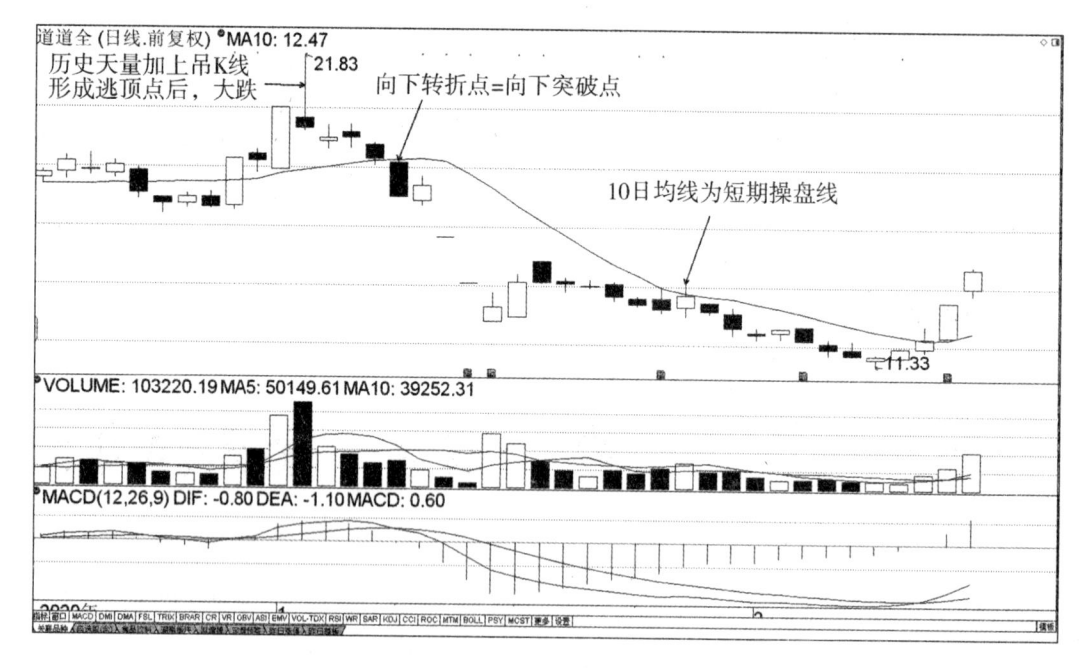

图6-14

（三）20日均线的向下转折点

案例1：中国核建（601611），见图6-15。

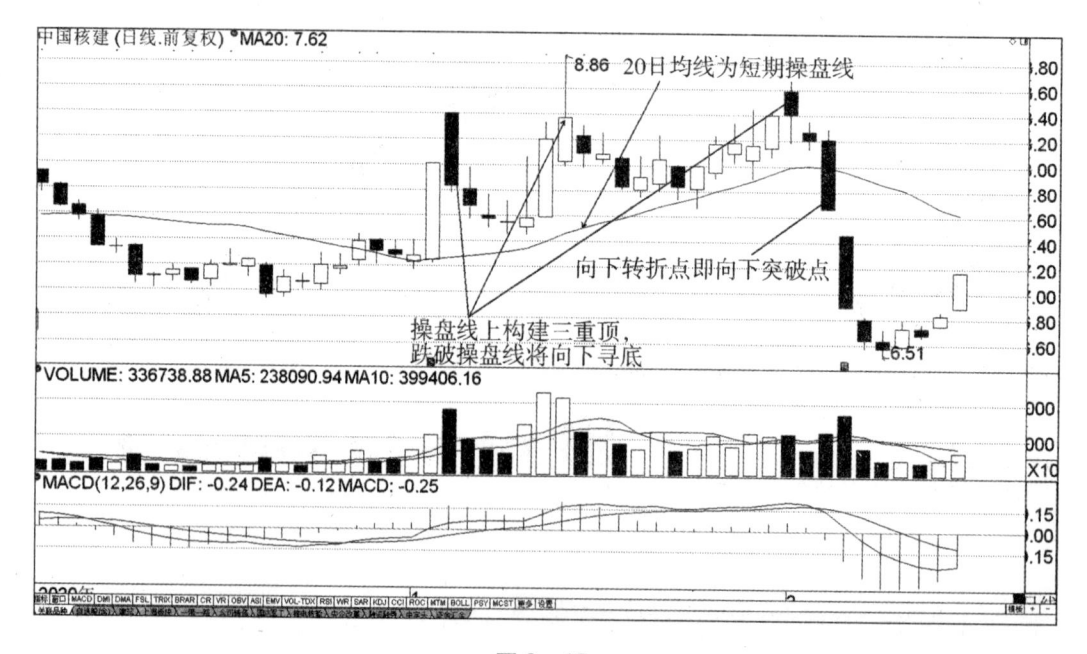

图6-15

案例2：ST鼎龙（600614），见图6-16。

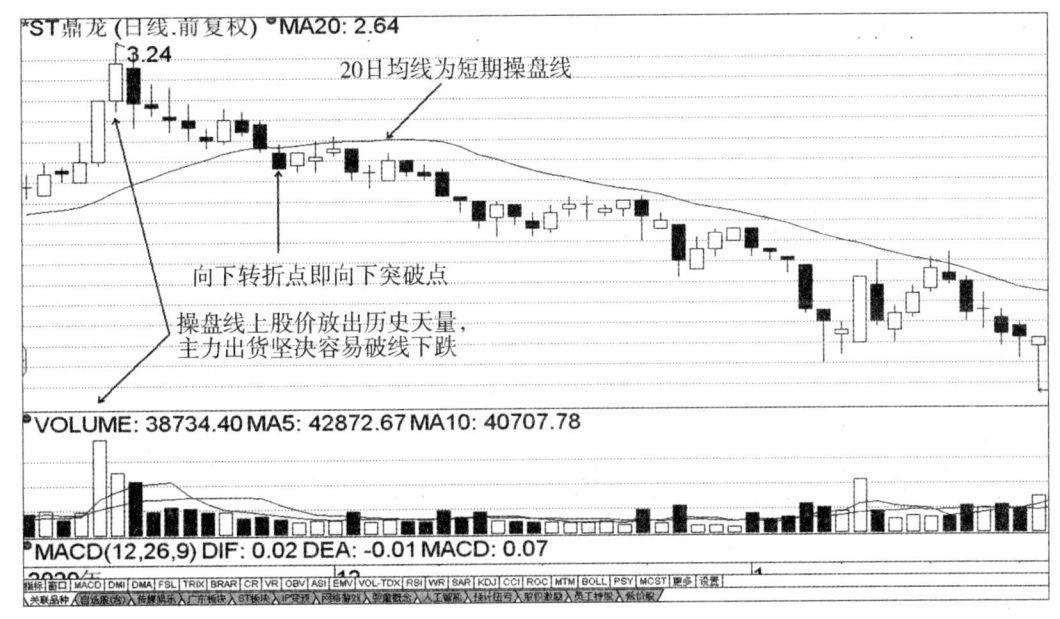

图6-16

（四）逢峰调压确定短期操盘线的向下转折点

一线交易系统逢峰调压核心技术，采用以点定线、以线测点，即通过阶段性峰顶点确定操盘线，再通过操盘线测算卖点。所以，股价在波动过程中，转折点即突破点，可看作启跌点、水平趋势线突破点。

案例1：中直股份（600038），见图6-17。

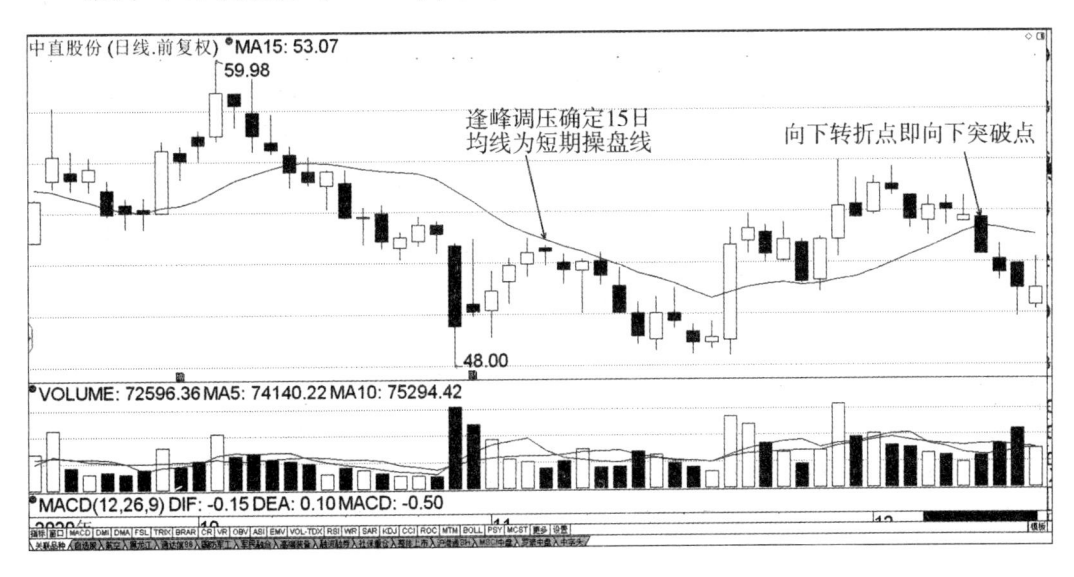

图6-17

案例2：盛讯达（300518），见图6-18。

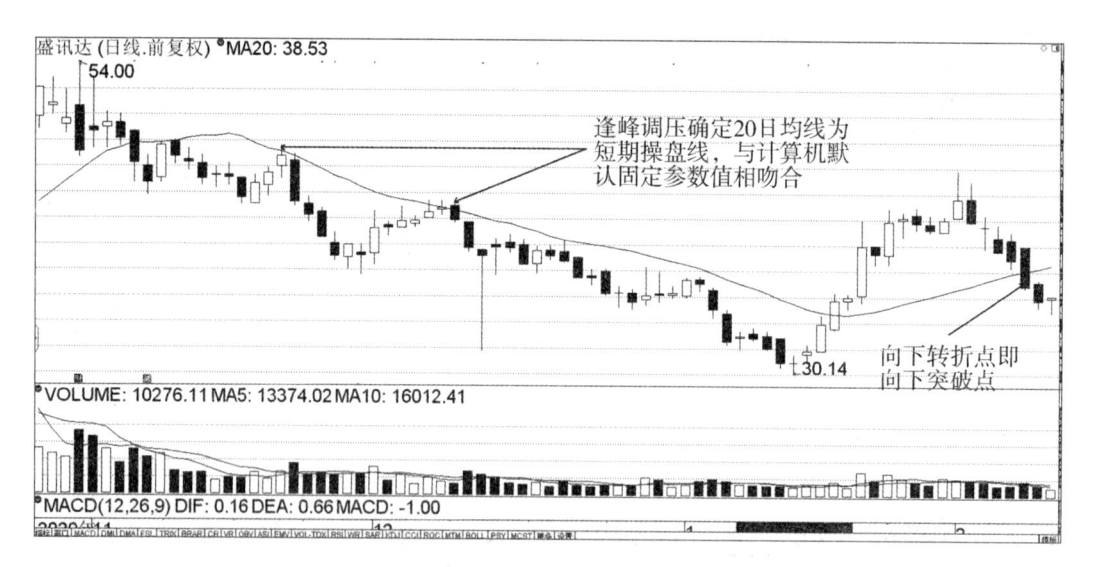

图6-18

（五）遇谷调撑确定短期操盘线的向下转折点

一线交易系统遇谷调撑核心技术，采用以点定线、以线测点，即通过阶段性谷底点确定操盘线，再通过操盘线测算买点。所以，股价在波动过程中，转折点即突破点，可看作启跌点、水平趋势线突破点。

案例1：丽尚国潮（600738），原兰州民百，见图6-19。

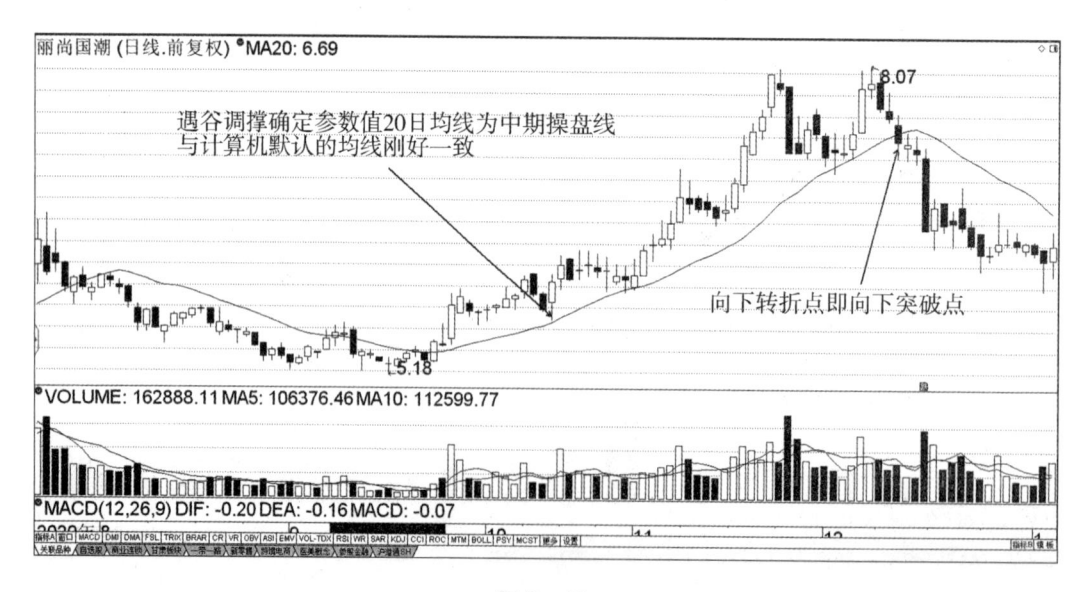

图6-19

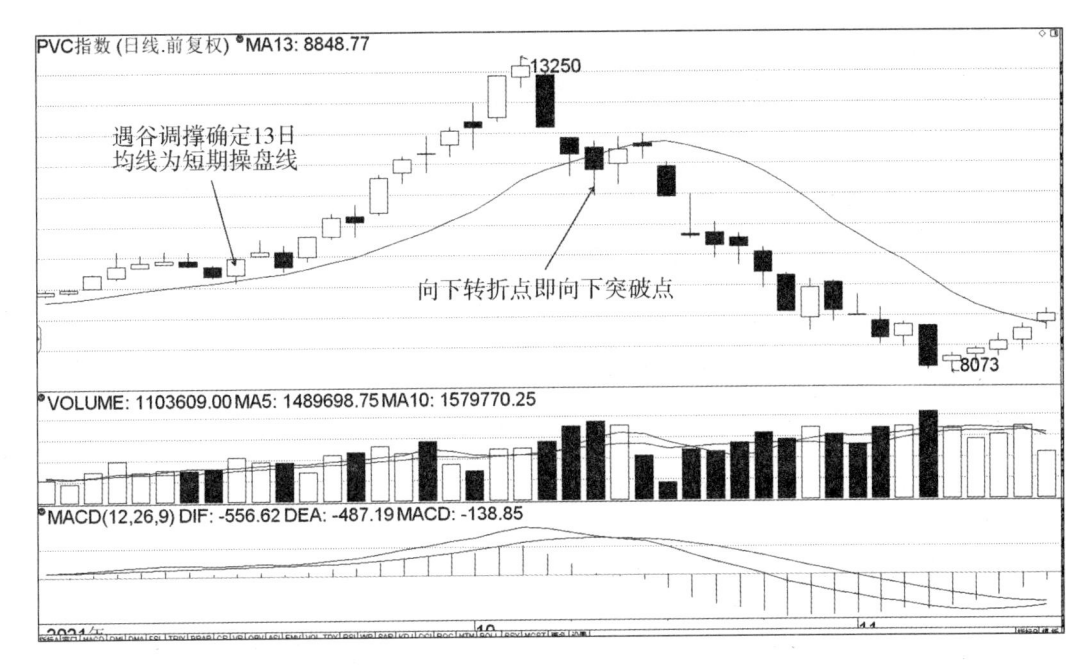

案例2：PVC指数商品期货，见图6-20。

图6-20

第二节　中期操盘线的转折点

一、中期操盘线的转折点定义

（一）中期操盘线

中期操盘线的转折点即中期操盘线的突破点。

1. 在日K线图形中，股价在波动过程中形成谷底点或峰顶点之后，根据一线交易系统核心技术遇谷调撑或逢峰调压调绘而成的参数值在20～60日的山谷线或山峰线即为中期操盘线（经过阶段性最大压力点或者支撑点的均价线均可称为操盘线）。

2. 在日K线图形中，计算机默认的均线为20日、60日均线，代表筹码中期的市场平均成本，是股价中级行情涨跌的临界线、分水岭。主力在某一个波段对股价拉升过程中，通常会依托中期操盘线进行一系列震仓洗盘动作，直到遇到某个强压力位置为止。股价如果有效跌破中期操盘线，标志着中期行情结束，股价将向下寻

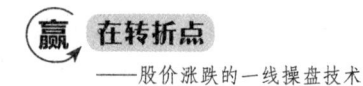

找支撑。

3. 默认的均线参数值20日、60日均线如果经过了近期谷底点或者峰顶点，则形成符合市场常态、有实战价值的中期操盘线，从而节省遇谷调撑或逢峰调压调绘操盘线的时间与精力。

（二）确定中期操盘线的五个原则

1. 谷底点或峰顶点第一原则。
2. 谷底点或峰顶点越大越陡峭越好。
3. 谷底点或峰顶点越多点同线越好。
4. 谷底点或峰顶点时间择近。
5. 参数值取在 20～60 日之间。

二、中期操盘线的向上转折点

中期操盘线的向上转折点即中期操盘线的向上突破点，实战中，可视同启涨点、水平趋势线突破点，代表股票操作的一个中线买点。

（一）20 日均线的向上转折点

案例1：恒锋工具（300488），见图 6-21。

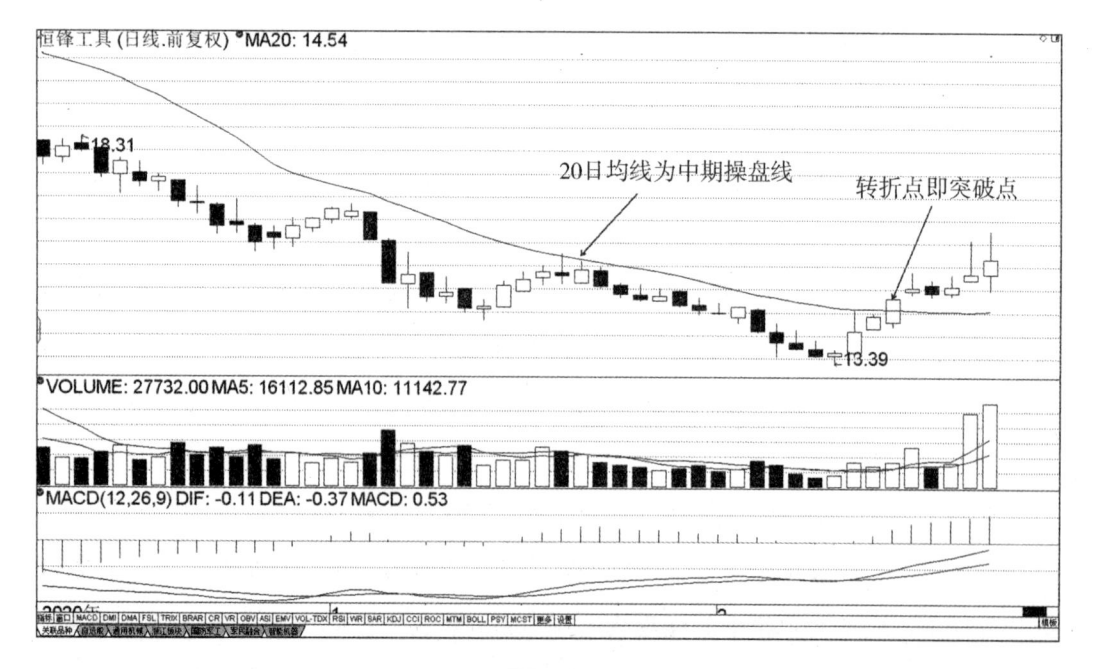

图 6-21

案例2：精功科技（002006），见图6-22。

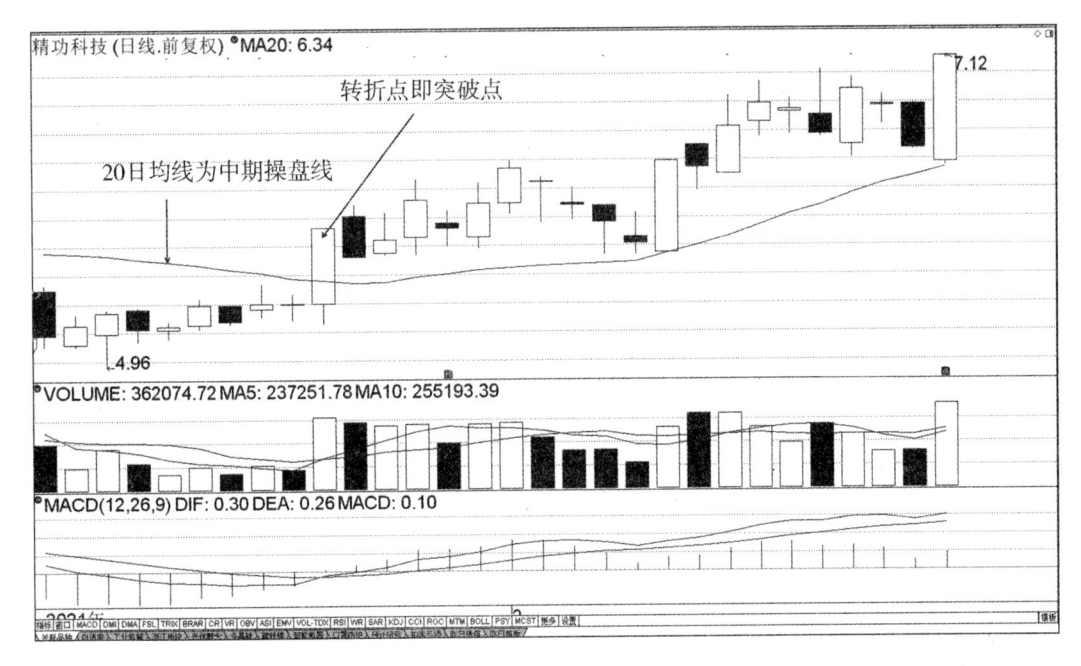

图6-22

（二）60日均线的向上转折点

案例1：恒锋工具（300488），见图6-23。

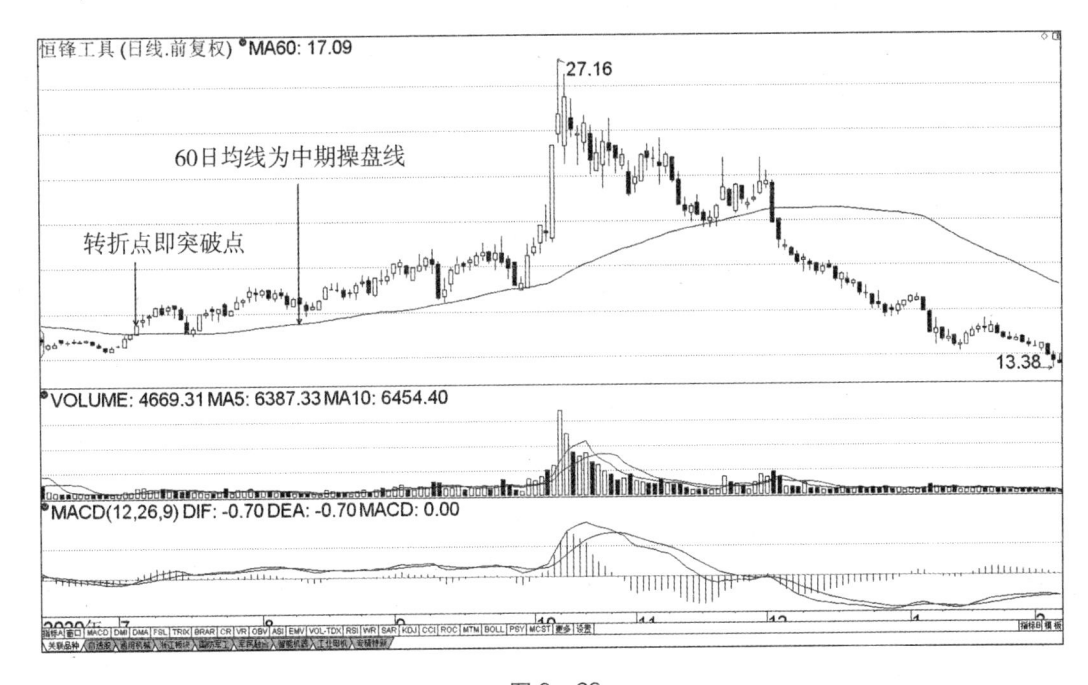

图6-23

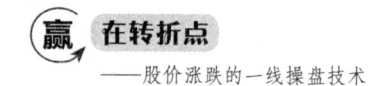

案例2：德创环保（603177），见图6-24。

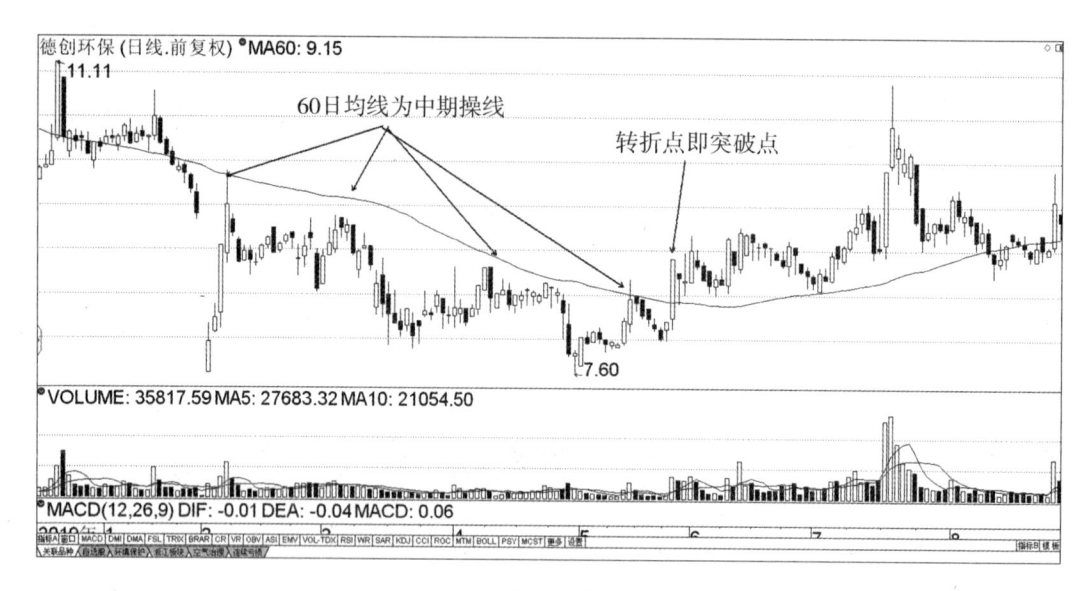

图6-24

（三）逢峰调压确定中期操盘线的向上转折点

一线交易系统逢峰调压核心技术，采用以点定线、以线测点，即通过阶段性峰顶点确定操盘线，再通过操盘线测算买点。所以，股价在波动过程中，转折点即突破点，也可视同启涨点、水平趋势线突破点。

案例1：丽尚国潮（600738），见图6-25。

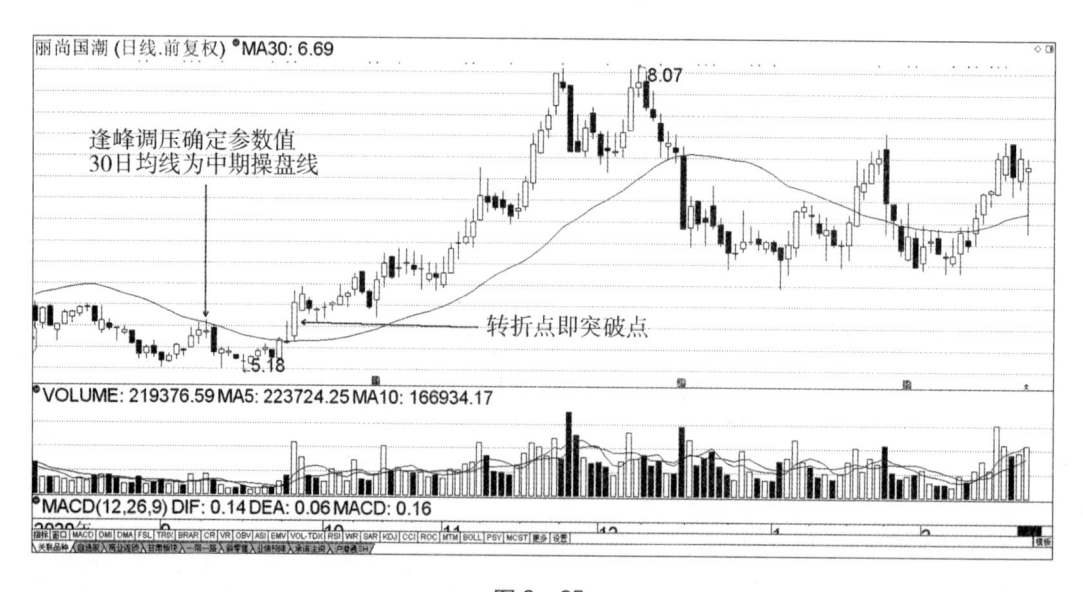

图6-25

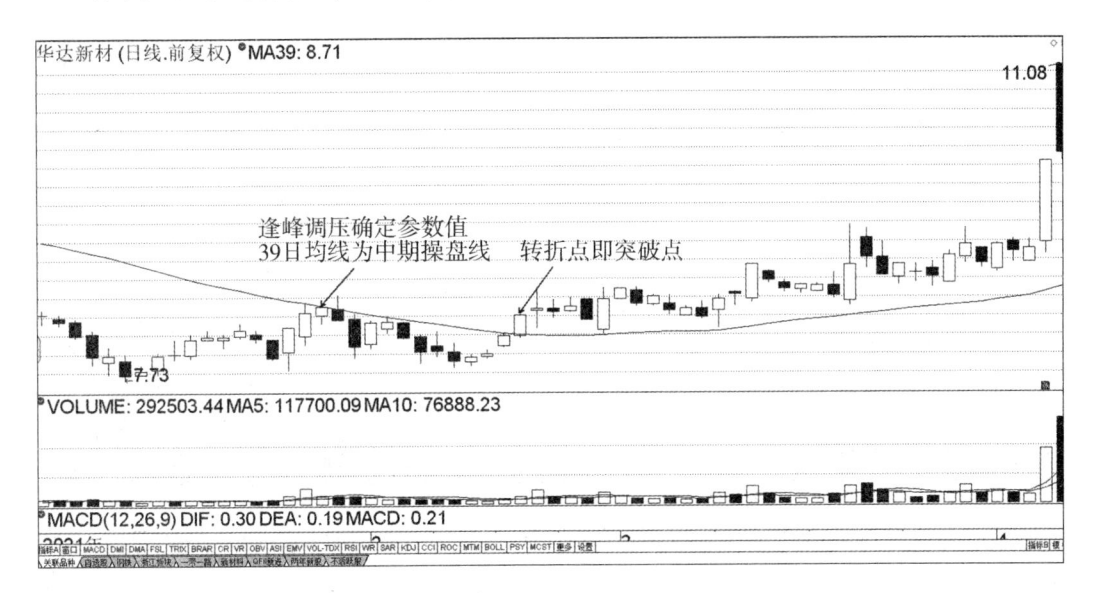

案例2：华达新材（605158），见图6-26。

图6-26

（四）遇谷调撑确定中期操盘线的向上转折点

一线交易系统遇谷调撑核心技术，采用以点定线、以线测点，即通过阶段性谷底点确定操盘线，再通过操盘线测算买点。所以，股价在波动过程中，转折点即突破点，也可视同启涨点、水平趋势线突破点。

案例1：精功科技（002006），见图6-27。

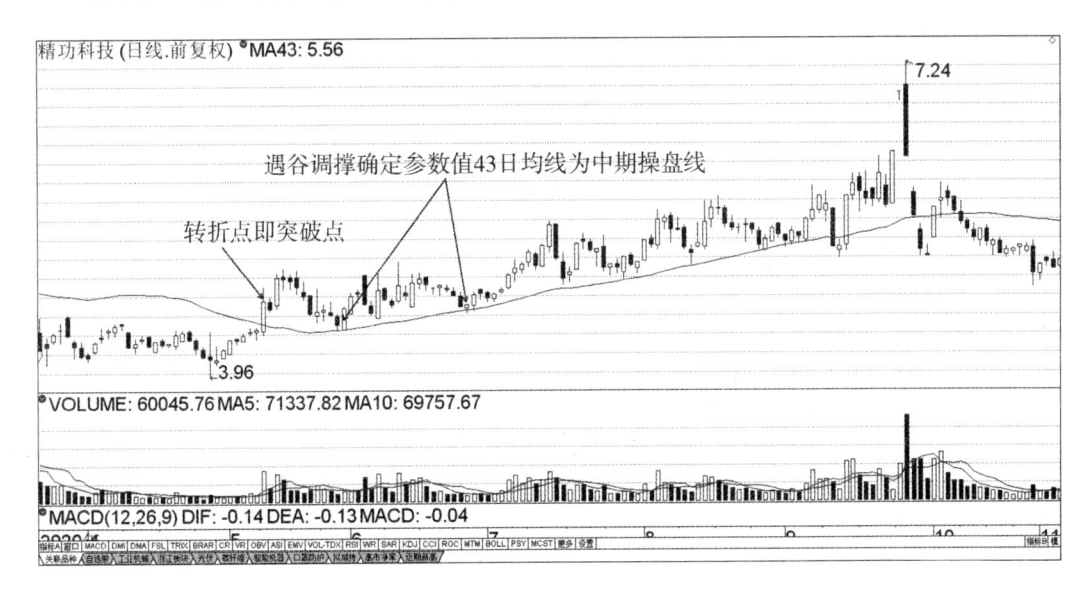

图6-27

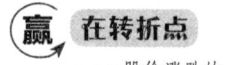

案例2：创世纪（300083），见图6-28。

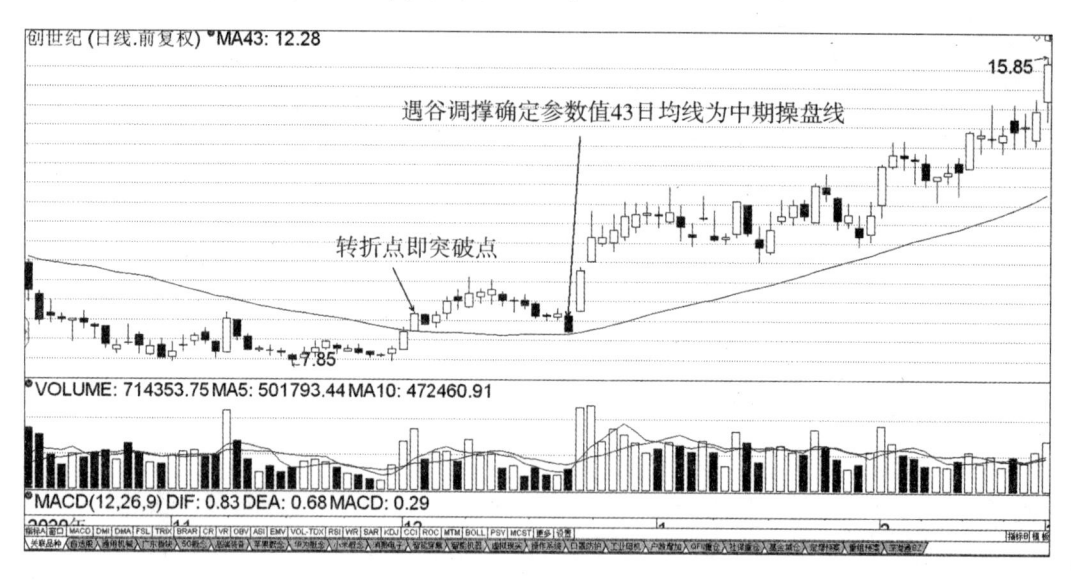

图6-28

三、中期操盘线的向下转折点

中期操盘线的向下转折点即中期操盘线的向下突破点，还可变通理解为启跌点、水平趋势线突破点，代表股票操作的一个中线卖点。

（一）20日均线的向下转折点

案例1：陕西黑猫（601015），见图6-29。

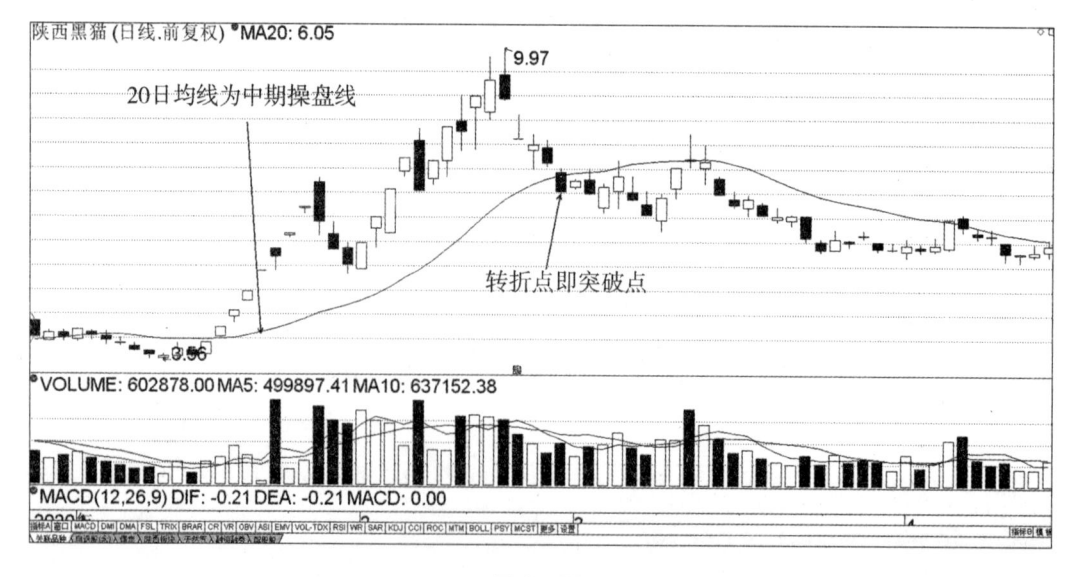

图6-29

案例2：农发种业（600313），见图6-30。

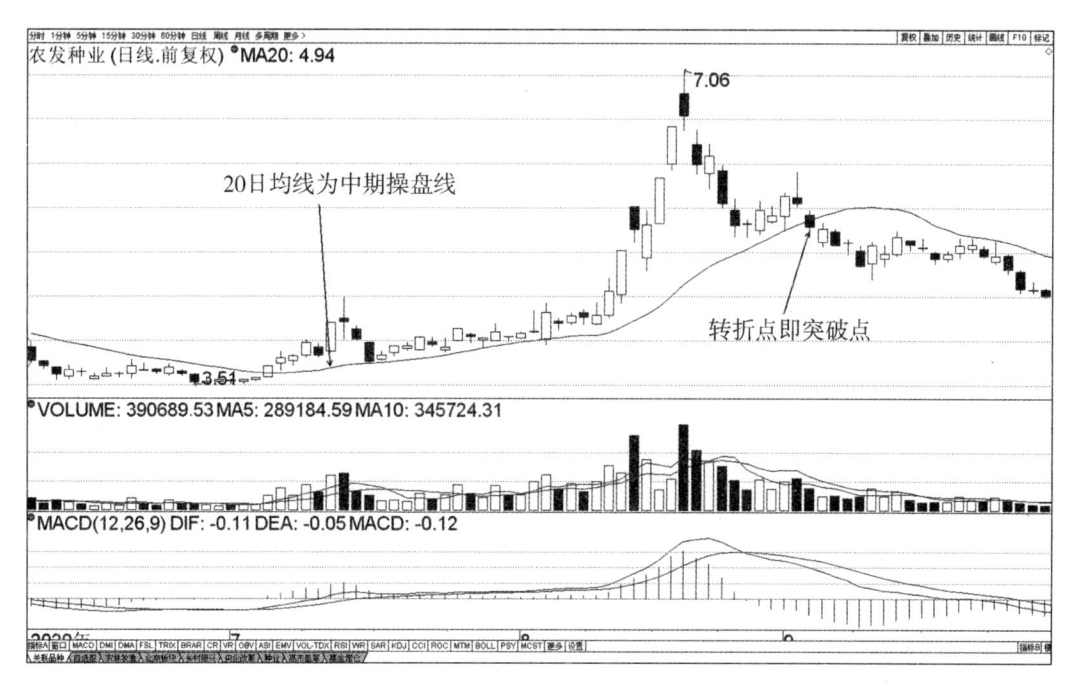

图6-30

（二）60日均线的向下转折点

案例1：亿纬锂能（300014），见图6-31。

图6-31

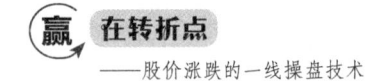

案例2：天赐材料（002709），见图6-32。

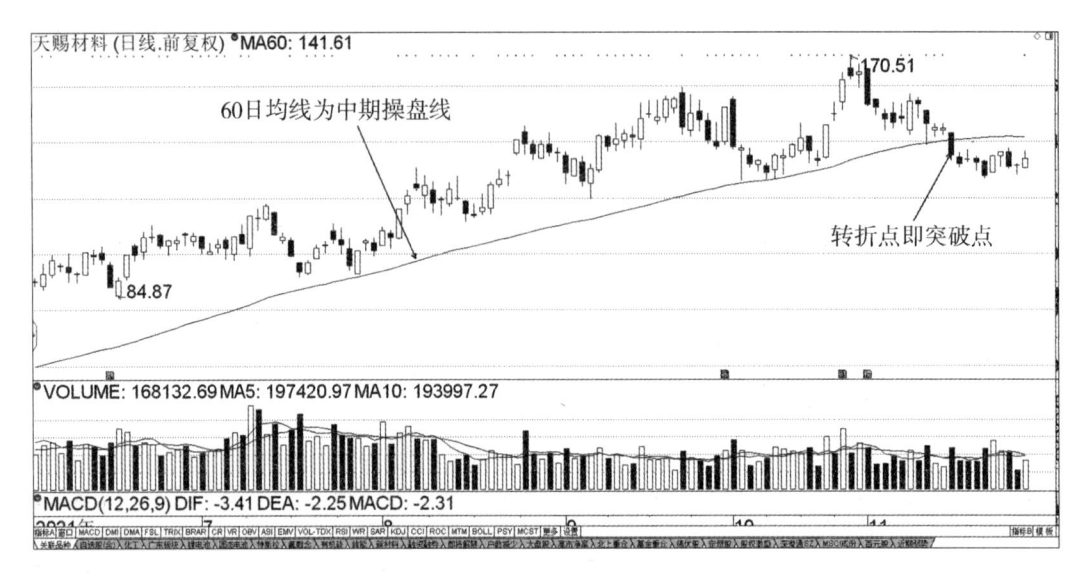

图6-32

（三）逢峰调压确定中期操盘线的向下转折点

一线交易系统逢峰调压核心技术，采用以点定线、以线测点，即通过阶段性峰顶点确定操盘线，再通过操盘线测算卖点。所以，股价在波动过程中，转折点即突破点，也可视同启跌点、水平趋势线突破点。

案例1：万顺新材（300057），见图6-33。

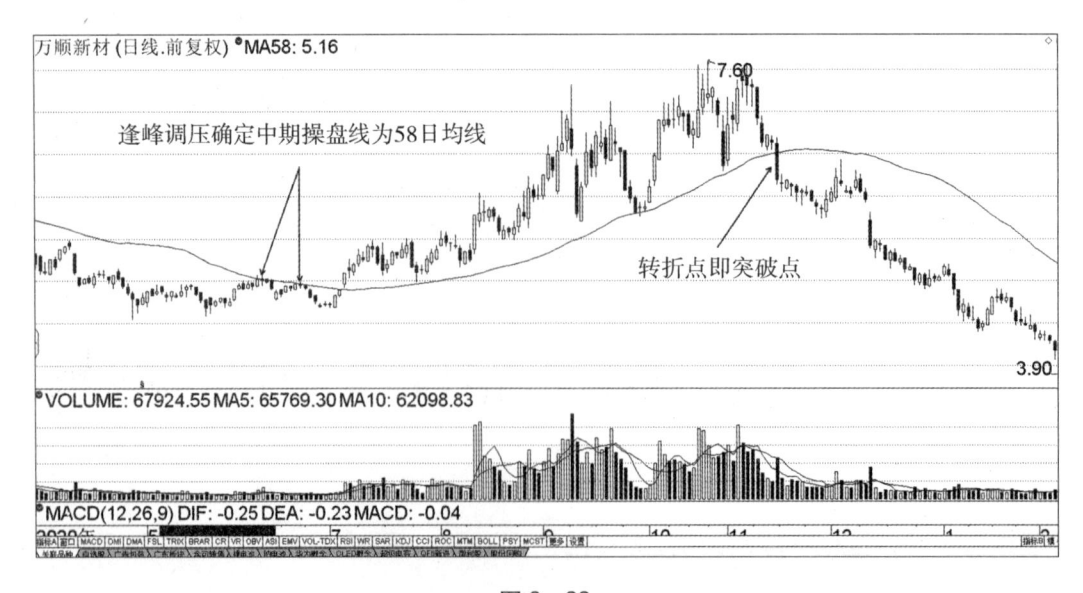

图6-33

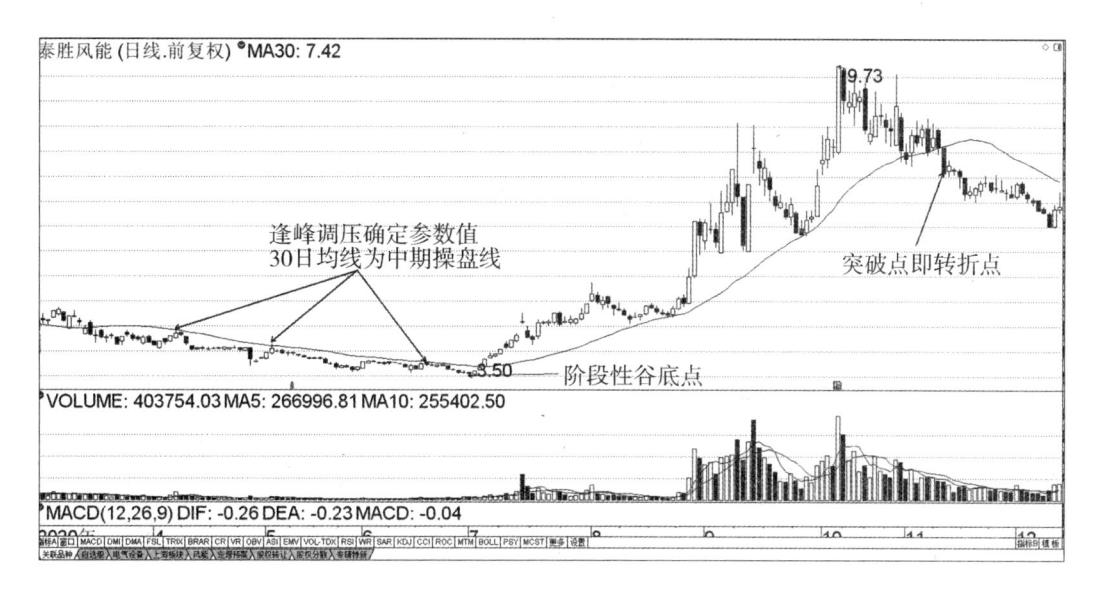

案例2：泰胜风能（300129），见图6-34。

图6-34

（四）遇谷调撑确定中期操盘线的向下转折点

一线交易系统遇谷调撑核心技术，采用以点定线、以线测点，即通过阶段性谷底点确定操盘线，再通过操盘线测算买点。所以，股价在波动过程中，转折点即突破点、启跌点、水平趋势线突破点。

案例1：天赐材料（002709），见图6-35。

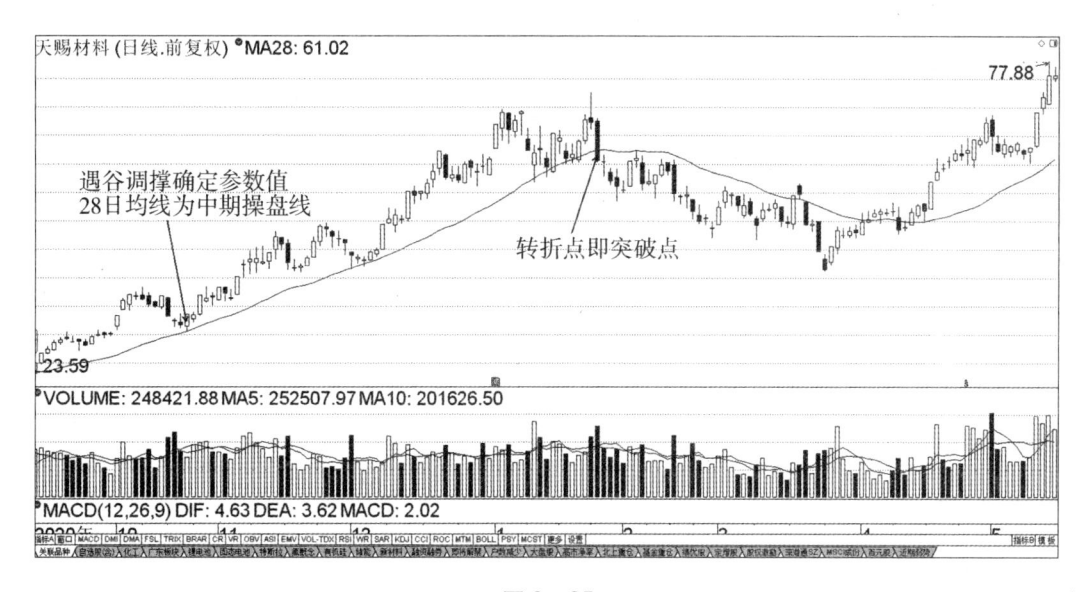

图6-35

案例2：永利股份（300230），见图6-36。

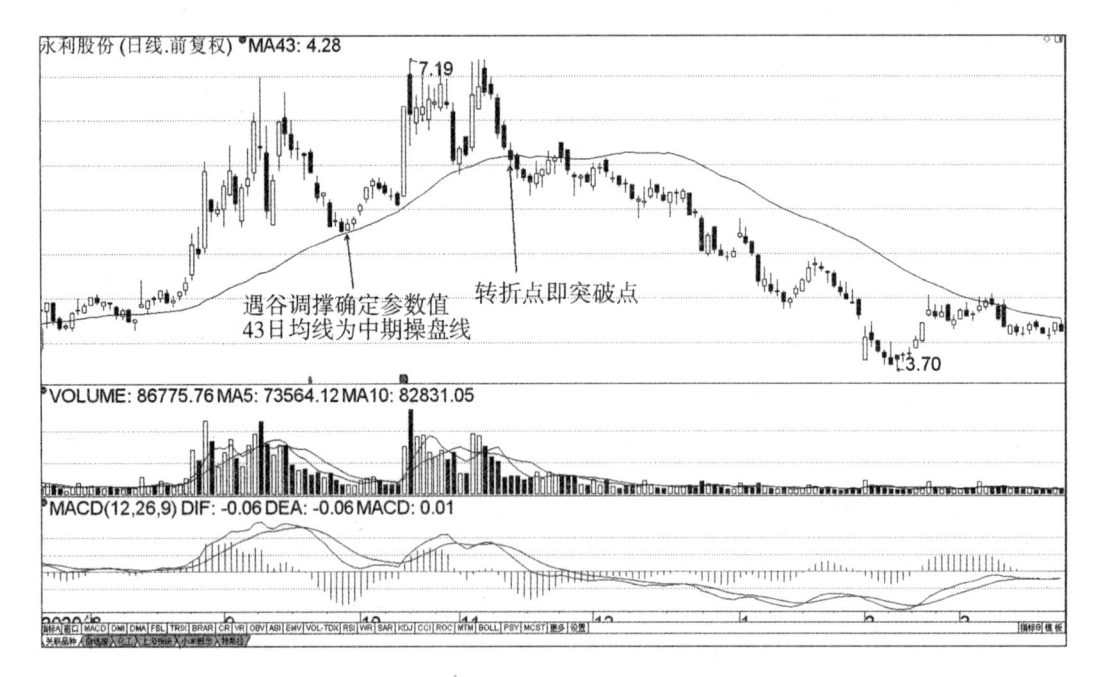

图6-36

第三节　长期操盘线的转折点

一、长期操盘线的转折点定义

（一）长期操盘线

长期操盘线的转折点即长期操盘线的突破点。

1. 在日K线图形中，股价在波动过程中形成谷底点或峰顶点之后，根据一线交易系统核心技术遇谷调撑或逢峰调压调绘而成的均线参数值在60~250之间的山谷线或山峰线（经过阶段性最大压力点或者支撑点的均价线均可称为操盘线）。

2. 在日K线图形中，证券行情软件默认的均线参数值60日、120日、250日均线，代表股票筹码长期的市场平均成本，是股价长期行情涨跌的临界线、分水岭，比中期操盘线更具稳定性，比大周期操盘线更贴近股价的波动性。主力通常会依托长期操盘线进行一系列拉升、震仓、洗盘等，直到遇到某个强压力位置为止。股价如果有效跌破长期操盘线，标志着股价长线行情结束，会向下寻找支撑。

3. 证券行情软件默认的均线参数值60日、120日、250日均线，如果经过了近期谷底点或者峰顶点，则形成符合市场常态、有实战价值的长期操盘线，从而可以节省遇谷调撑或逢峰调压调绘操盘线的时间与精力。

（二）确定长期操盘线的五个原则

1. 谷底点或峰顶点第一原则。

2. 谷底点或峰顶点越大越陡峭越好。

3. 谷底点或峰顶点越多点同线越好。

4. 谷底点或峰顶点时间择近。

5. 参数值取在60~250之间。

二、长期操盘线的向上转折点

长期操盘线的向上转折点即长期操盘线的向上突破点，可视同启涨点、水平趋势线突破点，代表股票操作的一个长线买点。

（一）60日均线的向上转折点

案例1：东方电气（600875），见图6-37。

图6-37

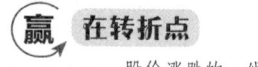

案例2：中材国际（600970），见图6-38。

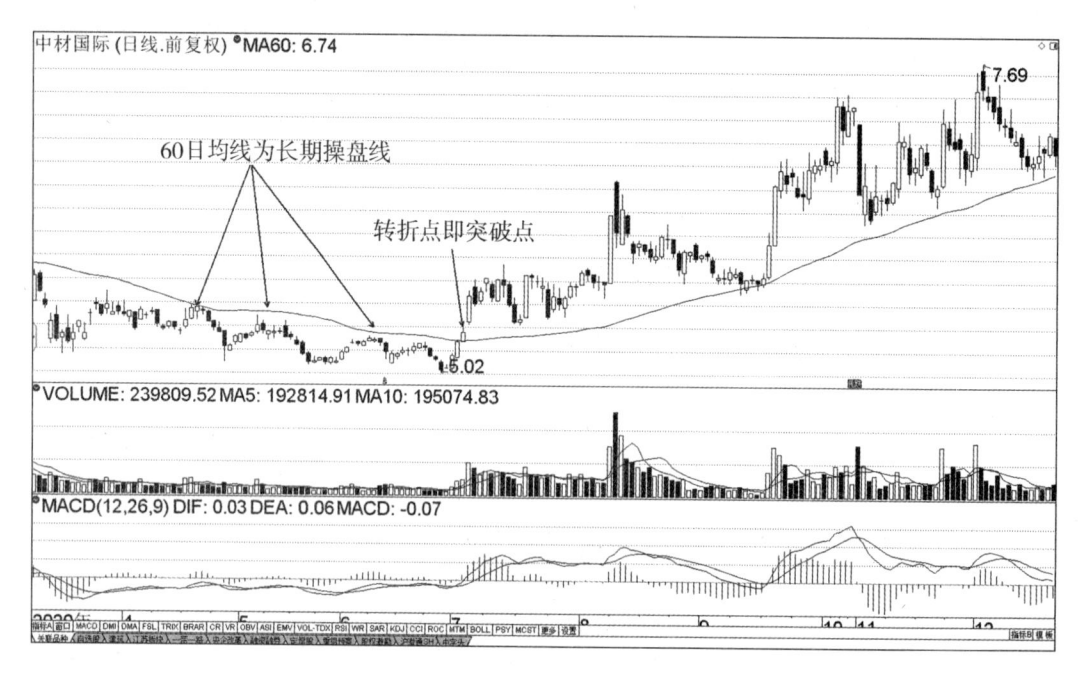

图6-38

（二）120日均线的向上转折点

案例1：东方银星（600753），见图6-39。

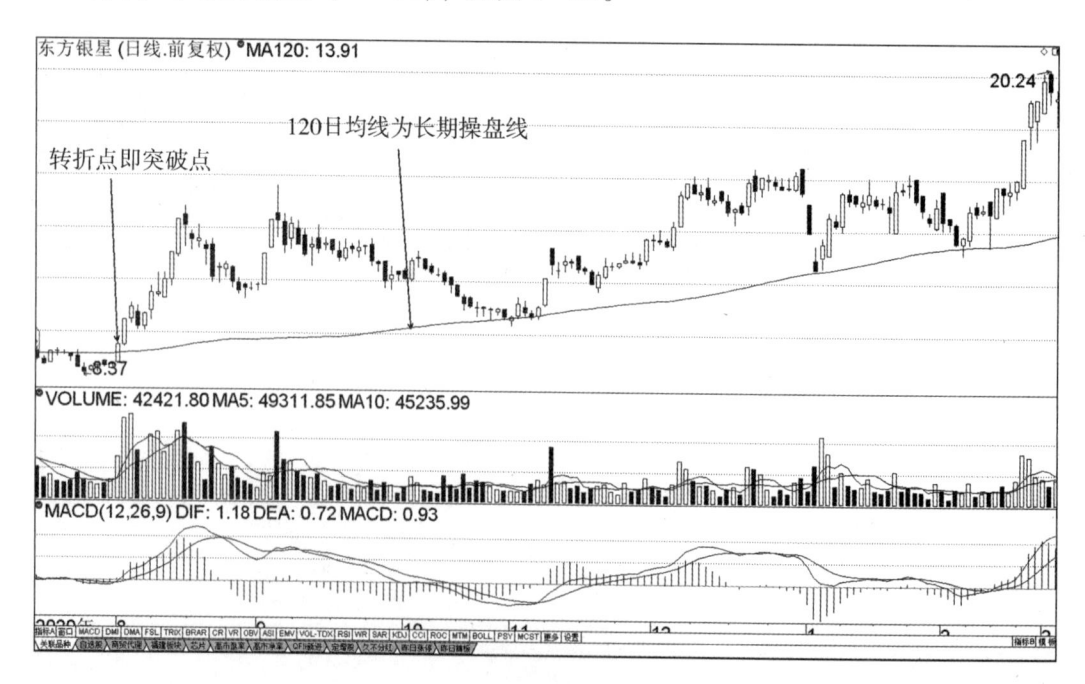

图6-39

案例2：金种子酒（600199），见图6-40。

图6-40

(三) 250日均线的向上转折点

案例1：鞍钢股份（000898），见图6-41。

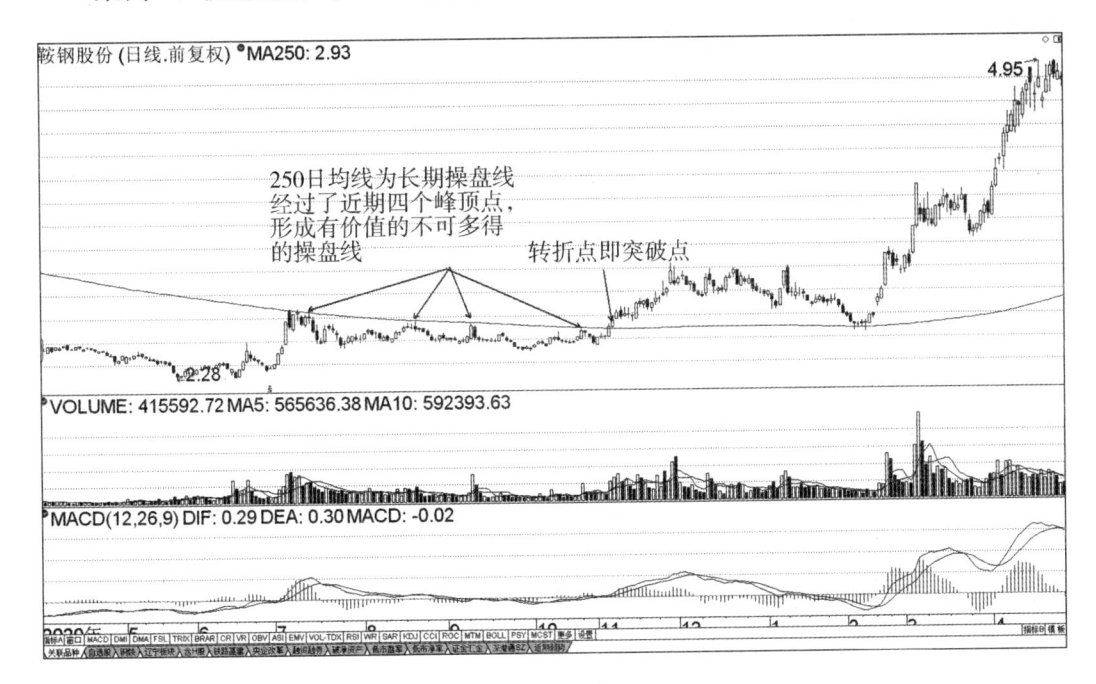

图6-41

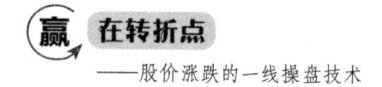

案例2：赛意信息（300687），见图6-42。

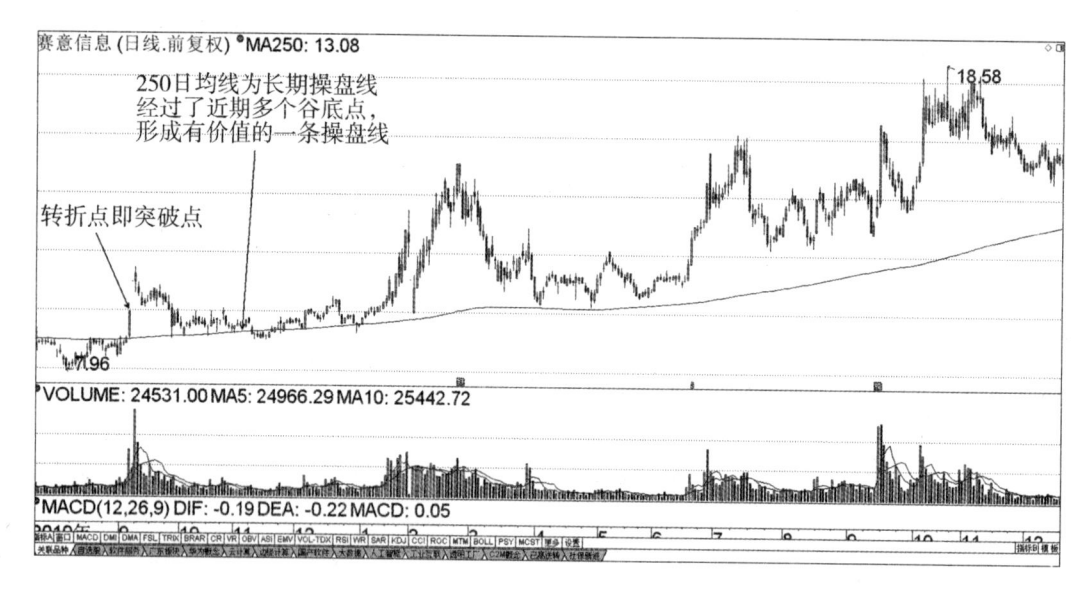

图6-42

（四）逢峰调压确定长期操盘线的向上转折点

一线交易系统逢峰调压核心技术，采用以点定线、以线测点，即通过阶段性峰顶点确定操盘线，再通过操盘线测算买点。同样，股价在波动过程中，转折点即突破点。

案例1：中国中车（601766），见图6-43。

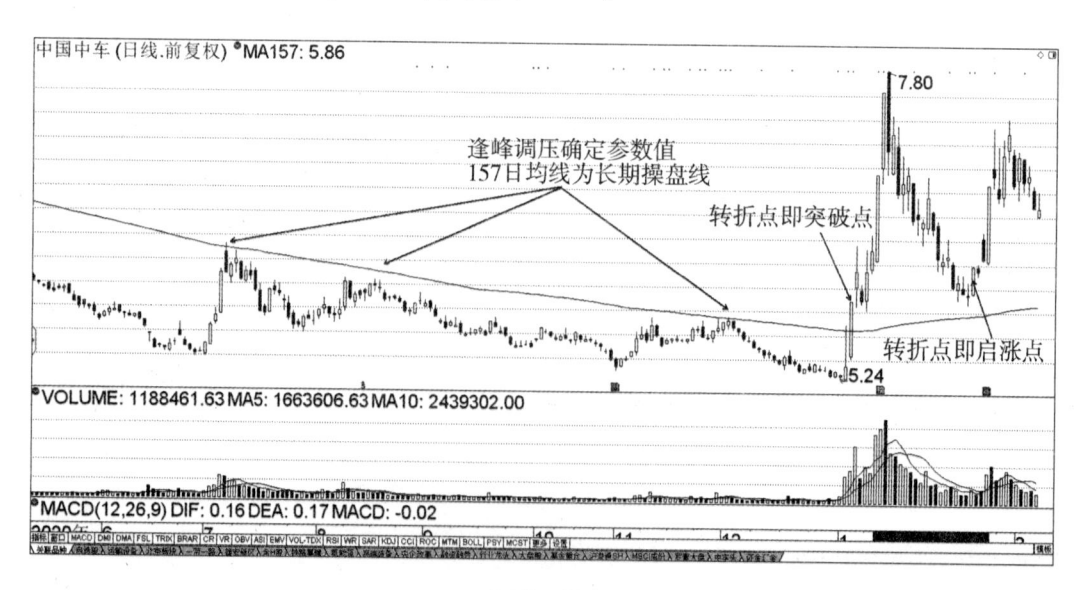

图6-43

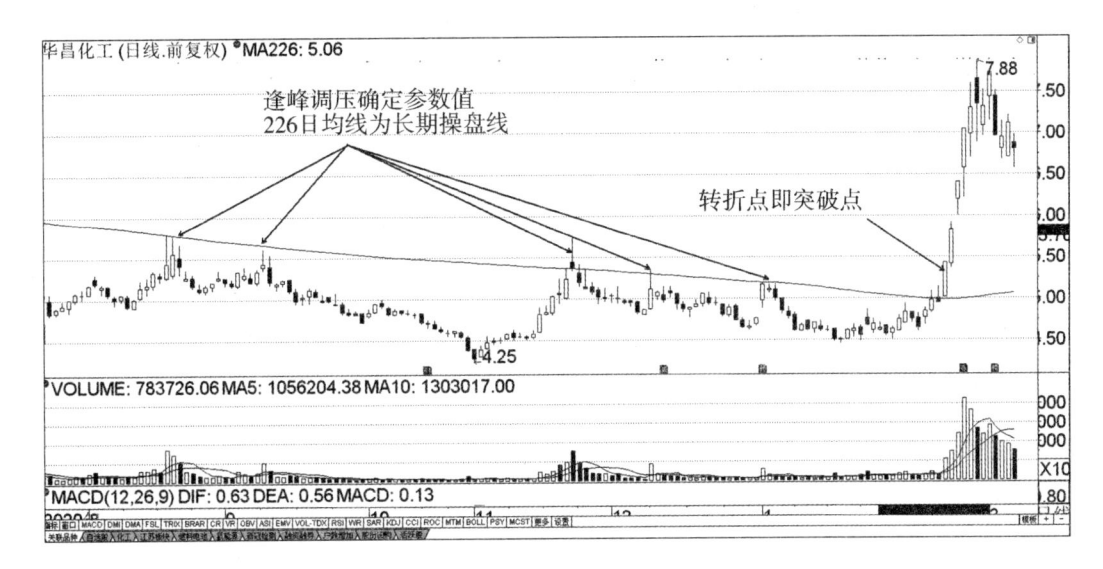

案例2：华昌化工（002274），见图6-44。

图6-44

（五）遇谷调撑确定长期操盘线的向上转折点

一线交易系统遇谷调撑核心技术，采用以点定线、以线测点，即通过阶段性谷底点确定操盘线，再通过操盘线测算买点。同样，股价在波动过程中，转折点即突破点。

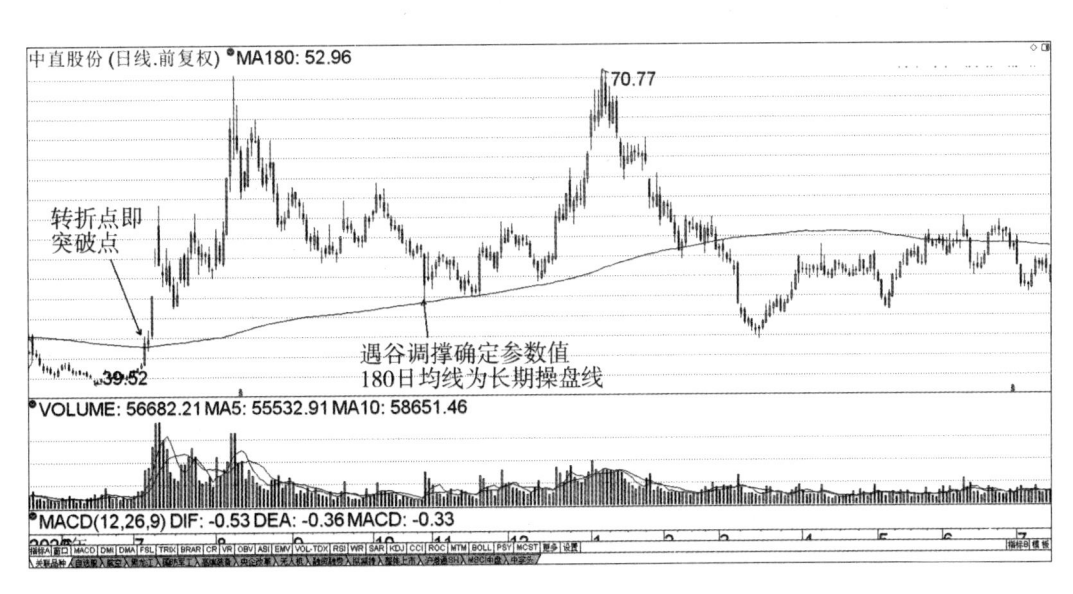

案例1：中直股份（600038），见图6-45。

图6-45

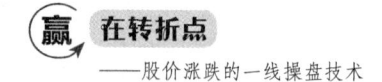

案例2：信邦制药（002390），见图6-46。

图6-46

三、长期操盘线的向下转折点

长期操盘线的向下转折点即长期操盘线的向下突破点，意义可视同启跌点、水平趋势线突破点，代表股票操作上的一个长线卖点。

（一）60日均线的向下转折点

案例1：江河集团（601886），见图6-47。

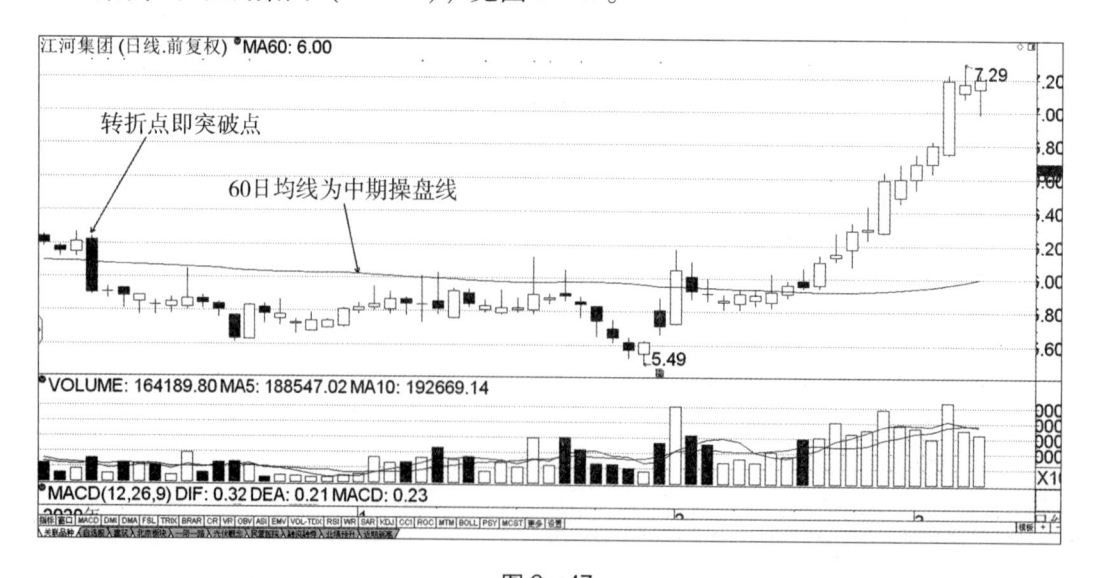

图6-47

案例2：恒锋工具（300488），见图6-48。

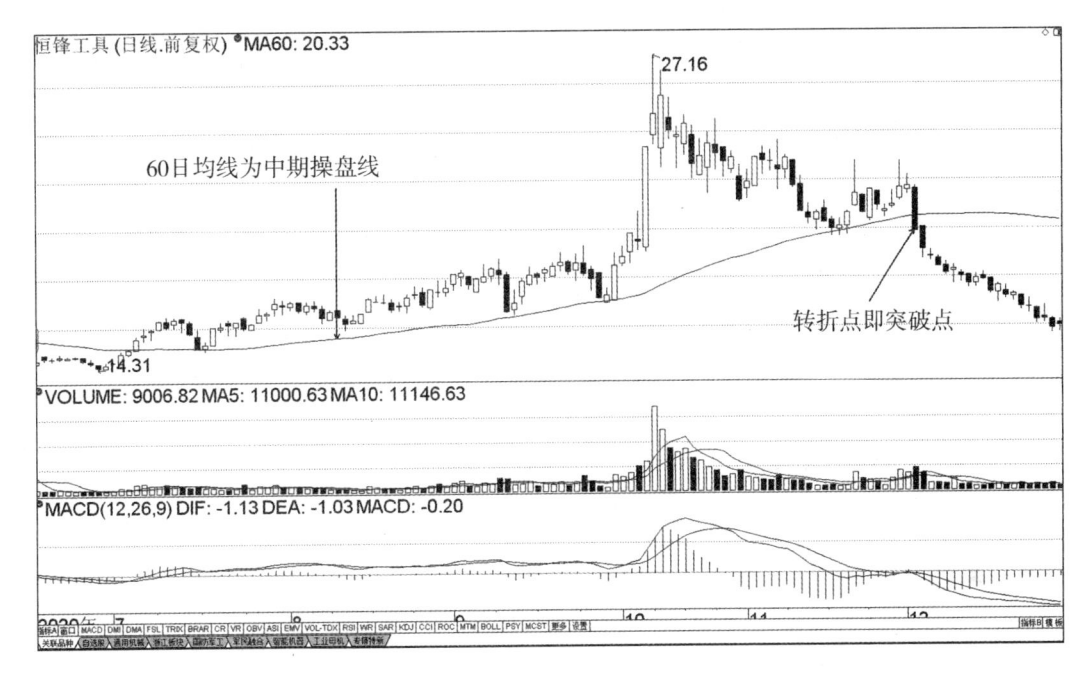

图6-48

（二）120日均线的向下转折点

案例1：澳柯玛（600336），见图6-49。

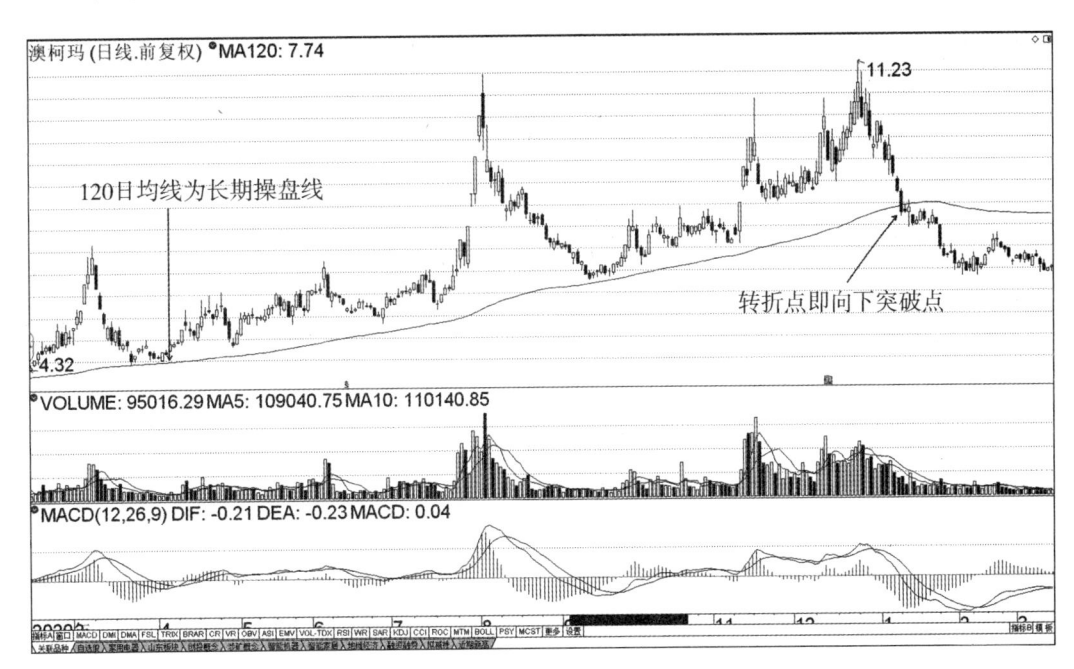

图6-49

案例2：迪瑞医疗（300396），见图6-50。

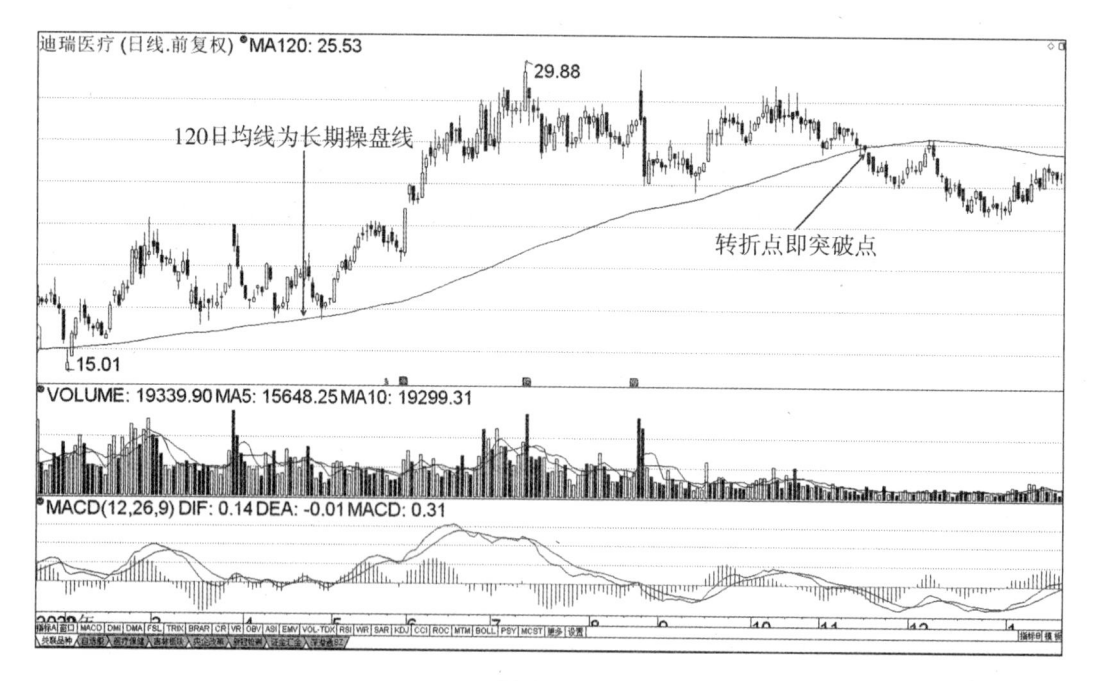

图6-50

(三) 250日均线的向下转折点

案例1：英派斯（002899），见图6-51。

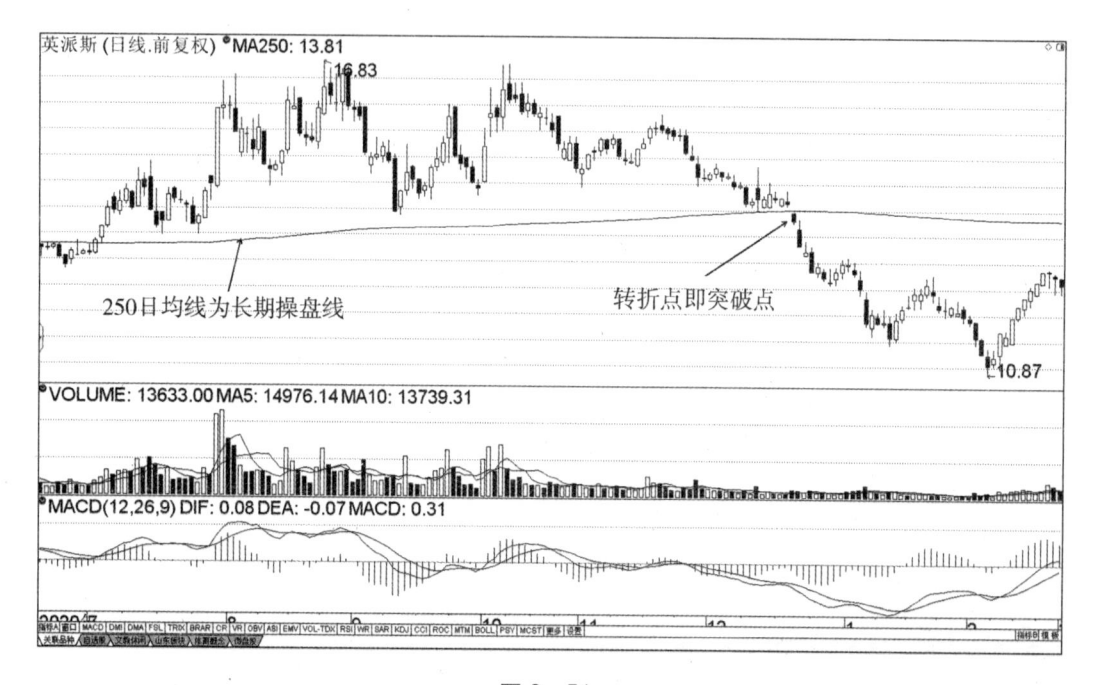

图6-51

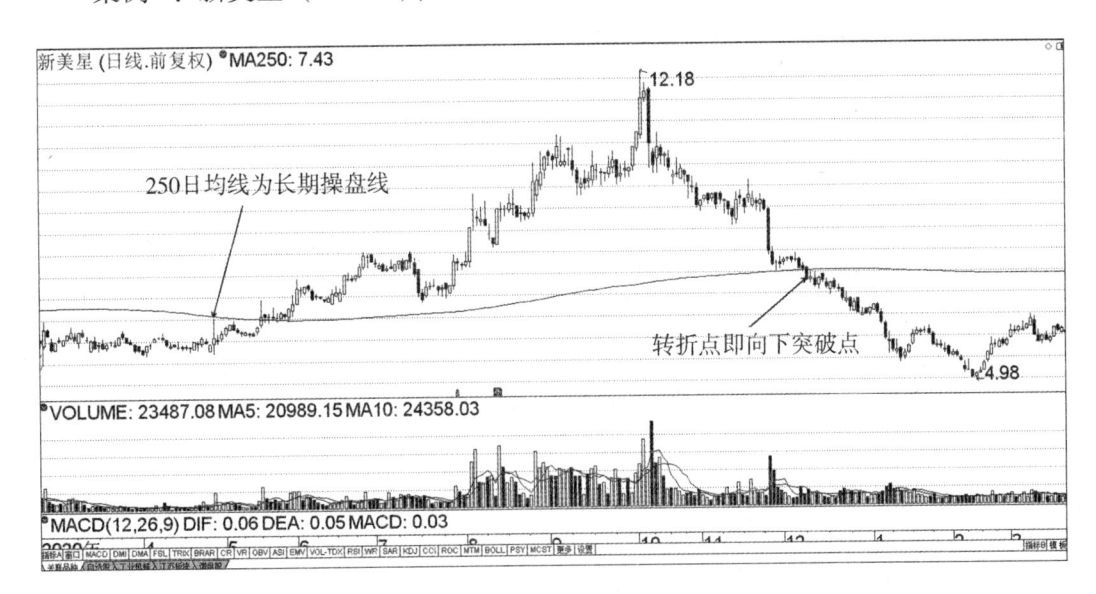

案例2：新美星（300509），见图6-52。

图6-52

（四）逢峰调压确定长期操盘线的向下转折点

一线交易系统逢峰调压核心技术，采用以点定线、以线测点，即通过阶段性最大的压力——峰顶点确定操盘线，再通过操盘线测算卖点。所以，股价在波动过程中，转折点即突破点。

案例1：华昌化工（002274），见图6-53。

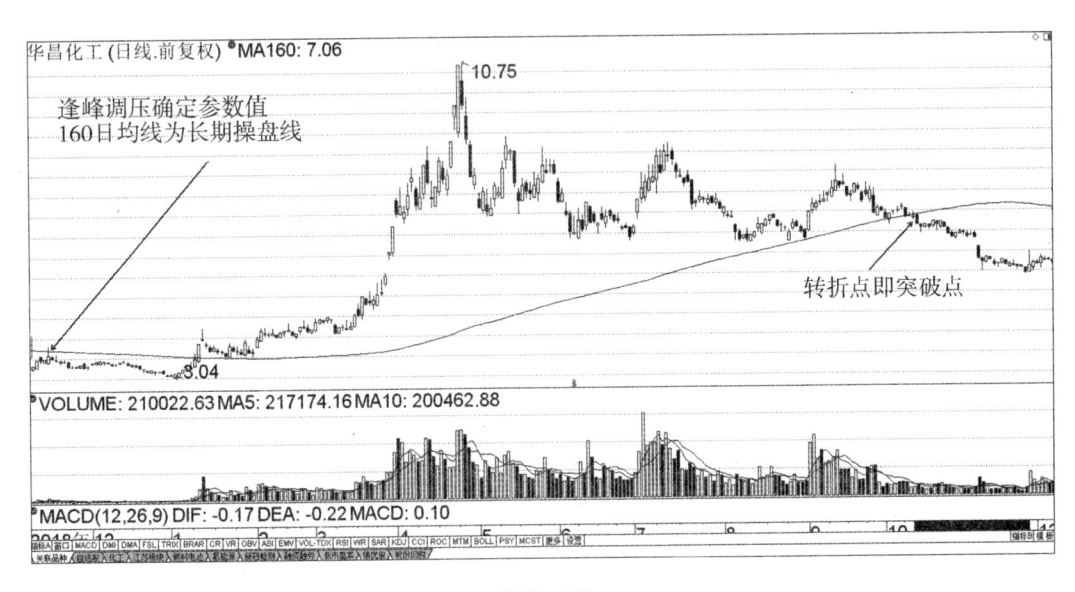

图6-53

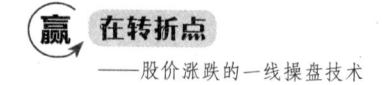

案例2：吉药控股（300108），见图6-54。

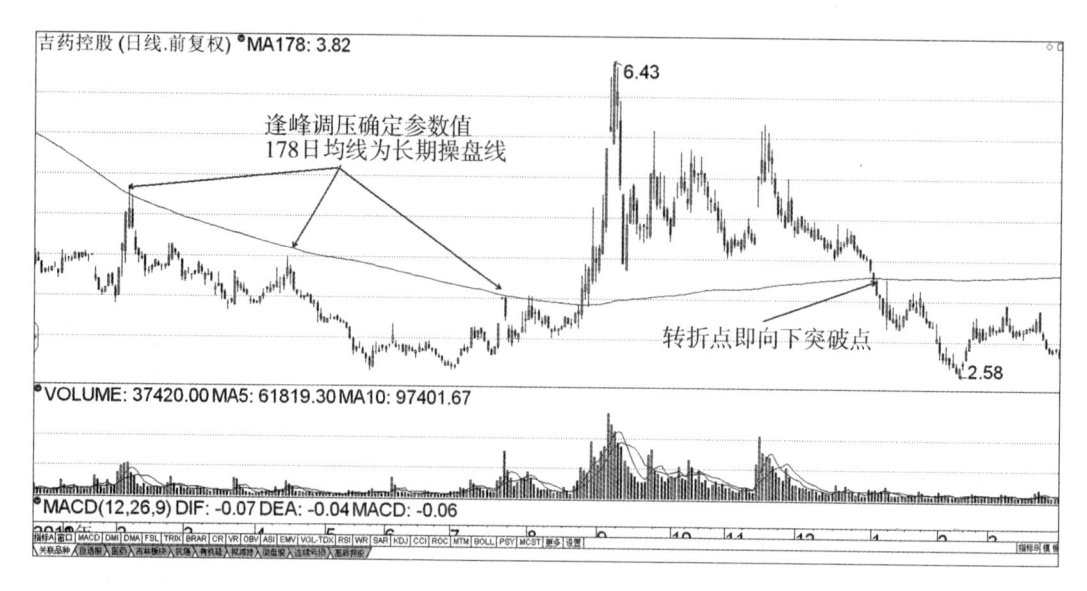

图6-54

（五）遇谷调撑确定长期操盘线的向下转折点

一线交易系统遇谷调撑核心技术，采用以点定线、以线测点，即通过阶段性谷底点确定操盘线，再通过操盘线测算买点。所以，股价在波动过程中，转折点即突破点，也是启跌点、水平趋势线突破点。

案例1：恒顺醋业（600305），见图6-55。

图6-55

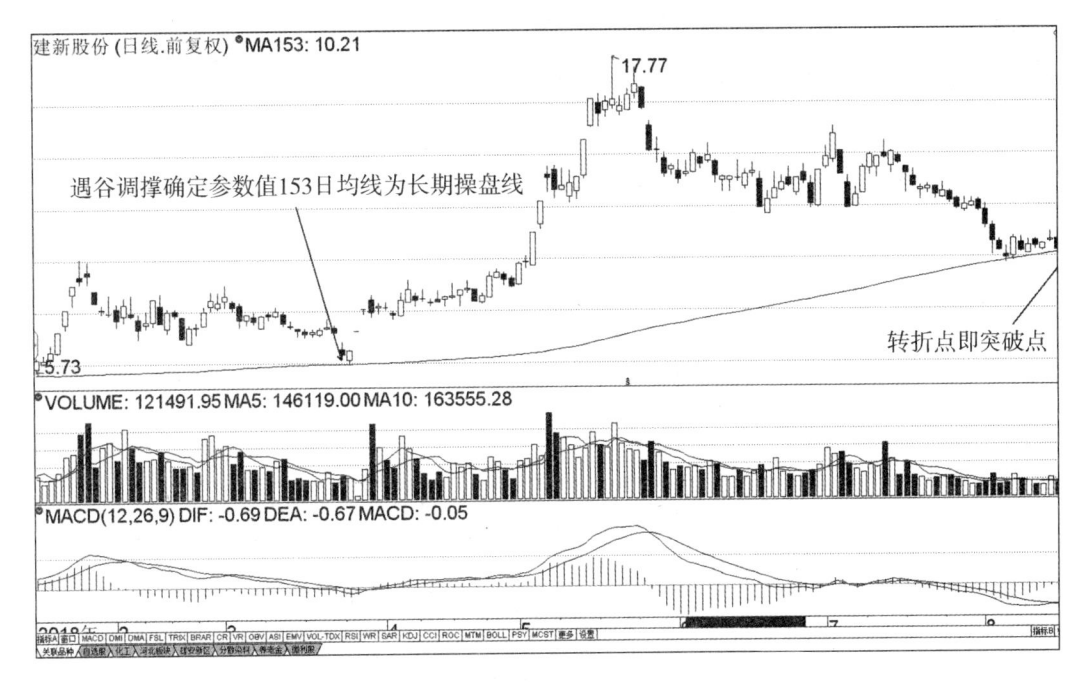

案例2：建新股份（300107），见图6-56。

图6-56

第四节　大周期操盘线的转折点

一、大周期操盘线的转折点定义

（一）大周期操盘线定义

大周期操盘线的转折点即大周期操盘线的突破点。

1. 在日K线图形中（也可以在任意时间周期的K线图形中），股价在波动过程中形成谷底点或峰顶点之后，根据一线交易系统核心技术遇谷调撑或逢峰调压调绘而成的参数值在250~1000日（证券软件能调出来的最大参数值为1000）的山谷线或山峰线即为大周期操盘线（经过阶段性最大压力点或者支撑点的均价线均可称为操盘线）。

2. 在日K线图形中，普通均线参数值250日、500日、1000日均线，反映了股票筹码大周期的市场平均成本，是股价大周期行情涨跌的临界线、分水岭。实战

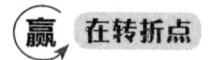

中，适合大资金的运作，以及能耐得住寂寞的投资者。

普通均线参数值250日、500日、1000日均线，如果经过了近期谷底点或者峰顶点，则衍化成符合市场常态、颇有实战价值的大周期操盘线，从而大大节省遇谷调撑或逢峰调压调绘操盘线的时间与精力。

（二）确定大周期操盘线的五个原则

1. 谷底点或峰顶点第一原则。
2. 谷底点或峰顶点越大越陡峭越好。
3. 谷底点或峰顶点越多点同线越好。
4. 谷底点或峰顶点时间择近。
5. 参数值取在250～1000之间。

二、大周期操盘线的向上转折点

大周期操盘线的向上转折点即大周期操盘线的向上突破点，可视同启涨点、水平趋势线突破点，代表股票操作的一个大周期买点。

（一）250日均线的向上转折点

案例1：三诺生物（300298），见图6-57。

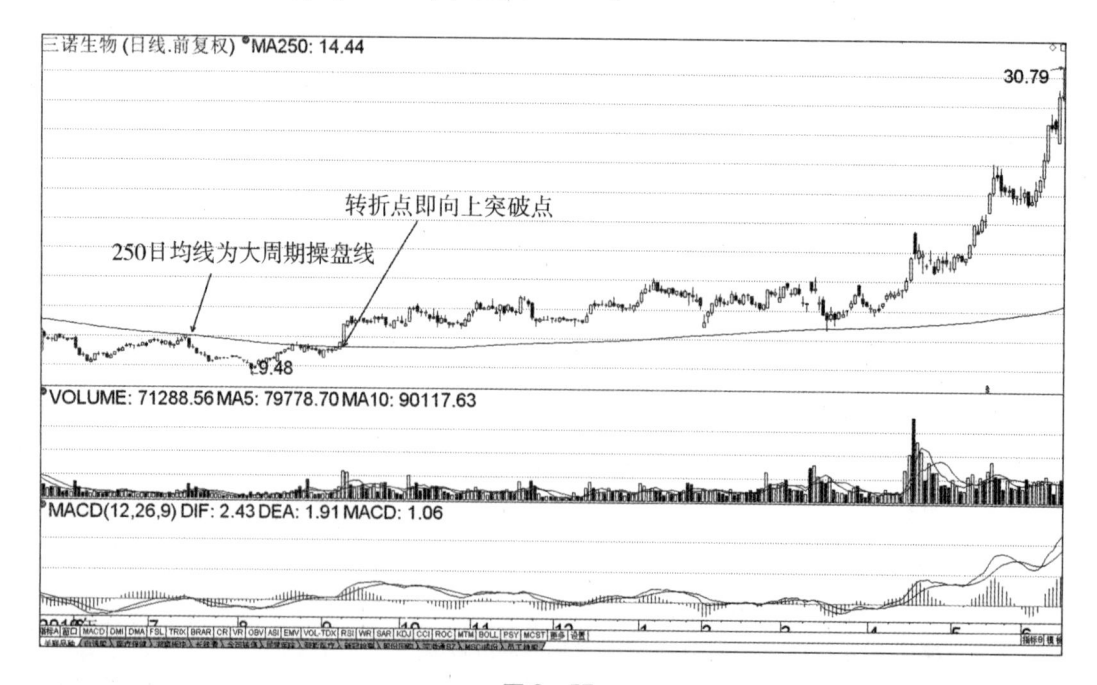

图6-57

案例2：中国中车（601766），见图6-58。

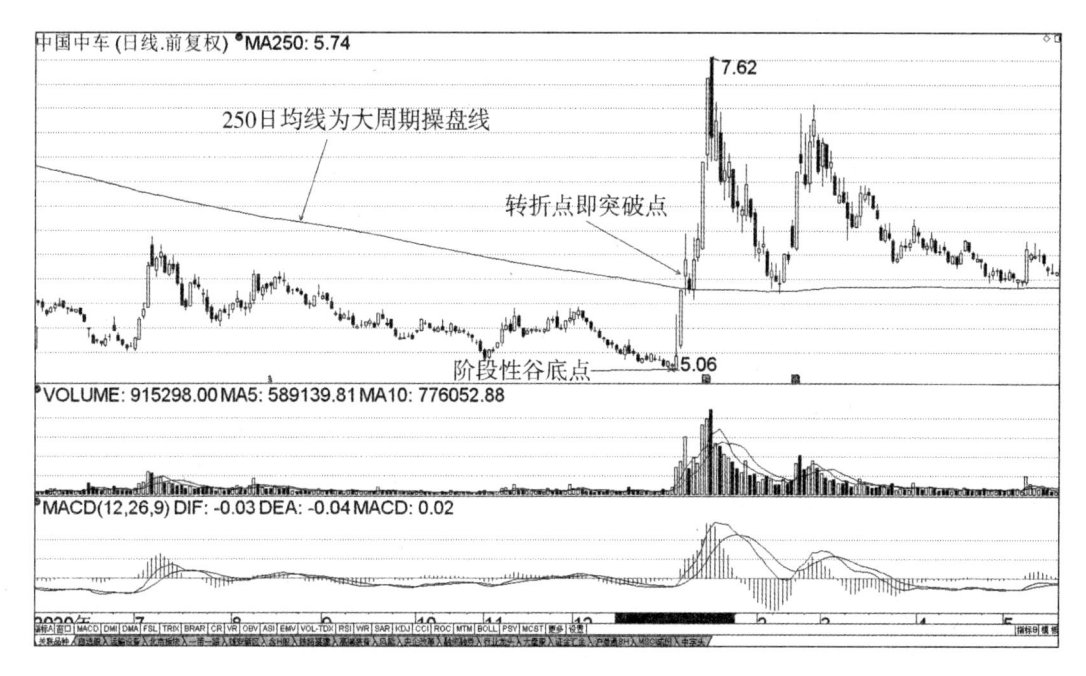

图6-58

（二）500日均线的向上转折点

案例1：金种子酒（600199），见图6-59。

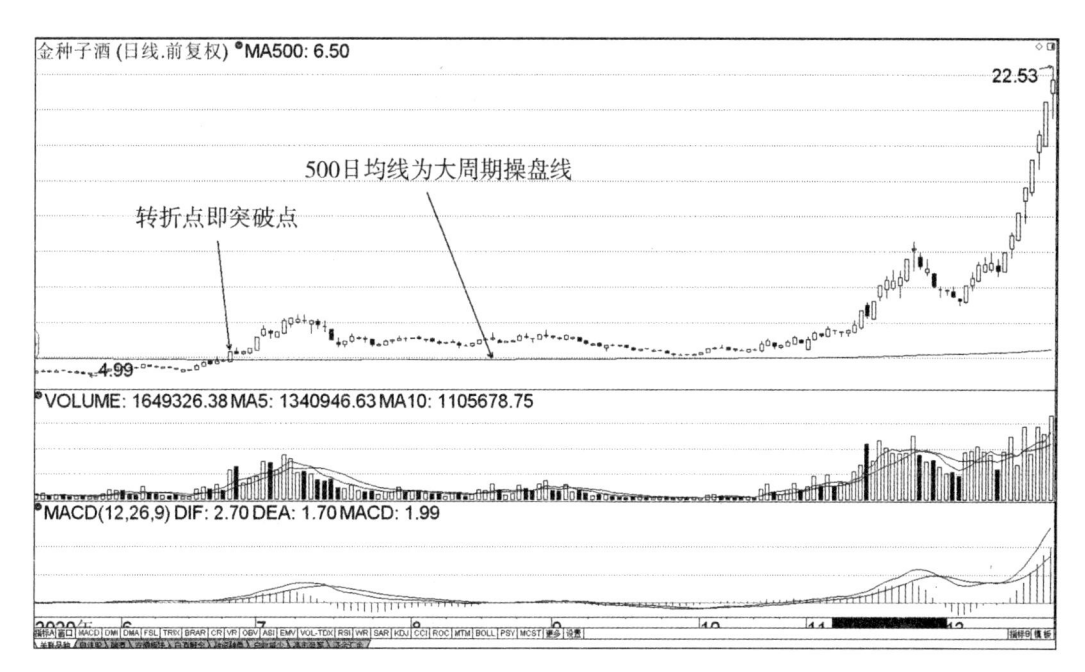

图6-59

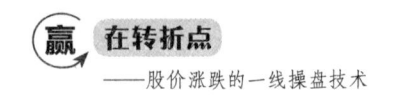

案例2：开滦股份（600997），见图6-60。

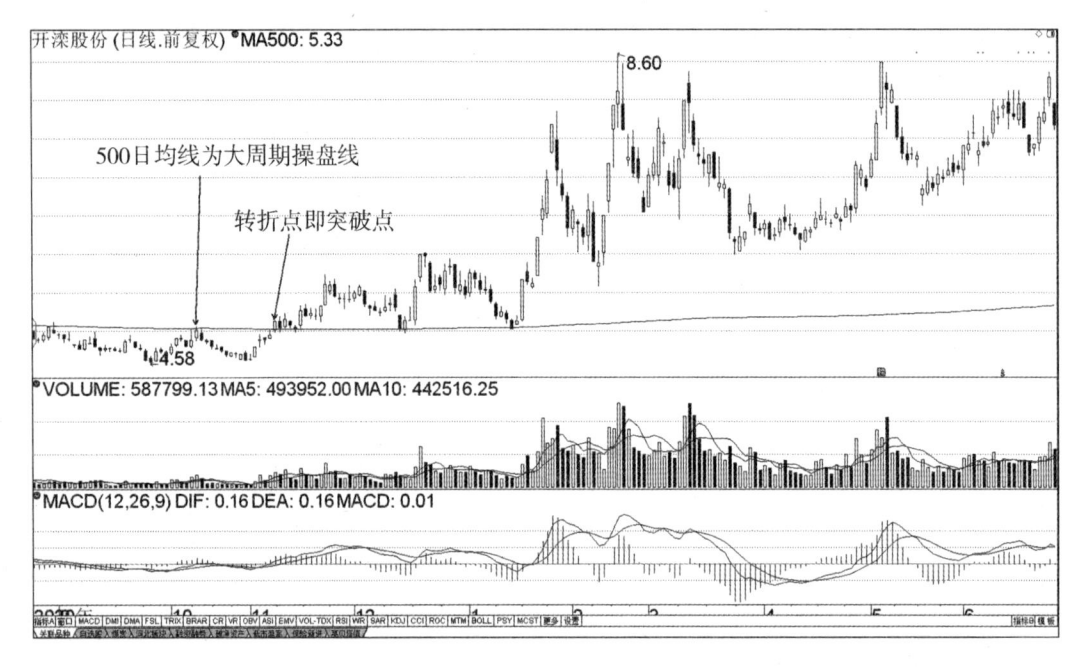

图6-60

（三）1000日均线的向上转折点

案例1：山煤国际（600546），见图6-61。

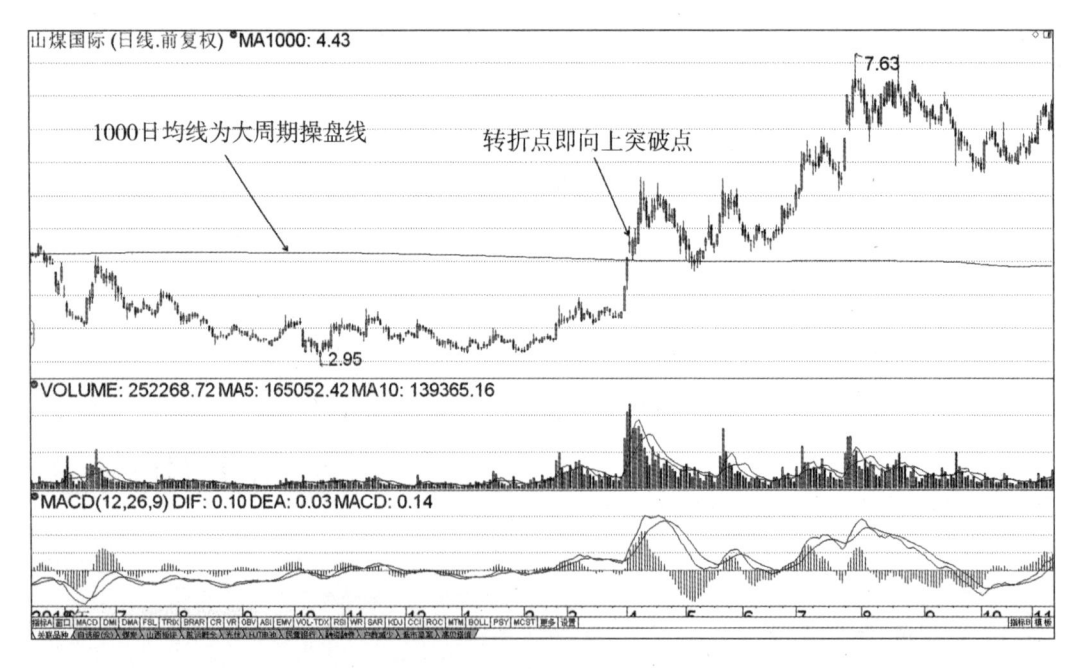

图6-61

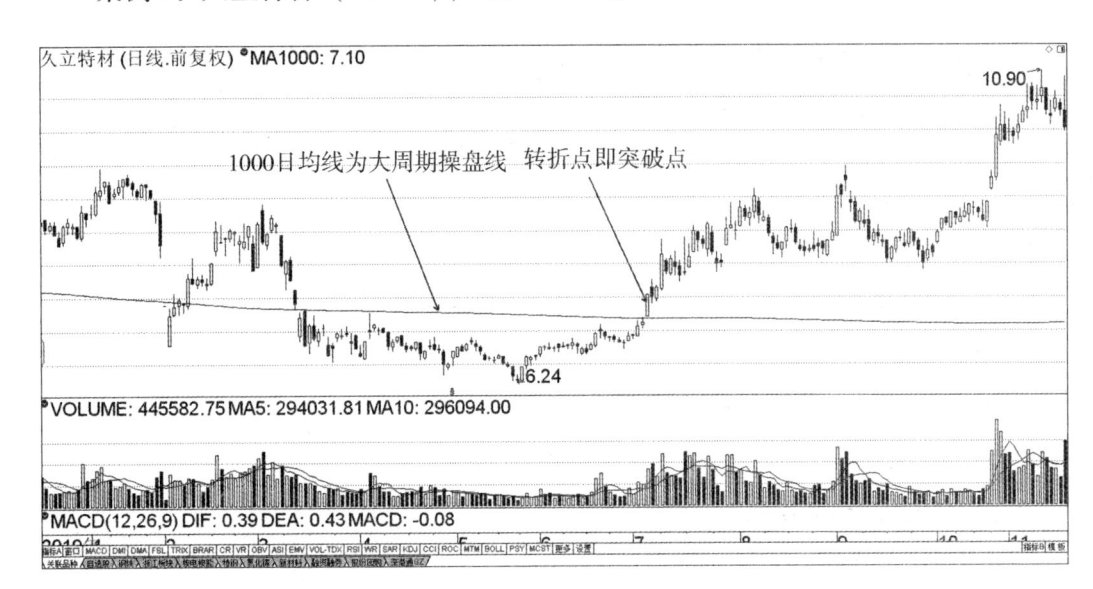

案例2：久立特材（002318），见图6-62。

图6-62

（四）逢峰调压确定大周期操盘线的向上转折点

一线交易系统逢峰调压核心技术，采用以点定线、以线测点，即通过阶段性峰顶点确定操盘线，再通过操盘线测算买点。同样，股价在波动过程中，转折点即突破点。

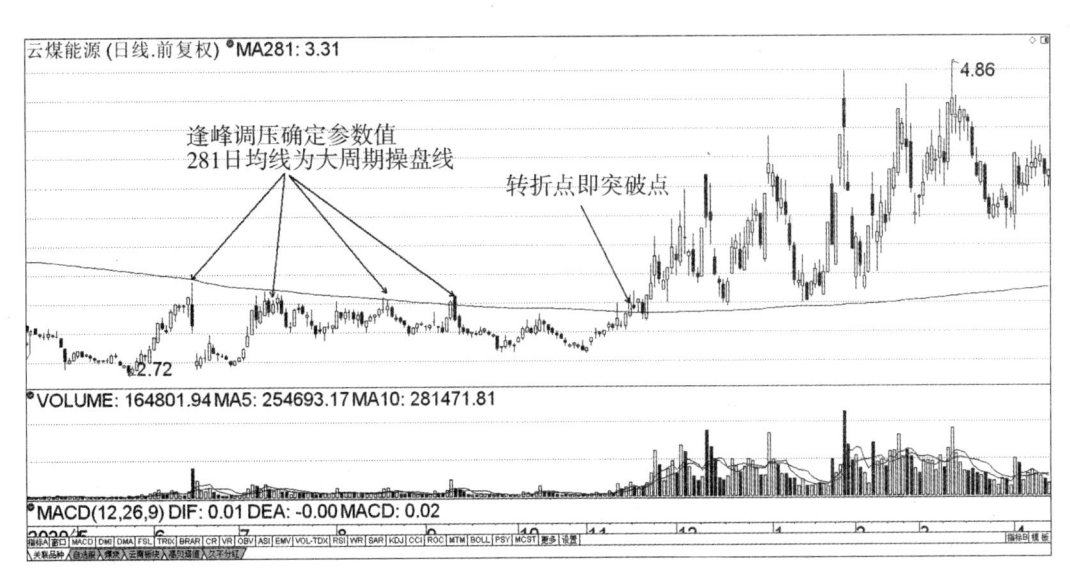

案例1：云煤能源（600792），见图6-63。

图6-63

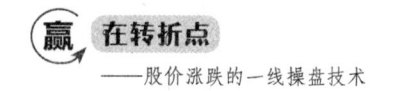

案例2：兴业股份（603928），见图6-64。

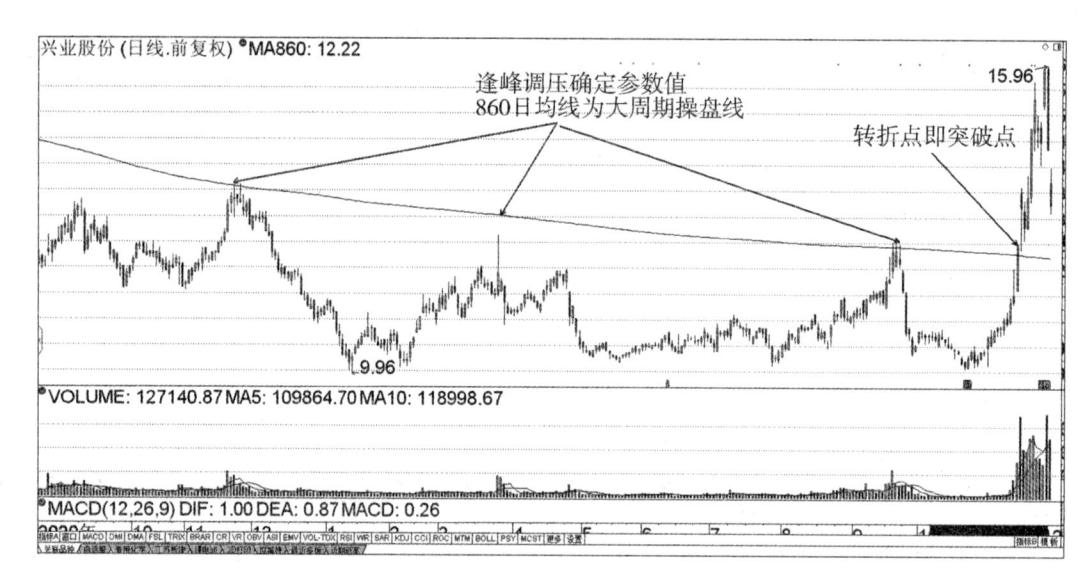

图6-64

（五）遇谷调撑确定大周期操盘线的向上转折点

一线交易系统遇谷调撑核心技术，采用以点定线、以线测点，即通过阶段性谷底点确定操盘线，再通过操盘线测算买点。同样，股价在波动过程中，转折点即突破点。

案例1：中国长城（000066），见图6-65。

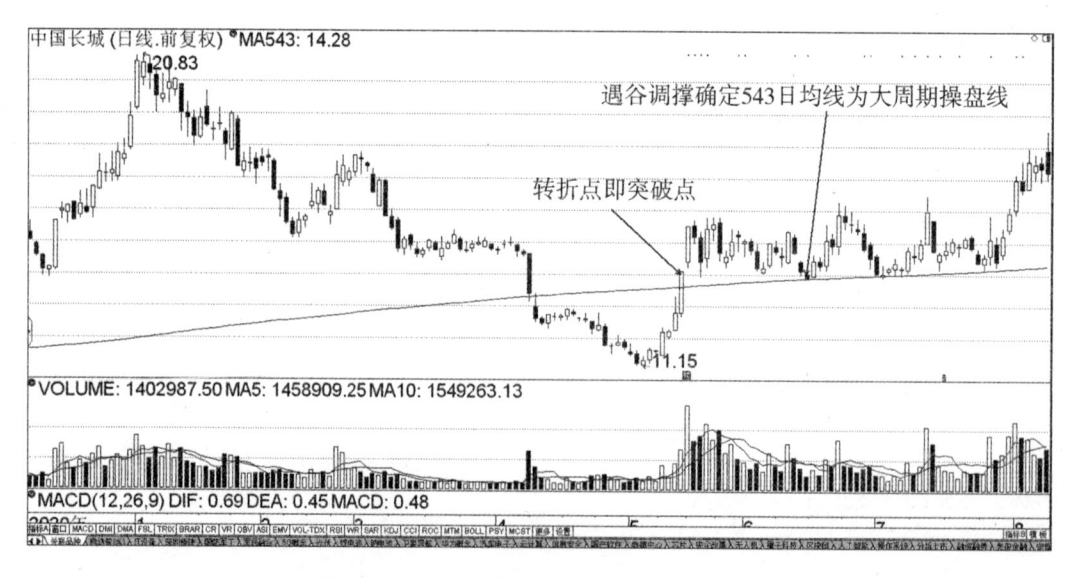

图6-65

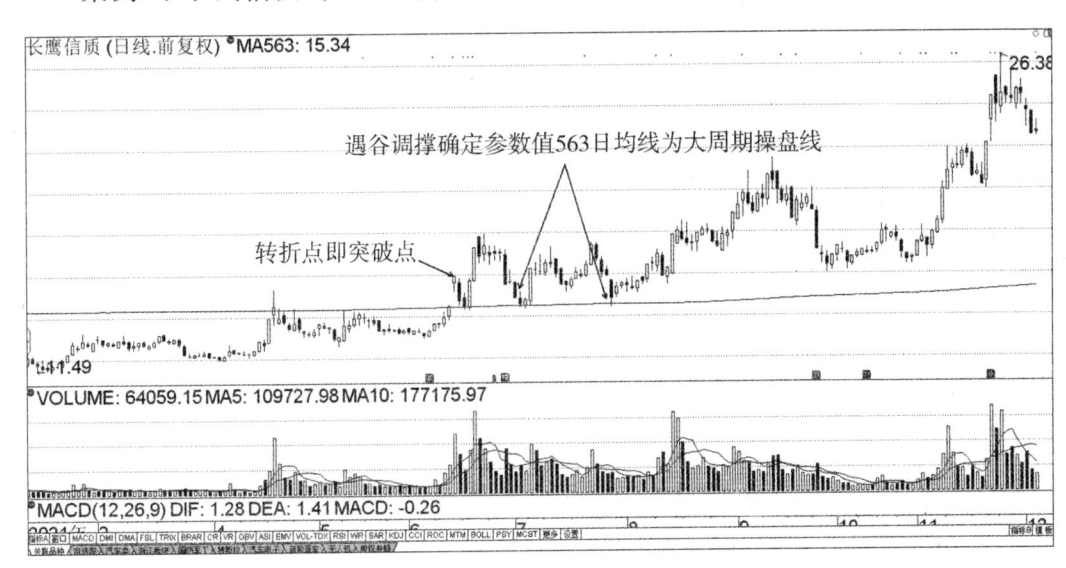

案例2：长鹰信质（002664），见图6-66。

图6-66

三、大周期操盘线的向下转折点

大周期操盘线的向下转折点即大周期操盘线的向下突破点，也是启跌点、水平趋势线突破点，代表股票操作上的一个长线卖点。

（一）250日均线的向下转折点

案例1：万里扬（002434），见图6-67。

图6-67

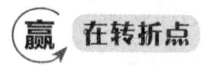

案例2：启明星辰（002439），见图6-68。

图6-68

（二）500日均线的向下转折点

案例1：众业达（002441），见图6-69。

图6-69

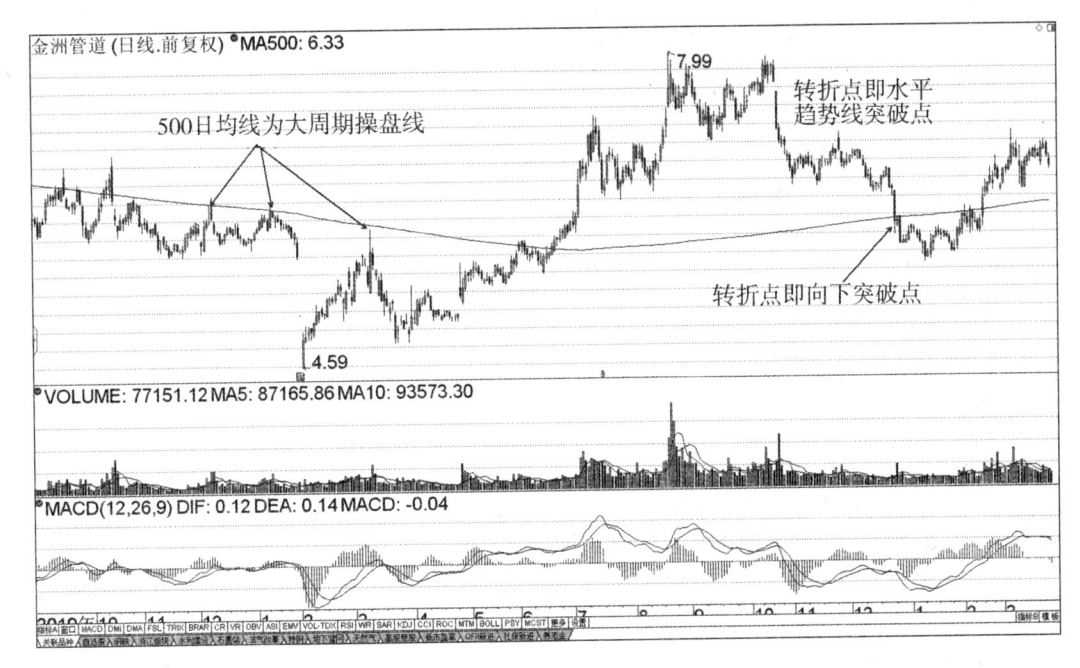

案例2：金洲管道（002443），见图6-70。

图6-70

(三) 1000日均线的向下转折点

案例1：海格通信（002465），见图6-71。

图6-71

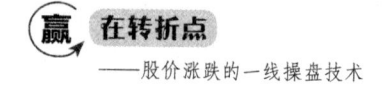

案例2：润邦股份（002483），见图6-72。

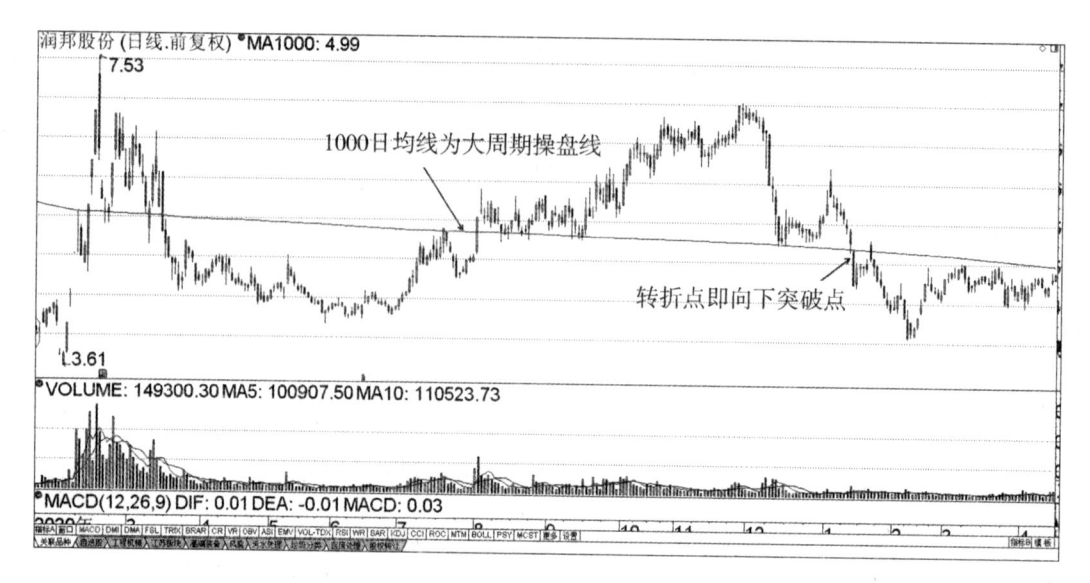

图6-72

（四）逢峰调压确定大周期操盘线的向下转折点

一线交易系统逢峰调压核心技术，采用以点定线、以线测点，即通过阶段性最大的压力——峰顶点确定操盘线，再通过操盘线测算卖点。所以，股价在波动过程中，转折点即突破点。

案例1：协鑫能科（002015），见图6-73。

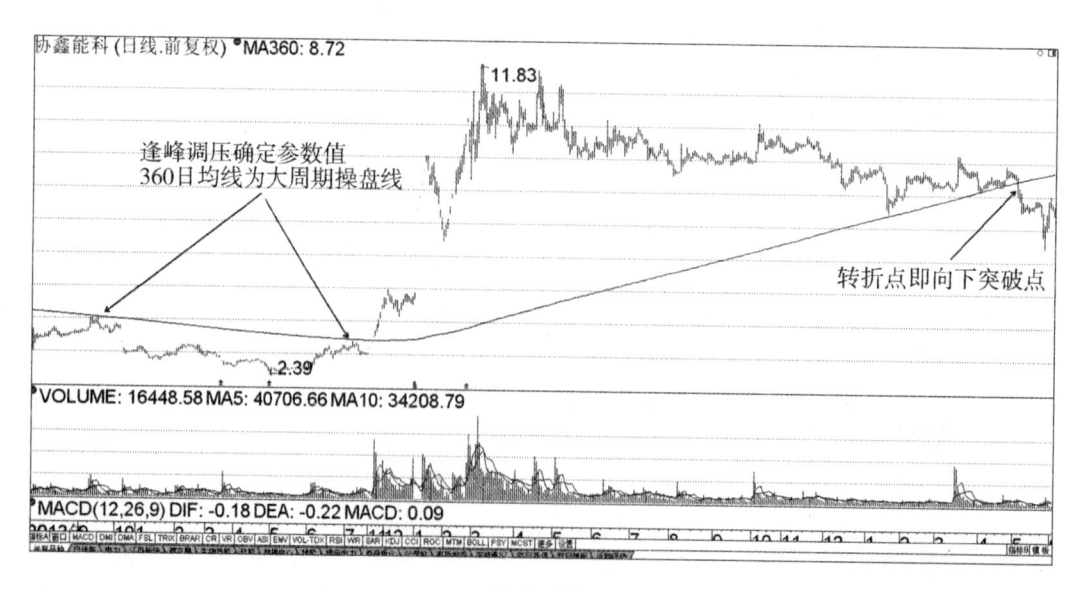

图6-73

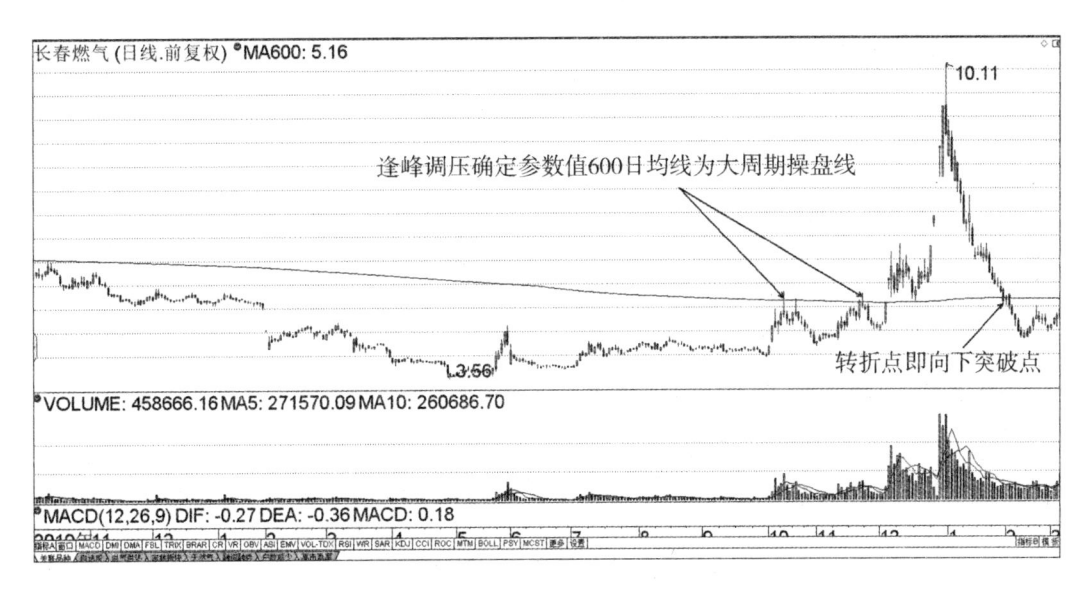

案例2：长春燃气（600333），见图6-74。

图6-74

（五）遇谷调撑确定大周期操盘线的向下转折点

一线交易系统遇谷调撑核心技术，采用以点定线、以线测点，即通过阶段性谷底点确定操盘线，再通过操盘线测算买点。所以，股价在波动过程中，转折点即突破点。

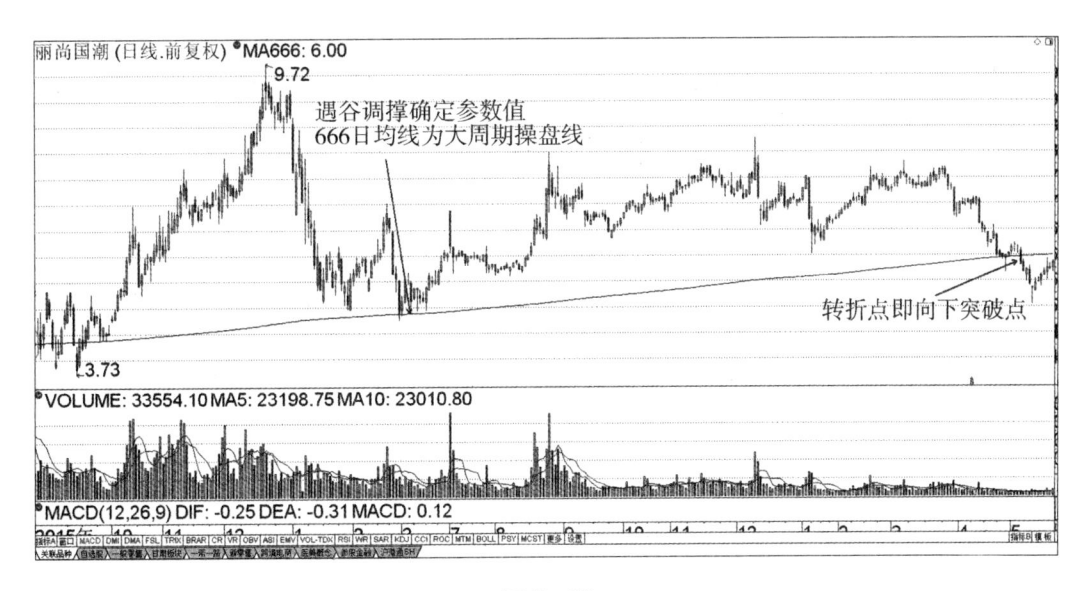

案例1：丽尚国潮（600738），见图6-75。

图6-75

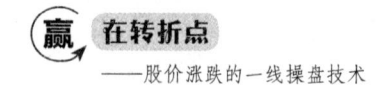

案例2：浪潮软件（600756），见图6-76。

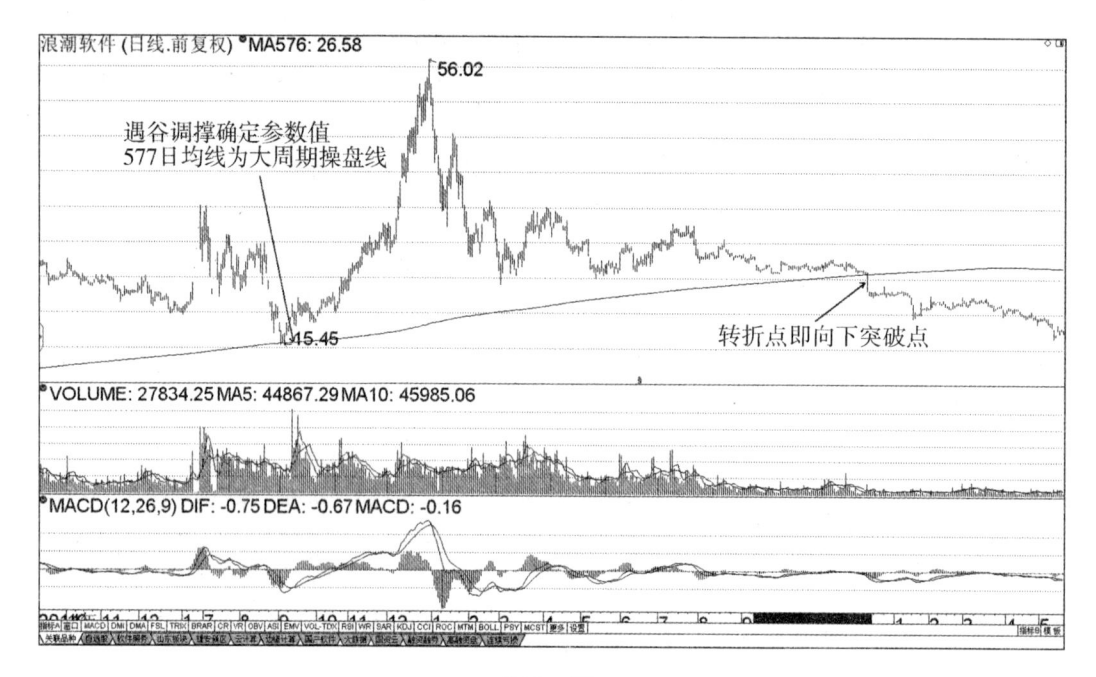

图6-76

赢在转折点
股价涨跌的一线操盘技术

第三部分

高 级 技 法

第七章

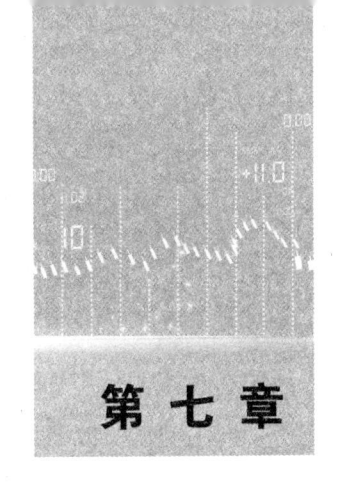

共振战法

第一节 共振战法的定义

第一次世界大战中,一队德国士兵迈着整齐的步伐,通过一座桥,结果把桥踩塌了。就桥梁的本身负载能力而言,远远大过这队德国士兵的重量,但由于士兵步调整齐、节奏一致,结果大桥在这种齐力的作用下而垮塌,这就是共振的作用。在金融市场上,当两个以上指标出现共振时,说明市场上的资金出现了同向性,个股做多的能量汇集,产生强大的共振,最终引发一轮上涨行情。共振即多角度指向同一观点,增强观点的可能性。它是一种合力,是发生在同一时间的多种力量向同一方向推动的力量,这就是股票买卖中共振战法的理论基础。

一、多指标共振,多项指标方向一致,增加操盘的成功率

(一)均线、成交量、MACD 共振向上的含义

均线、成交量、MACD 三个指标共振向上。满足三个条件,一是股价在 5、10、20、60、120、250 日均线之上;二是成交量量能均线金叉向上;三是趋势指标 MACD 金叉向上。本节是指在同一周期下的三个或者多个指标组合的共振。如图 7-1。

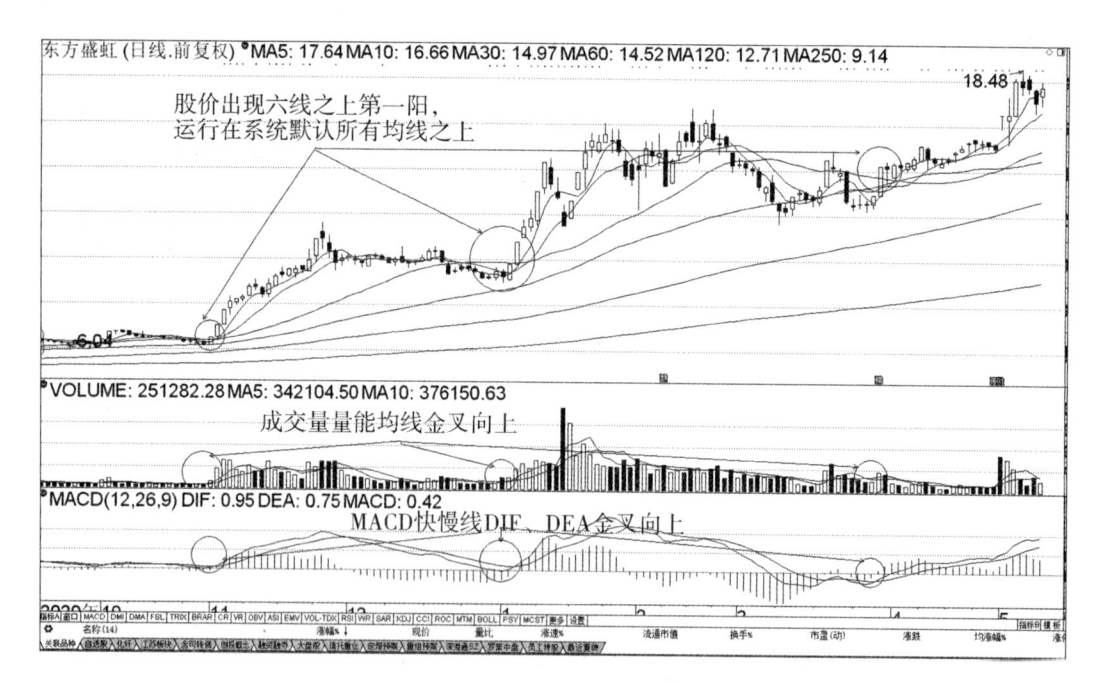

图 7-1

(二) 实战操作技巧

1. 当股价回调结束即将上涨或者回调到支撑位置时,开始关注,一旦量能均线形成金叉,MACD 指标的 DIF 与 DEA 金叉向上,就是一个最佳的买点信号。

2. 有时三个指标金叉共振不是在同一天形成,时间越长,三个指标共振的可靠性、稳定性越要打折扣。

3. 均线、成交量量能均线、MACD 都符合条件,但是 MACD 在零轴下方金叉向上时,表示股价处于空头或者弱势行情中的反弹,行情会有反复,成功概率会降低。如图 7-2。

4. K 线结构为蓄势型,即横盘震荡时间最久的六线之上第一阳个股为首选。

5. 均线系统金叉尤其股价站上六线之上的第一阳必须要有成交量的配合。

6. MACD 严重顶背离时第一时间止盈减仓。如图 7-3。

7. 有些个股的上述三个指标在同一个时间点产生共振,有些个股的上述三个指标产生的共振会前后相差几根 K 线,需要投资者在操作中秉持宁愿放弃也不做错的原则,辩证处理,多观察,多总结。如图 7-4。

8. 除了本书举例的三个关键指标即均线、成交量、MACD 之外,投资者也可灵活运用自己熟悉擅长的指标,比如 KDJ、DMI、RSI、OBV 等。

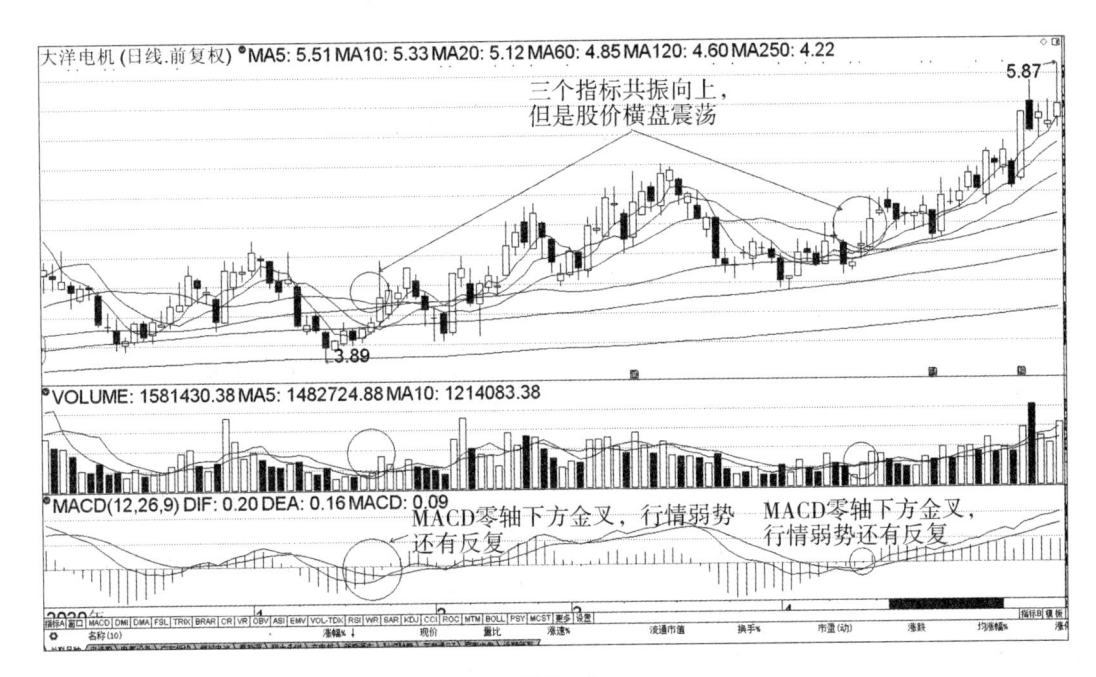

图 7-2

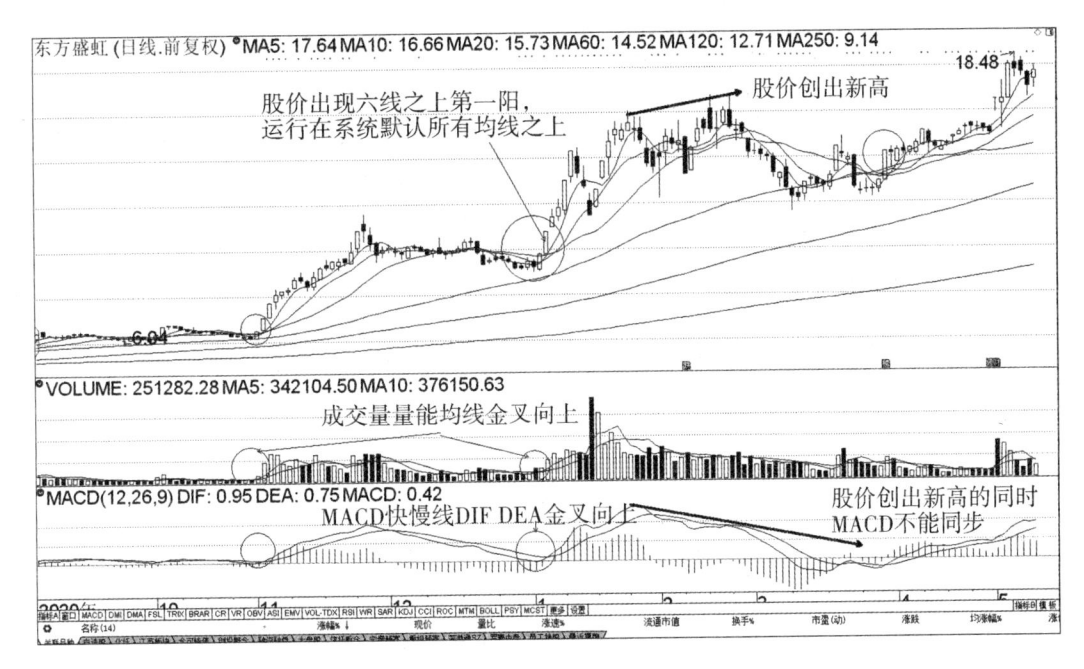

图 7-3

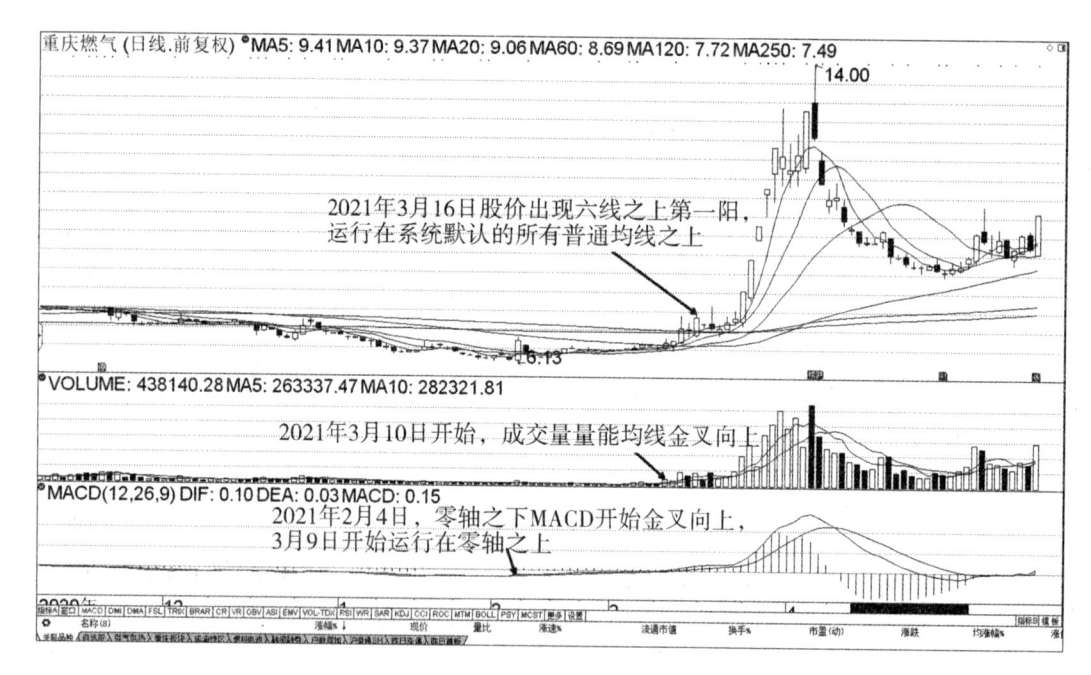

图 7-4

二、多周期共振

股价的多周期共振，指股价的周、日、分钟 K 线都朝同一个方向运行。

（一）多周期共振的市场意义

多周期共振战法的理念源于"趋势会沿着原有方向继续保持运动"的自然规律，它是遵循技术分析的三大假设之一，经过实践论证的一个有效战法。这套战法结合了市场上多种经典指标，如支撑压力测算指标、日内品种波幅指标、大小周期均线指标、裸 K 线运用、关键点位买卖提示指标、道氏理论等。利用多周期共振原理，把握大小周期出现共振的时间点，找到最佳入场时机，从而获取合理的风险回报比。在实践中，将日线图与周线图结合起来，例如短期指标与中期指标同时向多，此时即为共振，在共振现象出现后股价上涨的可靠性大大增加。

（二）实战操作技巧

1. 以大周期波动为主，小周期波动为辅，在大周期中看到明显的买点后，再进入小周期的波动中把握买卖点，如横盘后的突破点或者六线之上第一阳买。

2. 在横盘震荡的箱体中，当 K 线的大周期走势接近箱体的上轨或者下轨时，可在小周期的相同位置把握买点。

第七章
共振战法

3. 多周期共振，是指股价在不同时间周期下相同指标的共振。当大周期指标出现明显做多的机会时，等待小周期的相同指标同时形成做多机会，买入。这是秉承"大支撑管小压力、大压力管小支撑"的操盘原则。例如：日K线周期的K线图出现多指标共振买点时，可在15分钟周期的K线图中，等待出现多指标共振的买点。或者当周K线周期的MACD指标出现金叉向上做多信号，等待日K线周期MACD指标也出现金叉向上的做多信号，如图7-5、图7-6。

4. 多周期共振使用的时间参数要合理，如使用月K线周期，时间跨度太大，不确定因素增加，成功的概率也会降低很多。期货市场中，鉴于高风险的特征，大周期通常是日K线，小周期是指60分钟、15分钟、5分钟等K线。股票市场中，大周期可参考周K线，小周期可参考日K线或者分钟K线。

5. 市场活跃的行情中，周期共振能凸显优势，行情窄幅盘整，或者波动平缓的时候，周期共振成功概率不高。

6. 不同周期的K线图，必须使用统一的指标，如在日K线图中参考MACD，在1小时K线图中也要参考MACD，如果参考RSI，这样的组合无参考借鉴意义。操盘中，发现标的股票周期共振之后，再结合分时走势或者分钟K线图把握买点。

图7-5

153

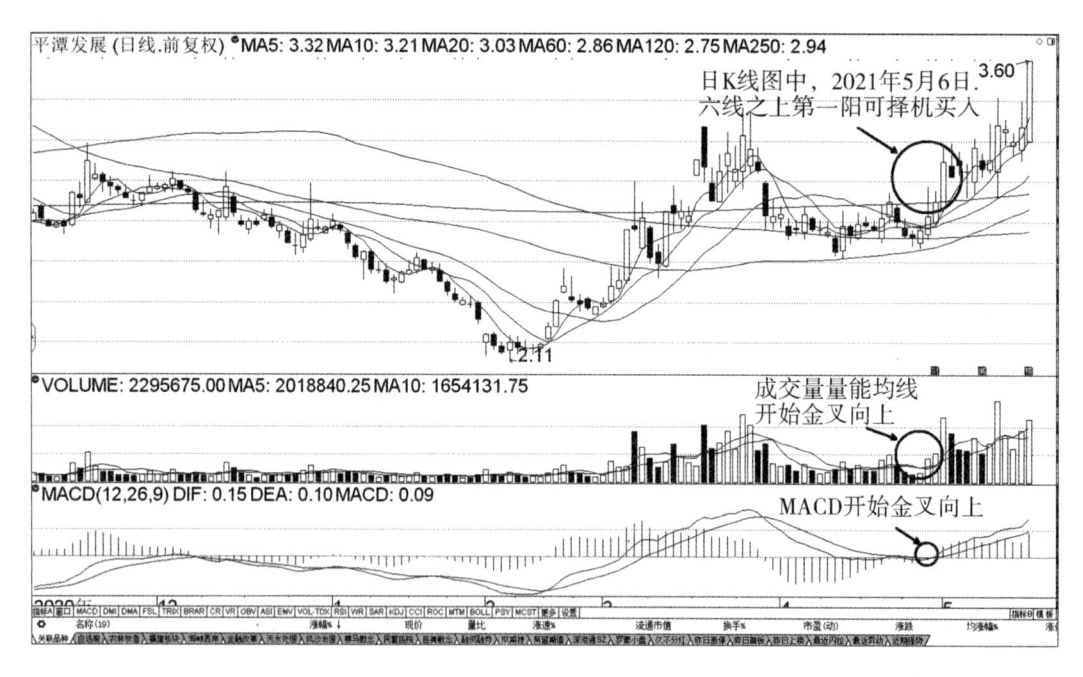

图 7-6

此外还有多市场共振。这是指上证50、上证180、沪深300、创业板综指、沪指、深指等多个市场都朝一个方向运动。操作技巧可参考前述多指标、多周期的做法，此不赘述。

第二节 共振战法的买点

共振战法的买点可参考本书第五章"K线的五个买点"。

一、突破点，买

在共振战法中，"六线之上第一阳"，指股价在六条普通均线之上出现第一根阳K线，可细分为以下几个形态。

1. 一根阳K线站上六条均线，显示为六线之上第一阳。如图7-7、7-8。

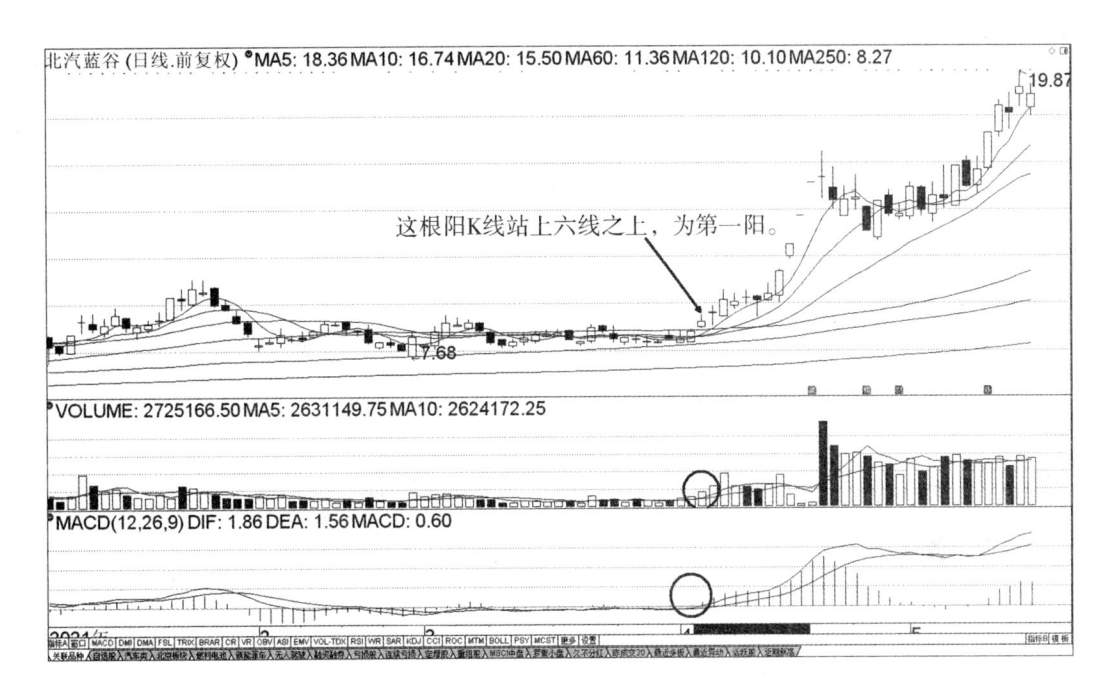

图7-7

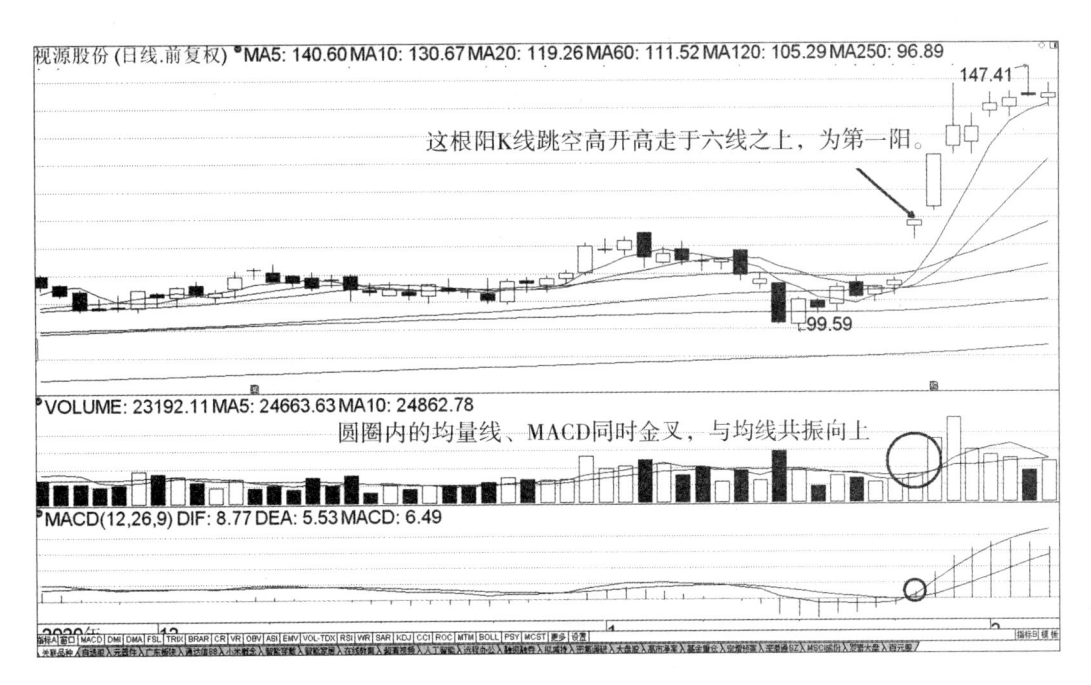

图7-8

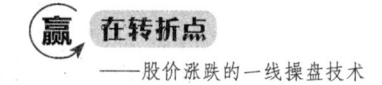

2. 一根阳K线上穿三条均线后，显示为六线之上第一阳。如图7-9、7-10。

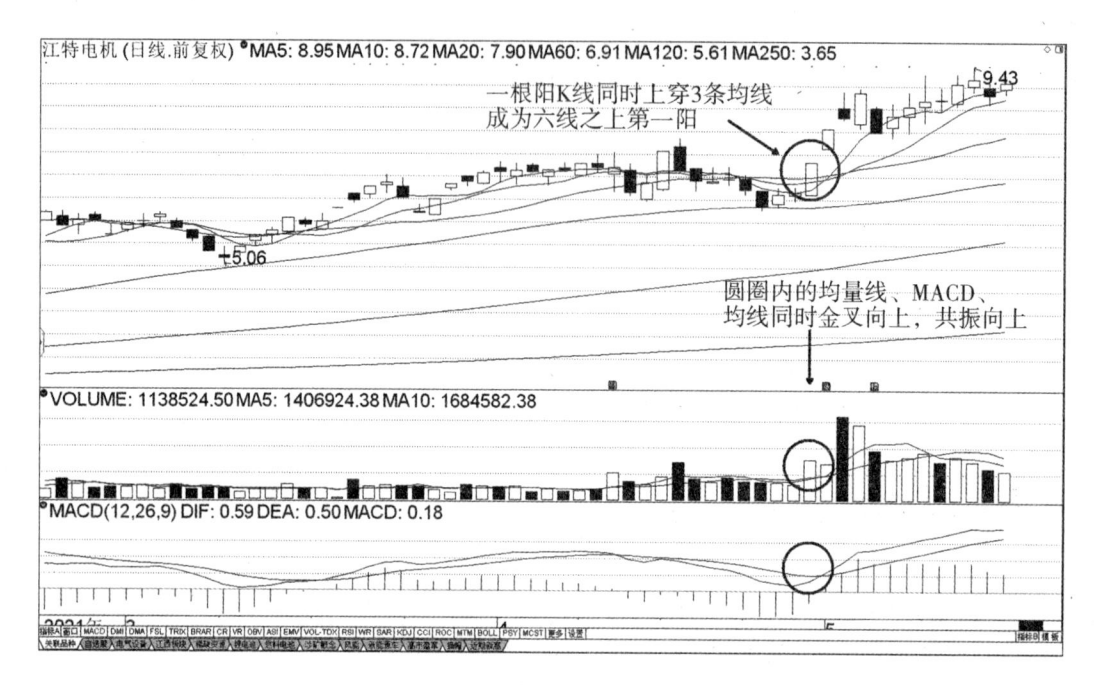

图7-9

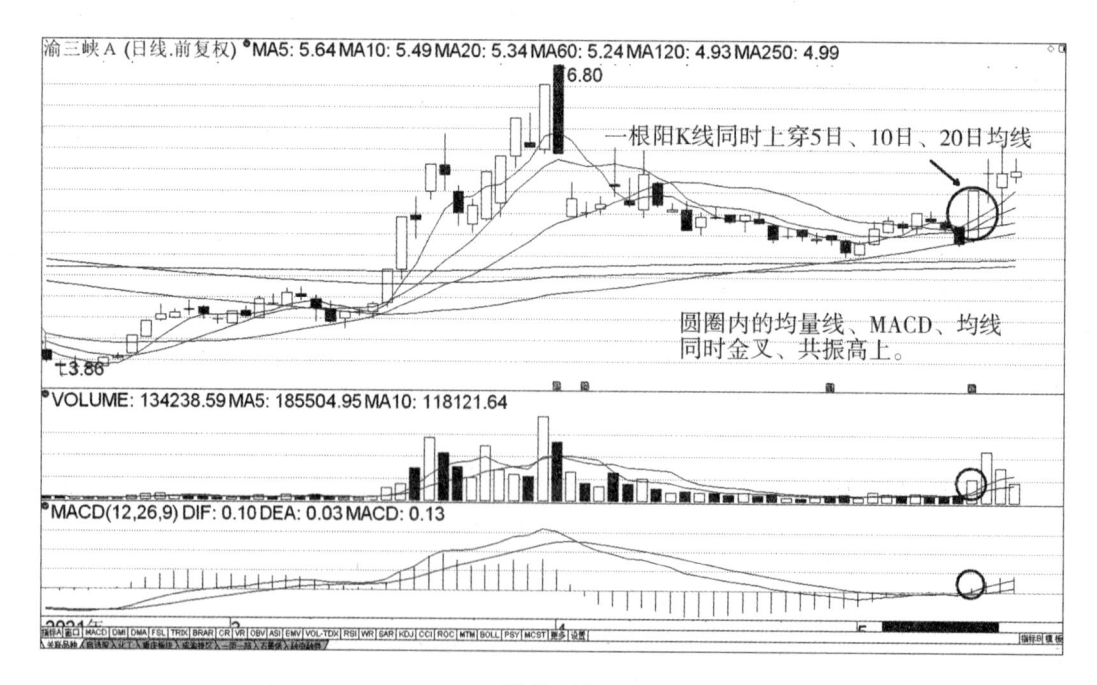

图7-10

3. 一根阳K线上穿四条均线，显示为六线之上第一阳。如图7-11、7-12。

一根阳K线同时上穿5日、10日、20日、60日均线成为六线之上第一阳

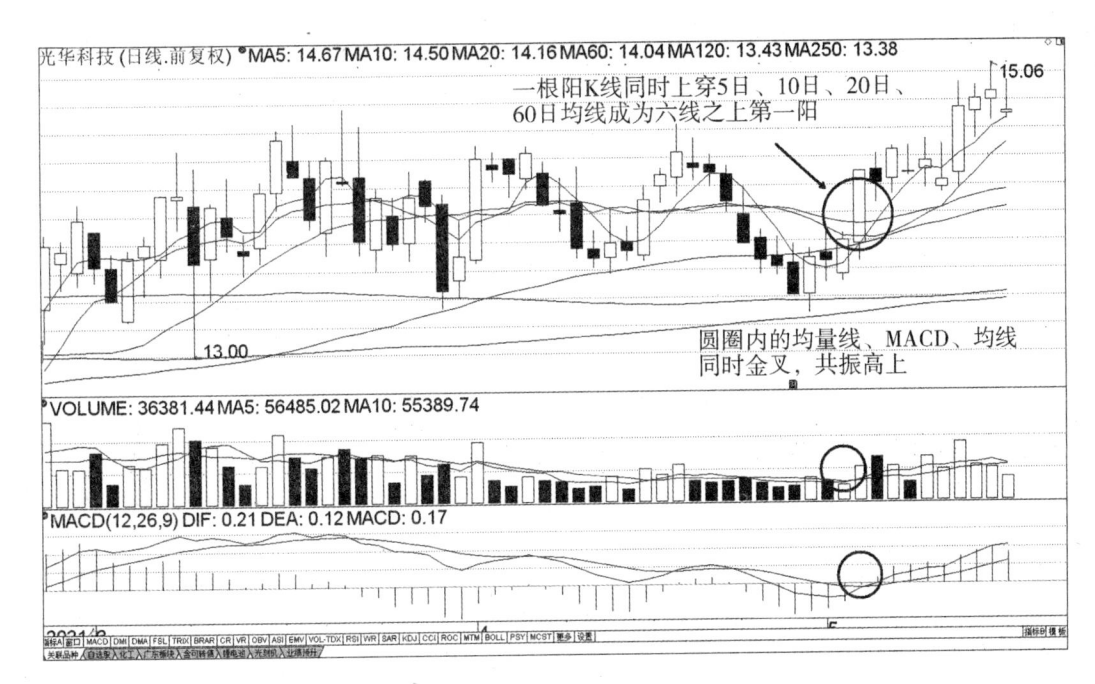

圆圈内的均量线、MACD、均线同时金叉，共振高上

图7-11

一根阳K线同时上穿5日、10日、20日、60日均线后，成为六线之上第一阳。

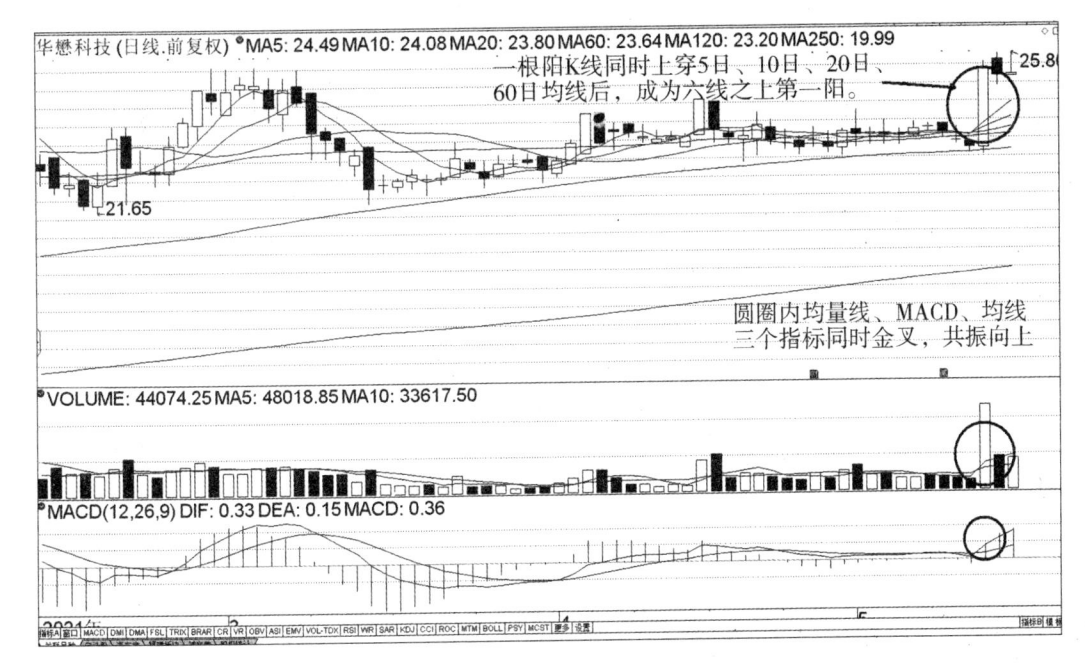

圆圈内均量线、MACD、均线三个指标同时金叉，共振向上

图7-12

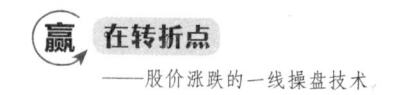

4. 一根阳 K 线上穿五条均线，显示为六线之上第一阳。如图 7-13、7-14。

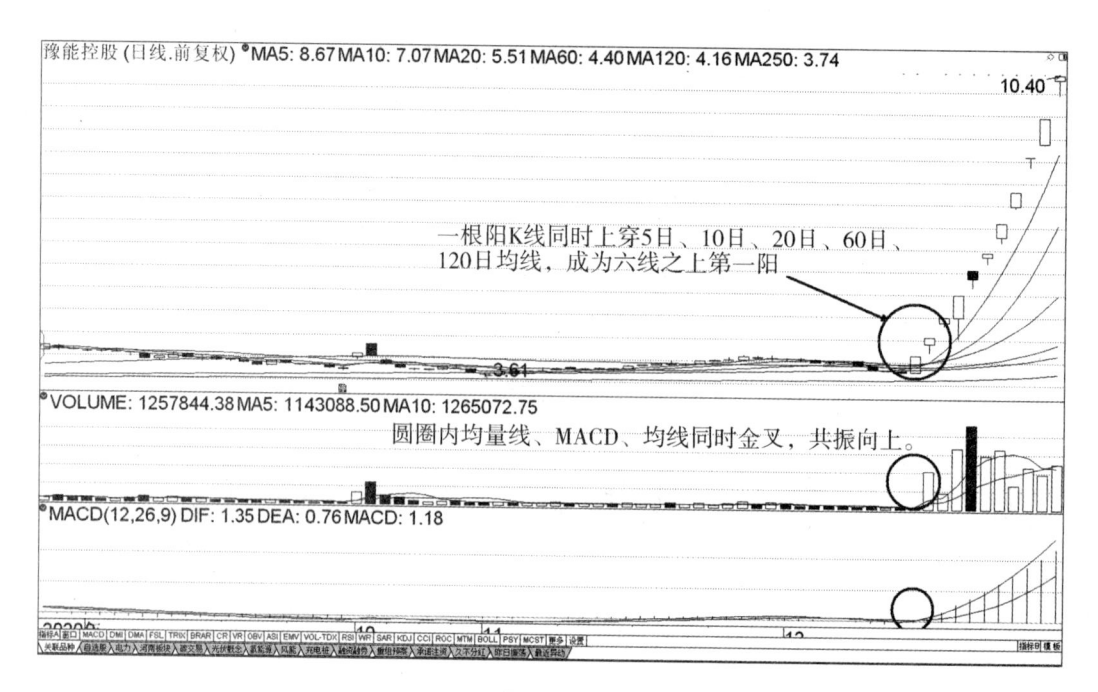

图 7-13

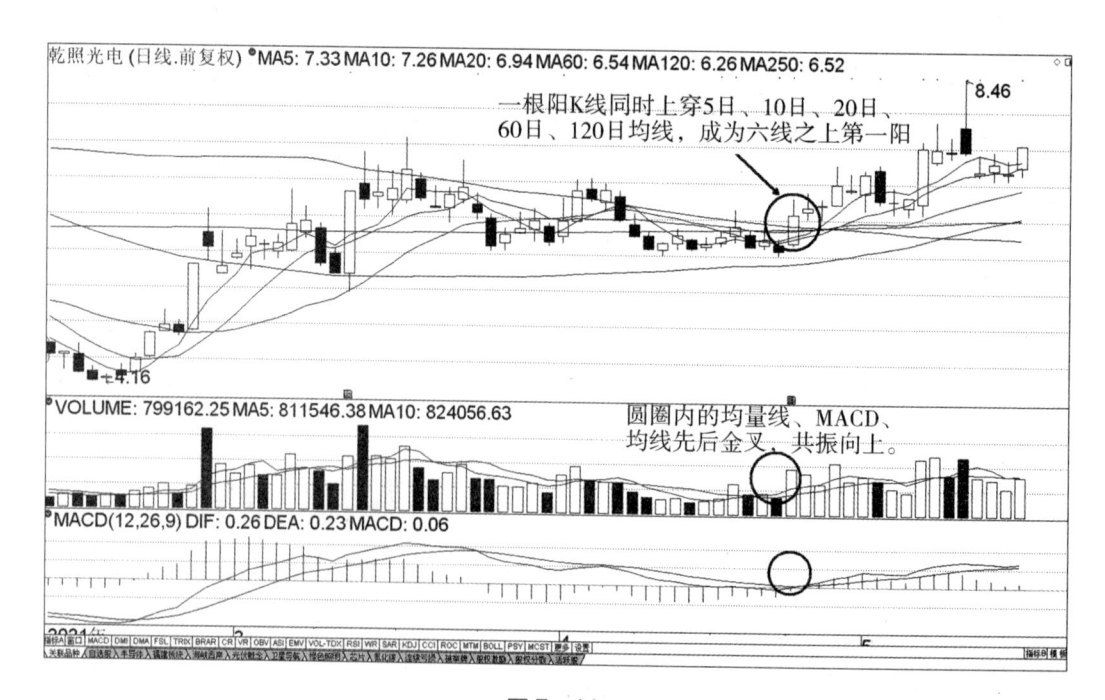

图 7-14

5. 一根阳K线同时上穿六条均线，显示为六线之上第一阳。如图7-15、图7-16。

图7-15

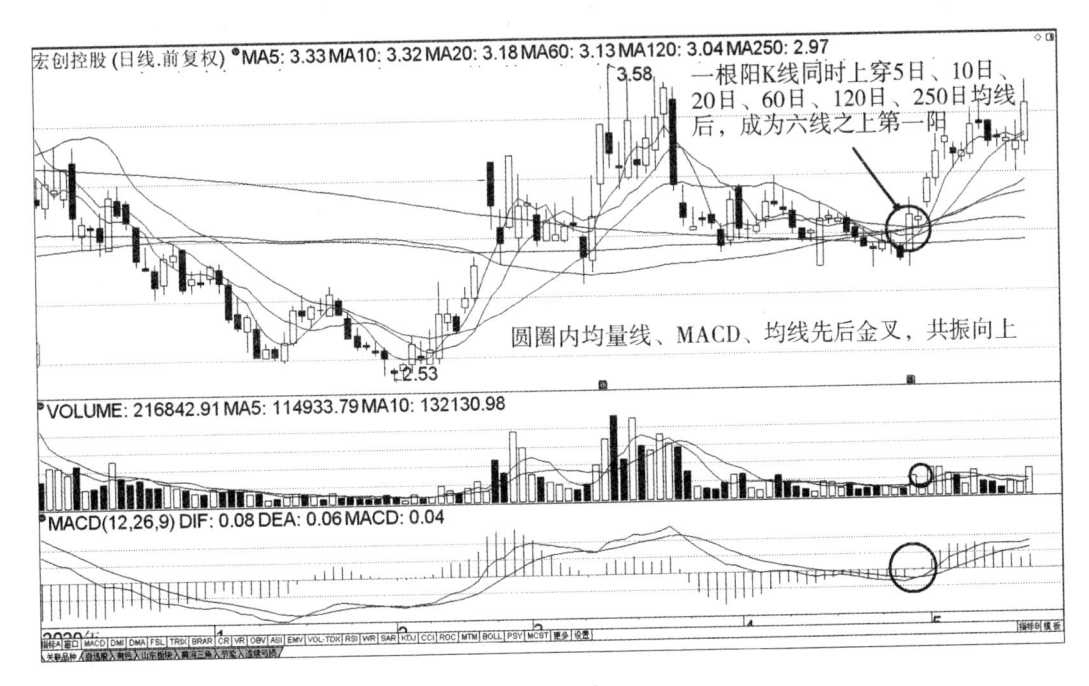

图7-16

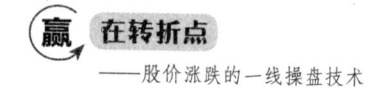

二、回踩点，买

1. 回踩5日均线，买。如图7-17、7-18。

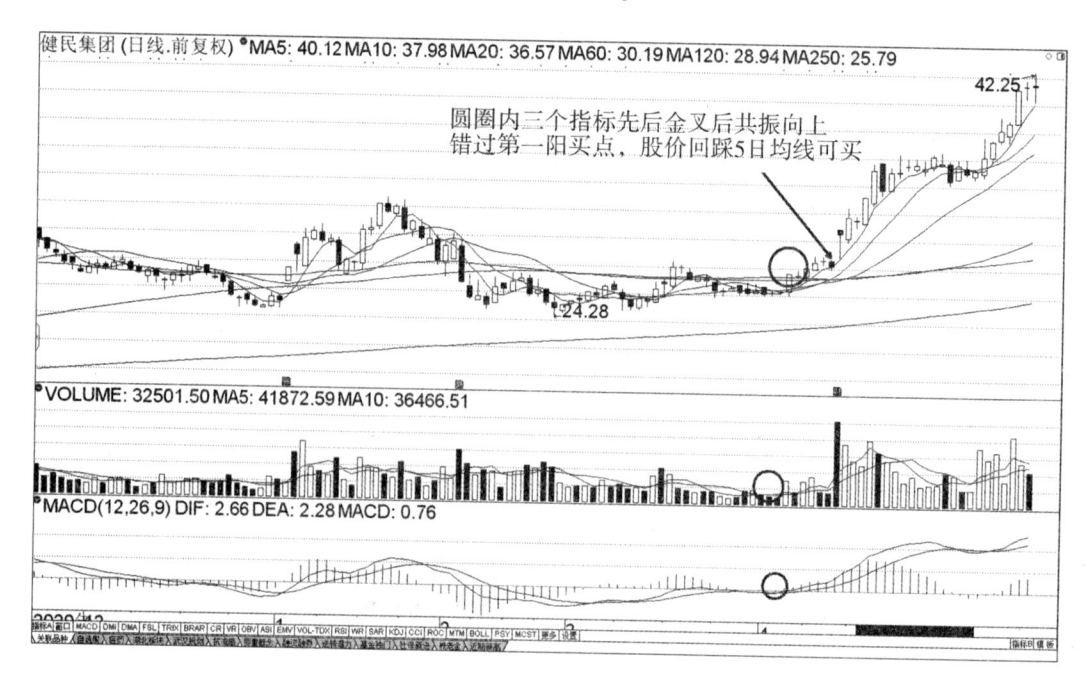

图7-17

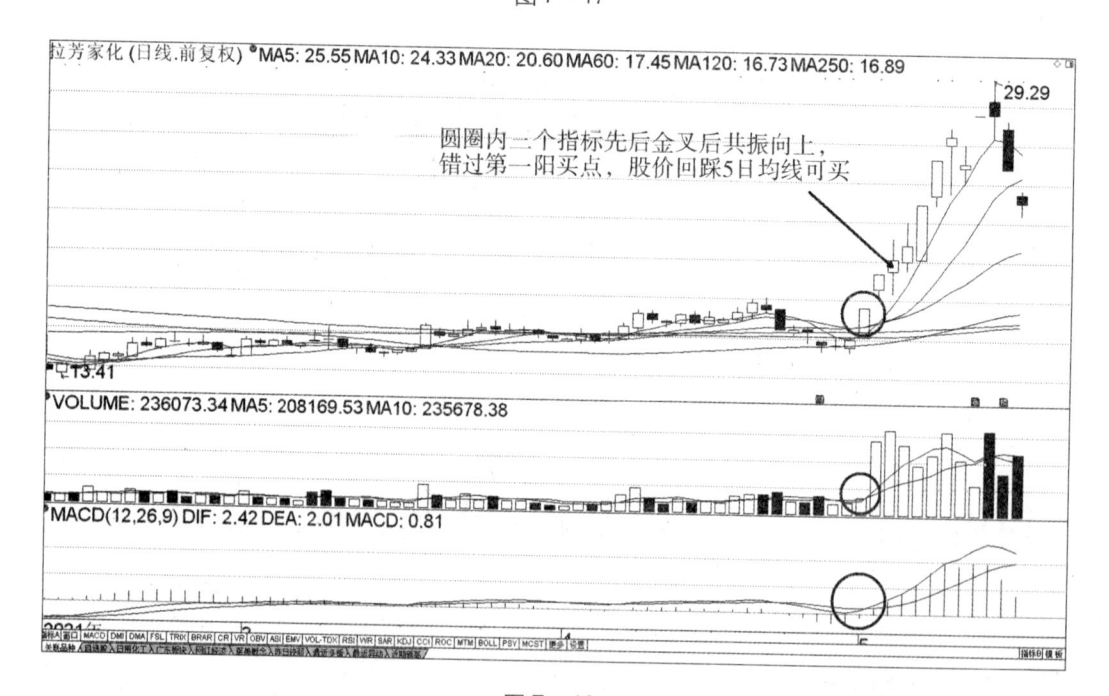

图7-18

2. 回踩10日均线，买。如图7-19、7-20。

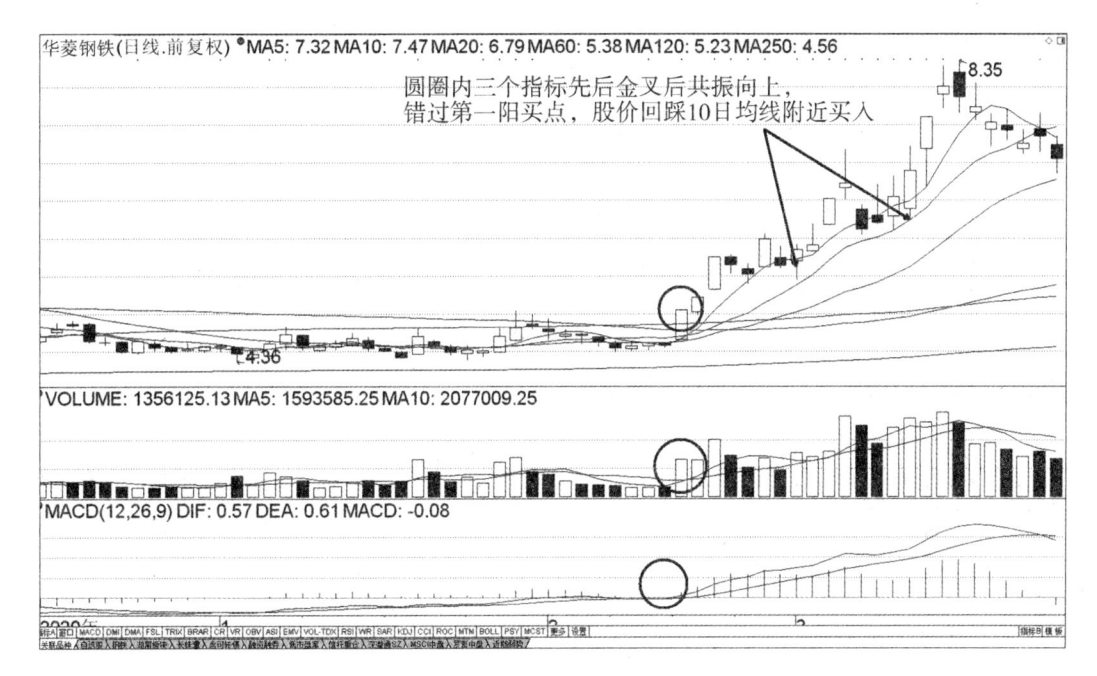

图7-19

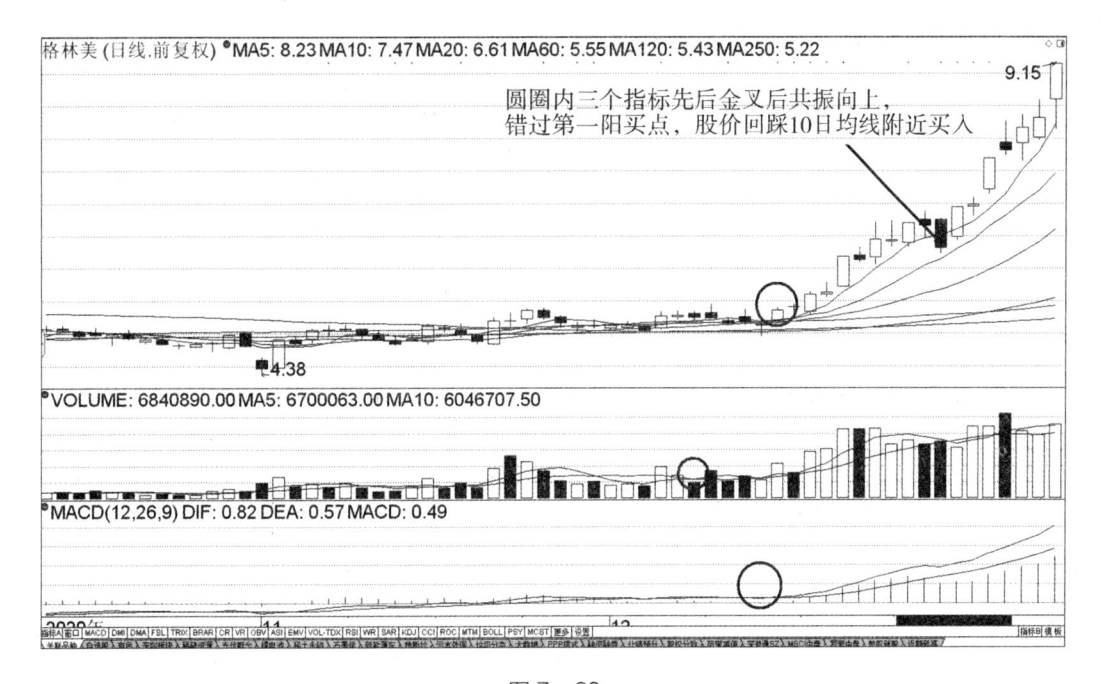

图7-20

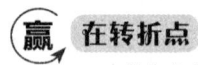

3. 回踩中期操盘线，买。如图7-21、7-22。

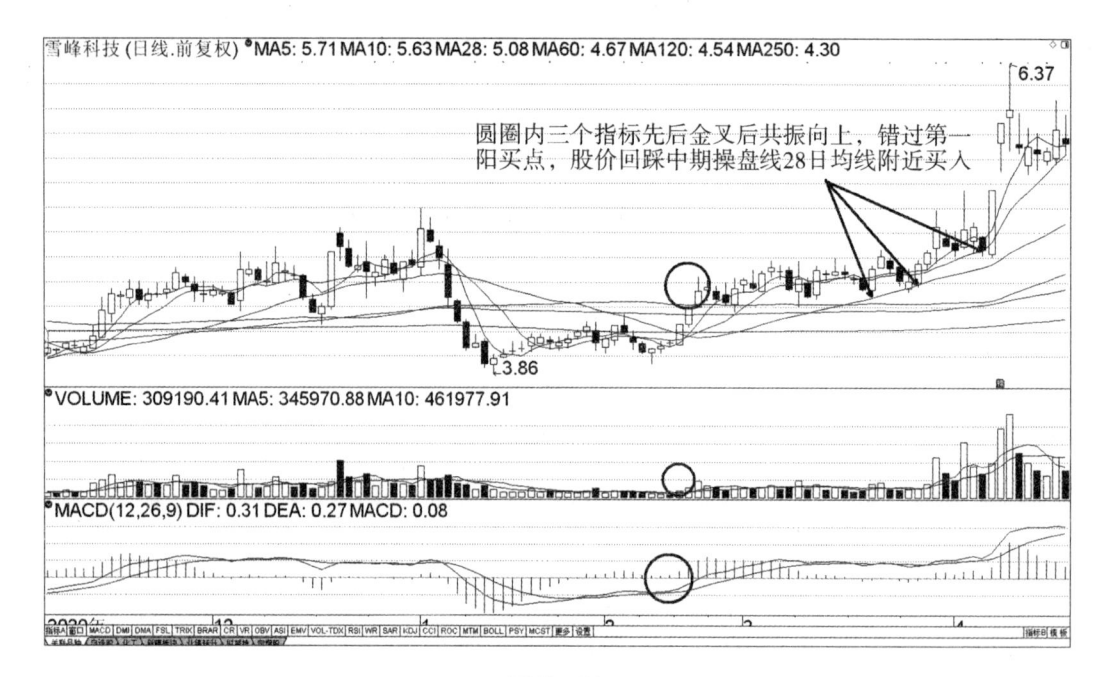

图中标注：圆圈内三个指标先后金叉后共振向上，错过第一阳买点，股价回踩中期操盘线28日均线附近买入

图7-21

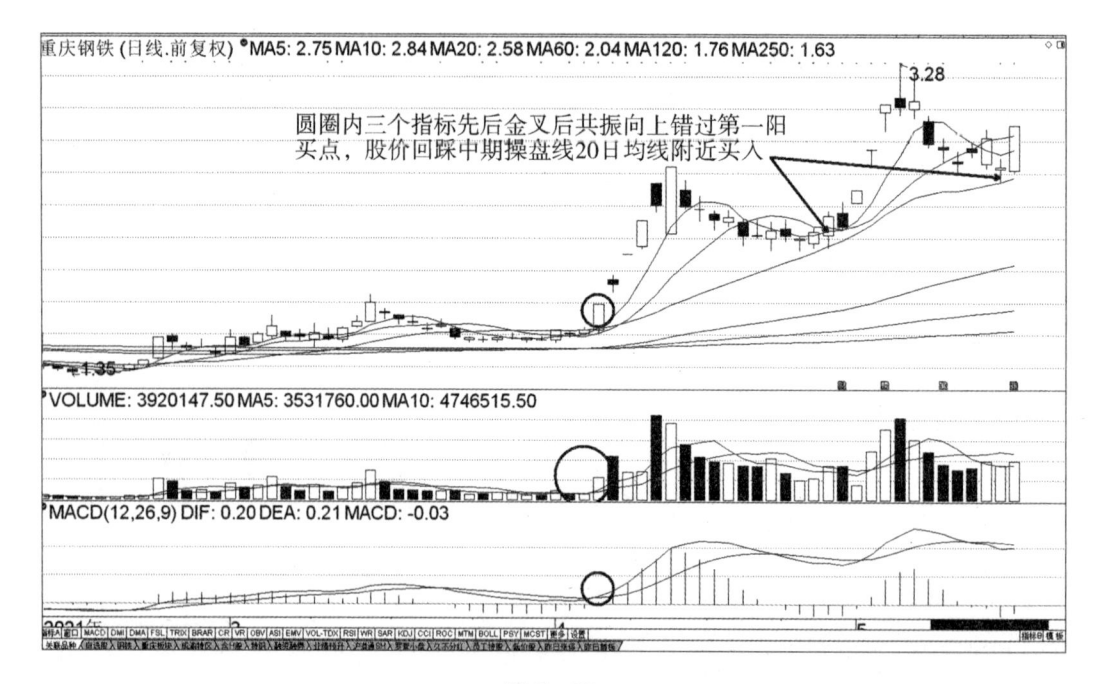

图中标注：圆圈内三个指标先后金叉后共振向上错过第一阳买点，股价回踩中期操盘线20日均线附近买入

图7-22

第三节 共振战法的卖点

共振战法的卖点可参考本书第五章"K线的五个卖点"。

1. 跌破5日均线，卖。如图7-23、图7-24。

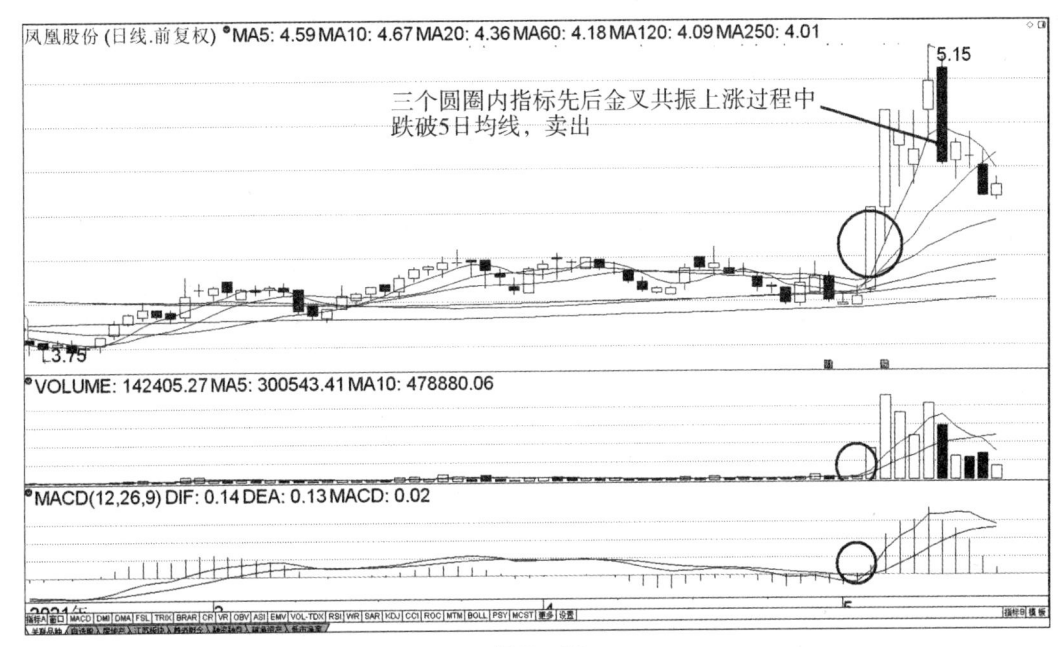

图7-23

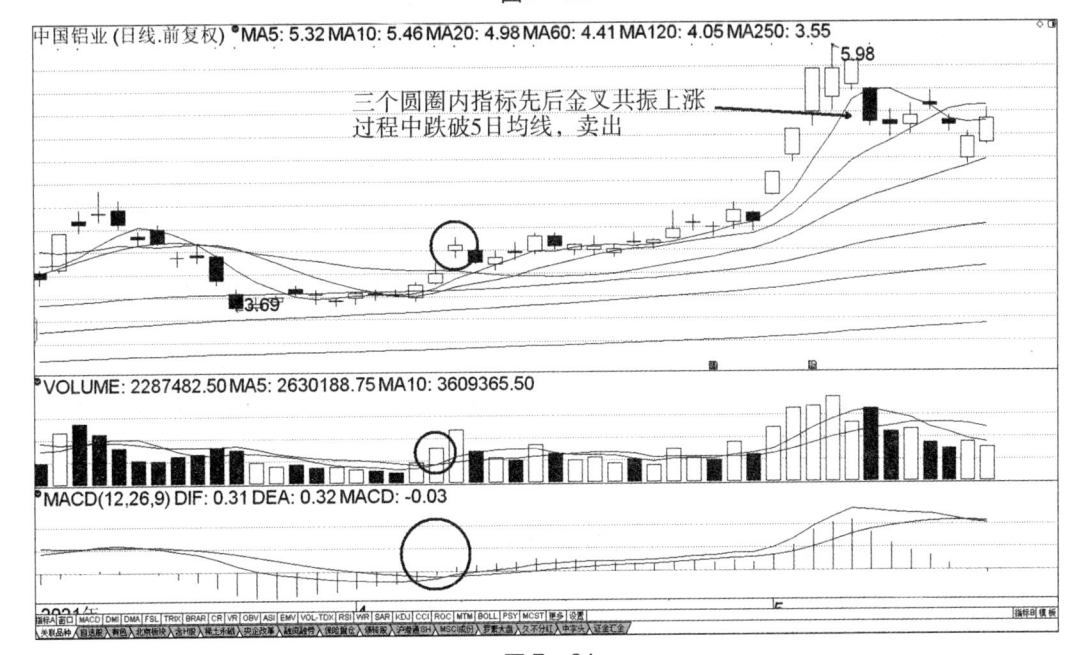

图7-24

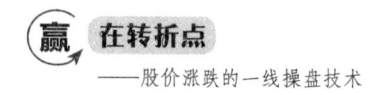

2. 跌破10日均线，卖。如图7-25、图7-26。

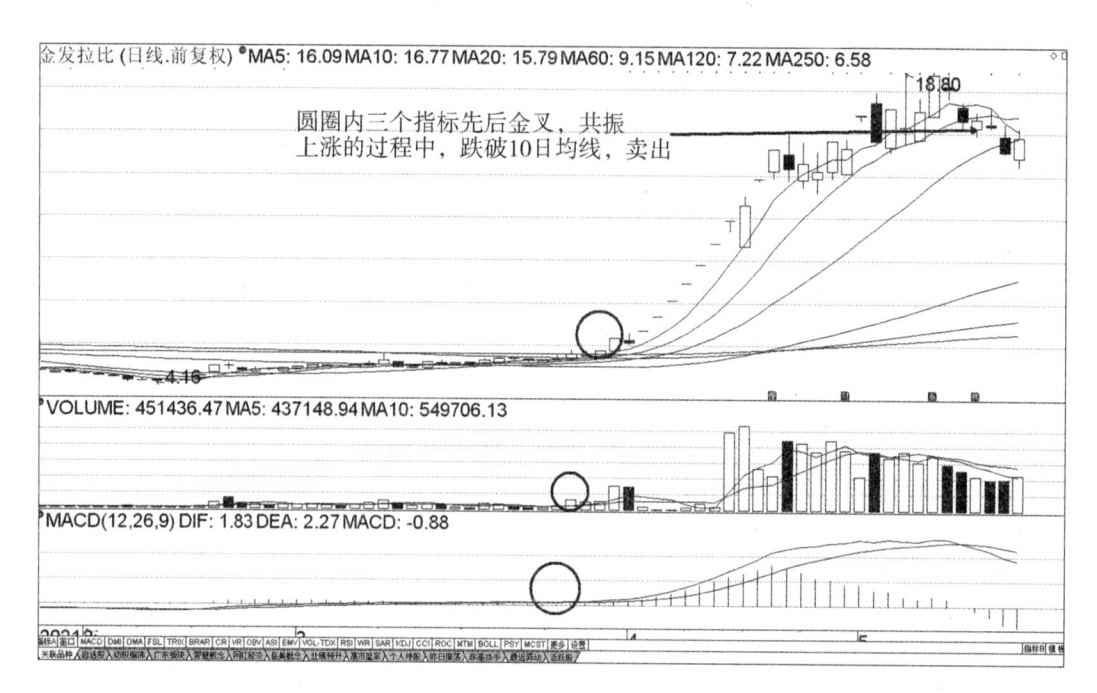

图7-25

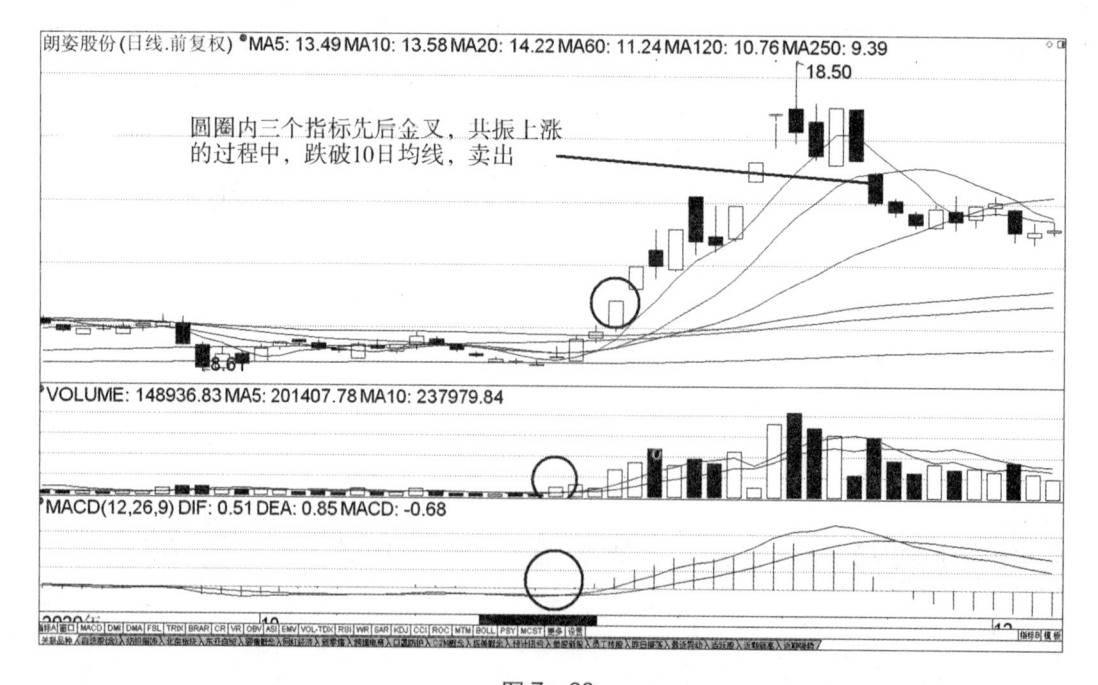

图7-26

3. 放出天量，卖。如图7-27、图7-28。

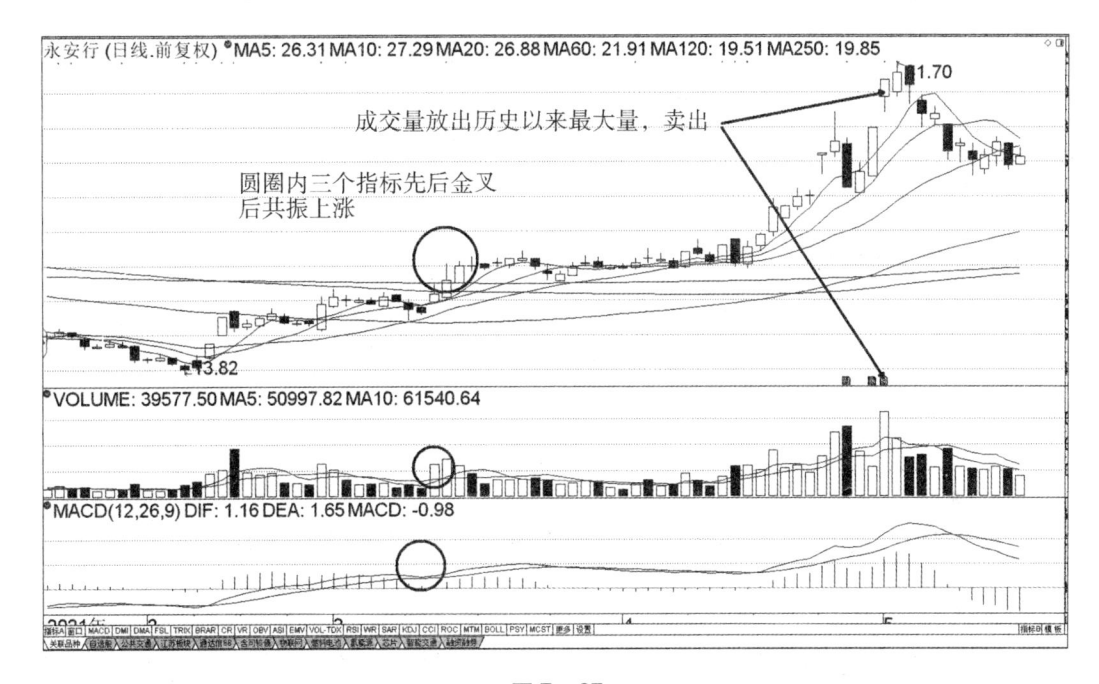

图7-27

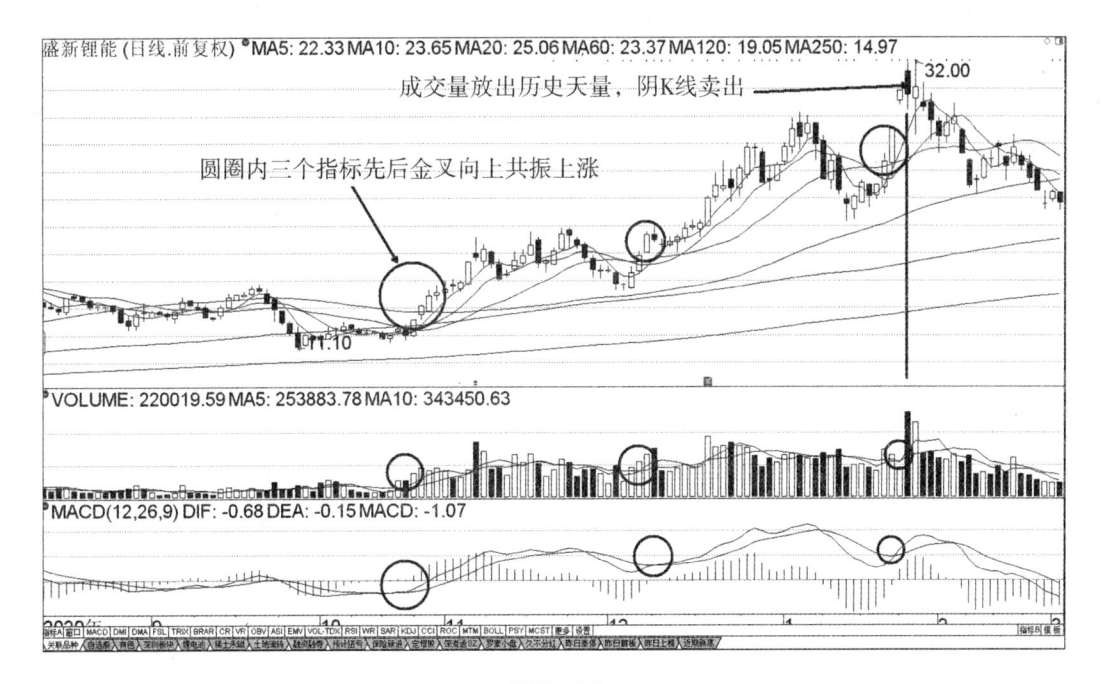

图7-28

第八章

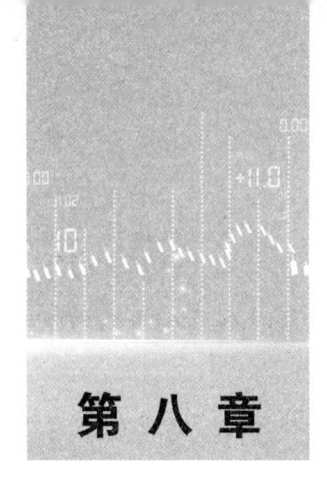

涨停板战法

第一节 涨停板战法的类型及实战要领

涨跌停板制度，是为防止证券交易价格暴涨暴跌，对每只股票当天价格涨跌幅度予以适当限制，从而抑制过度投机现象的一种交易制度。我国证券市场现行的涨跌停板制度是1996年12月26日开始实施，旨在保护广大投资者利益，稳定市场，进一步推进证券市场的规范化。

涨停板战法分为两个类型：一是介入涨停股，适合激进型投资者。涨停股可分为不开板的涨停（分为无量空涨型和有量封死型）及开板的涨停（分为吸筹洗盘型和出货型）。二是找到可能出现涨停板的股票，择机介入，适合稳健型投资者。

一、涨停板类型

1. 无量空涨型。股价的运动即买卖力量的对比。有量封涨停比无量空涨型要稍逊一筹。无量空涨，其含义是有一部分看空者抛出，但看多者更多，始终是卖盘微弱，不能开板。其原因一是突发性政策利好，机构在当天开盘之前得到确切信息，开盘时或开盘后立即以涨停价抢筹码；二是主力经过吸纳、试盘、震仓后进入急速抬拉阶段；三是个股有潜在重大利好，主力希望个股能充当大盘或板块领头羊，以涨停价开始连续拉抬几个涨停板，创造赚钱效应，吸引散户入市；四是主力融资期限较短，需速战速决。

2. 吸筹型。这类股票多数的股价处于近日无多大涨幅的低位置，大势较好。低迷市、盘整市则无须高位吸筹，特点是刚封板时可能有大买单挂在买一处，是主力自己的，然后大单砸下，对倒打开涨停板，造成恐慌，诱人出货，主力则趁机吸筹。反复开板震荡，给人涨停封不住的感觉。

3. 洗盘型。股价处于中位，有了一定的上涨幅度，为了提高市场成本，主力高抛低吸，赚取差价，将自己的大买单砸漏，反复震荡，而不管大盘的强弱势。

4. 出货型。股价已高，大势冷暖无所谓，因为越冷，越能吸引全场注意。此时买盘中就不能挂太多主力自己的筹码，因为是真出货。

二、介入技巧

介入涨停股需注意以下几点：

1. 在强多市场介入。在极弱市场不可追涨停板，因为赢利概率小。如果整个板块启动，要追领头羊，或者第一个涨停时就追进。

2. 追龙头股的涨停比跟风股涨停好，有同类股跟风的涨停比没有同类跟风的涨停好。盘中及时搜索涨幅排行榜，及时查看接近涨停价格的股票、前期走势及流通盘大小，确定是否可以作为介入对象。一旦确定即买进，以防主力大单骤然封涨停而买不到。

3. 涨停介入的股票当日所放出的成交量不可太大，以前一日的 1~2 倍为宜，可通过虚拟成交量计算得出。

4. 介入的涨停股以龙头股为优先。何谓龙头股？龙头股必须从涨停板中产生，不能涨停的股票不能做龙头。事实上，涨停板是多空双方最准确的攻击信号，是证券市场所有大黑马的摇篮，是龙头股的发源地。

三、介入条件

1. 标的股票的股价涨停，最好属于六线之上第一阳的涨停板。

2. 股价至少要在 60 日、120 日、250 日均线（代表标的股票基本结构的三条均线最好呈多头排列）之上运行，短中长期操盘线多头排列，或者证券行情软件默认的均线系统即 5 日、10 日、20 日、60 日、120 日、250 日均线最好呈多头排列。

3. 涨停前的 K 线形态最好为蓄势型，形态特征为小阴小阳、排列紧凑、窄幅

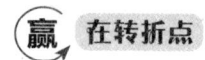

波动、小角度上升。

4. 涨停后的 K 线形态为小阴小阳 K 线，屡创新高或者缩量回踩 5 日、10 日均线附近，股价不能跌破前一个交易日的最低点。

5. 涨停板当天对应的成交量不能为天量，随后的日 K 线对应的成交量必须缩量，越小越好。

6. 标的股票基本面不能出利空，要有近期题材热点配合。

7. 大盘不能为单边暴跌状态，市场人气不能过于低迷。

四、操盘原理

1. 物理学的惯性与能量释放原理。
2. 股票筹码成本原理。
3. 就算涨停板是主力拉高出货，也需要一段时间与空间。

五、实战案例

案例 1：002162 悦心健康。如图 8-1。

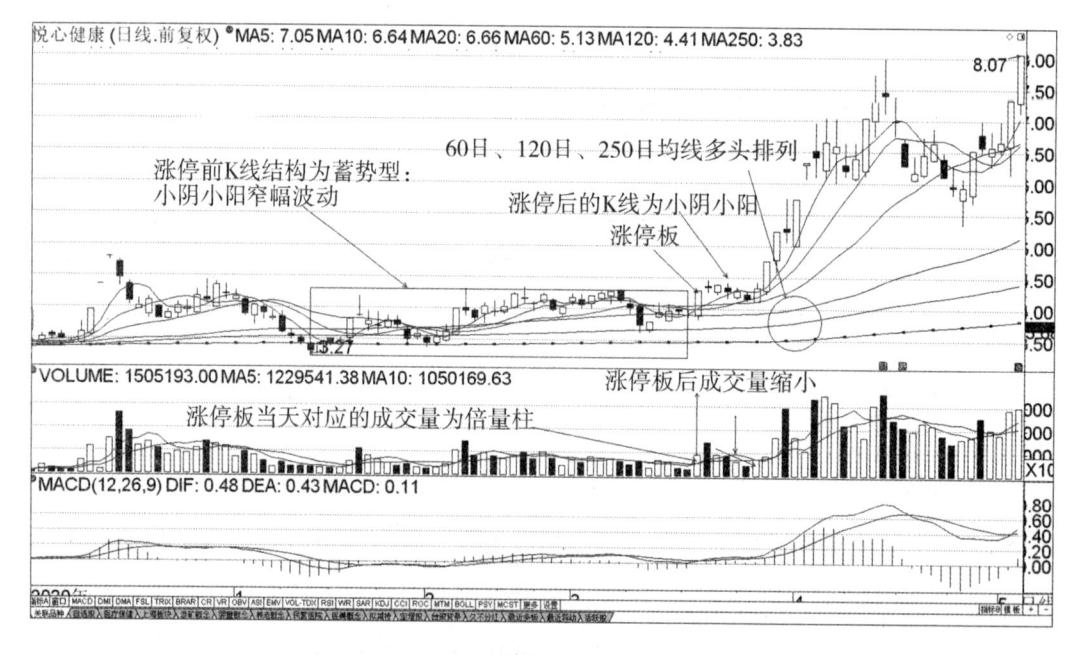

图 8-1

案例2：000825 太钢不锈。如图8-2。

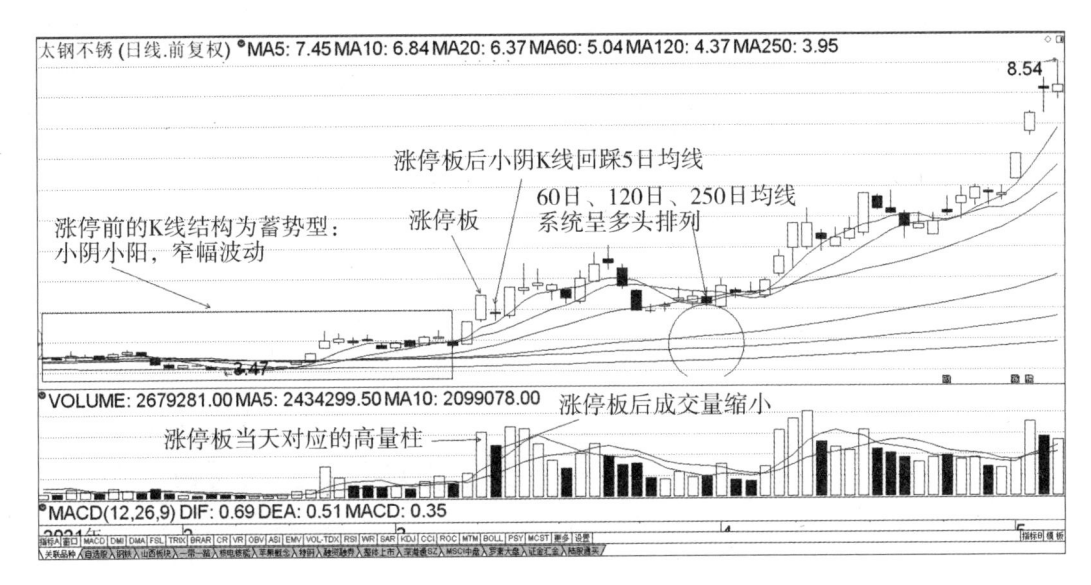

图8-2

第二节　涨停板战法的买点

一、涨停后，股价前两次回踩5日均线附近时买入

案例1：000893 亚钾国际，见图8-3。

图8-3

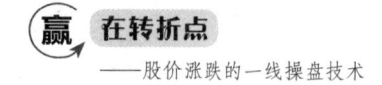

案例2：600559 老白干酒，见图8-4。

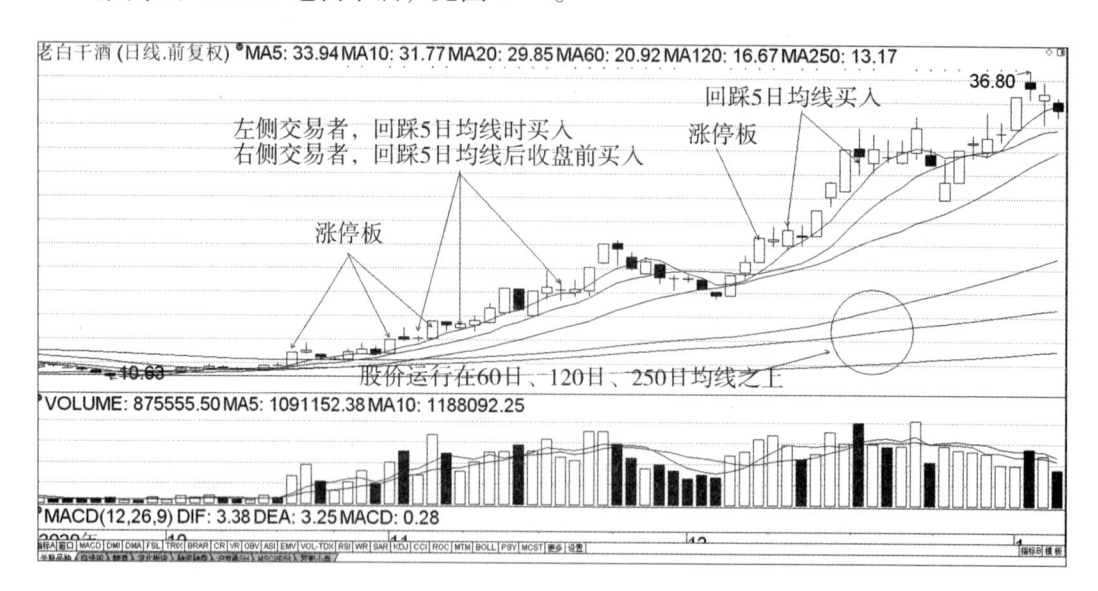

图8-4

二、涨停后，股价前两次回踩10日均线附近时买入

案例1：600010 包钢股份，见图8-5。

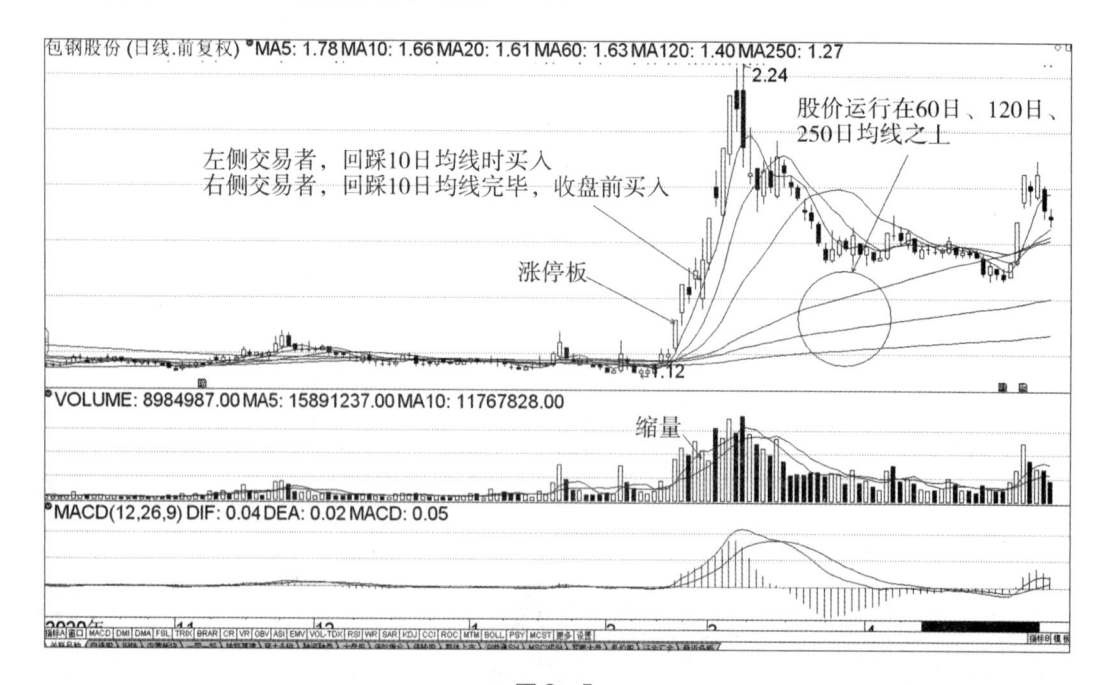

图8-5

案例2：603277 银都股份，见图8-6。

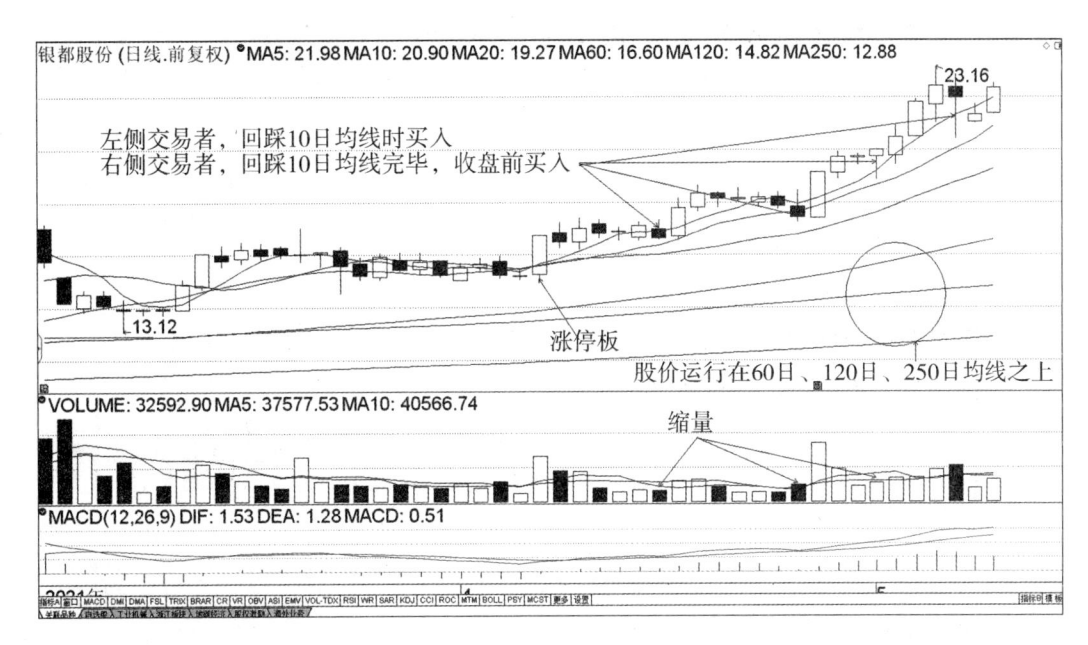

图8-6

三、涨停后，股价前两次回踩中线操盘线附近时买入

案例1：002390 信邦制药，见图8-7。

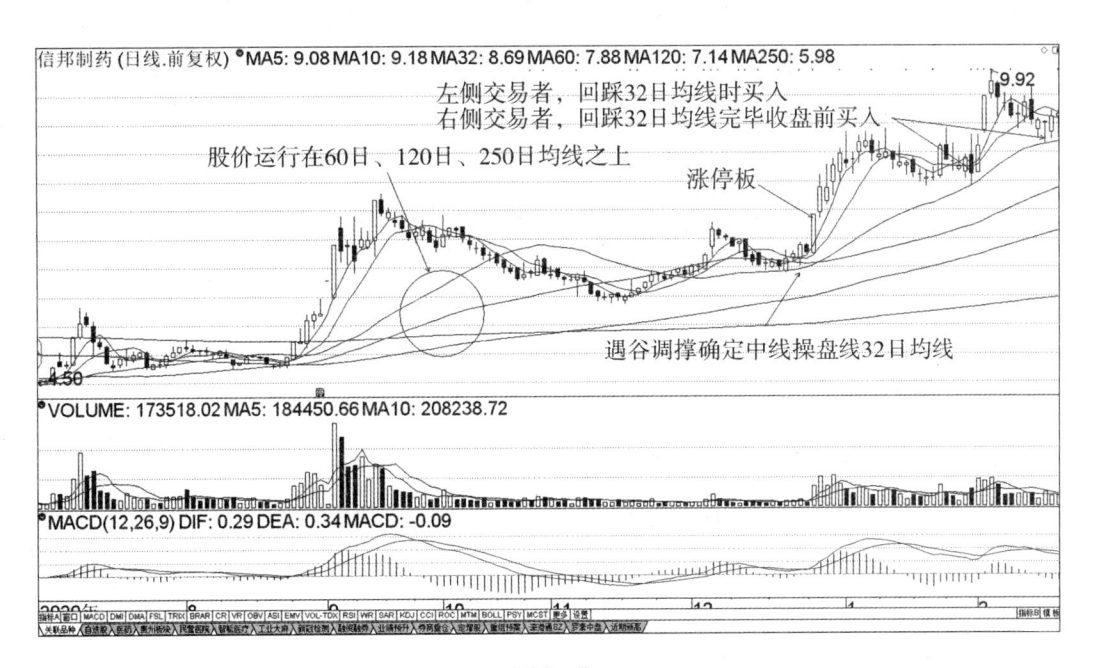

图8-7

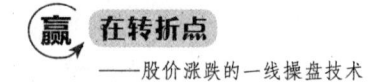

案例2：601005 重庆钢铁，见图8-8。

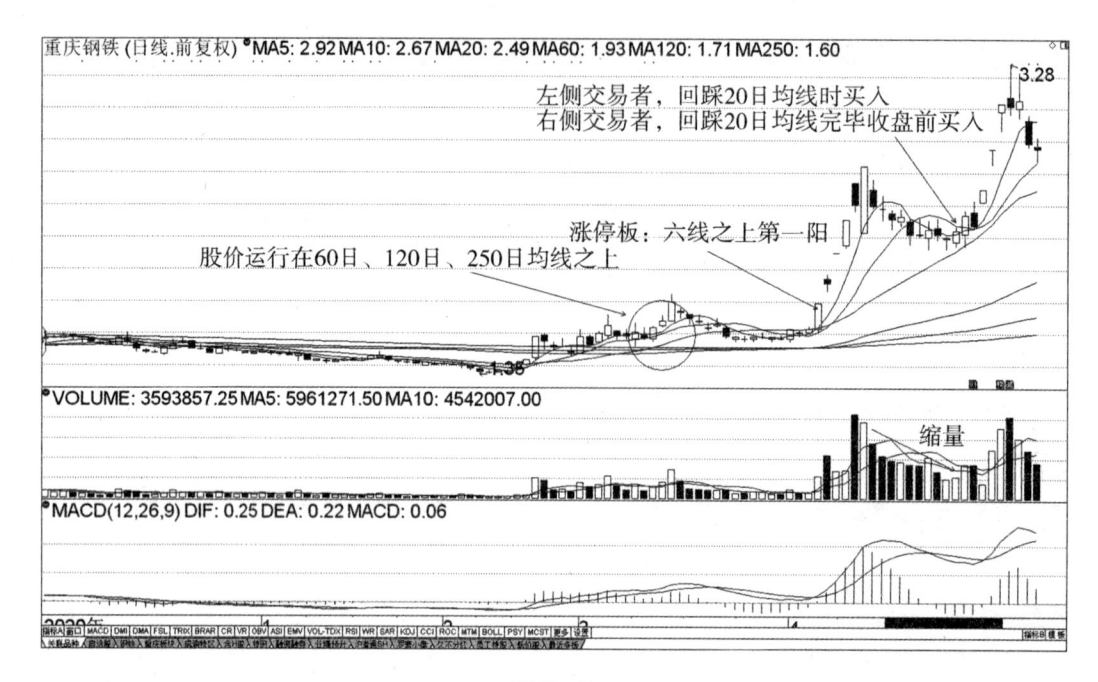

图8-8

需要注意的是：

1. 左侧交易者在盘中股价回踩5日、10日线或者中线操盘线过程中买入，属于回踩点买点。最大特点是成本低、风险大。

2. 右侧交易者在股价收盘前买入，前提是股价缩量收小阴小阳K线。最大特点是成本高、风险小。

第三节 涨停板战法的卖点

一、稳健型卖点

（一）短线盈利5%以上，主动止盈

股价在涨停板之后，短线再获利5%以上可以主动止盈。

案例1：600395 盘江股份，见图8-9。

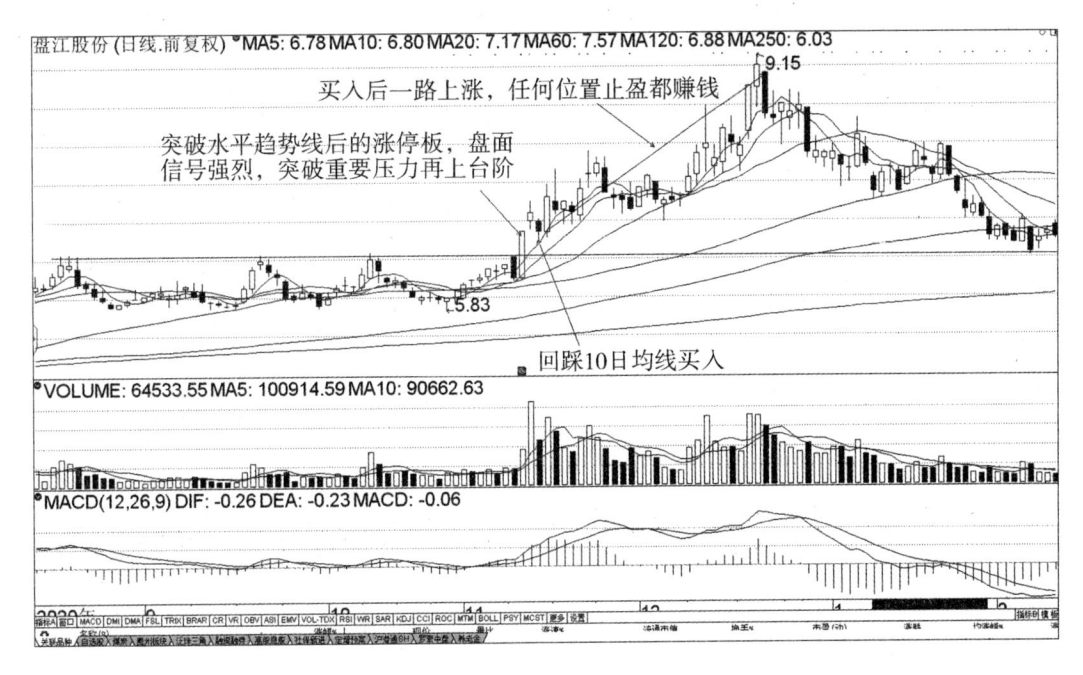

图8-9

案例2：002149 西部材料，见图8-10。

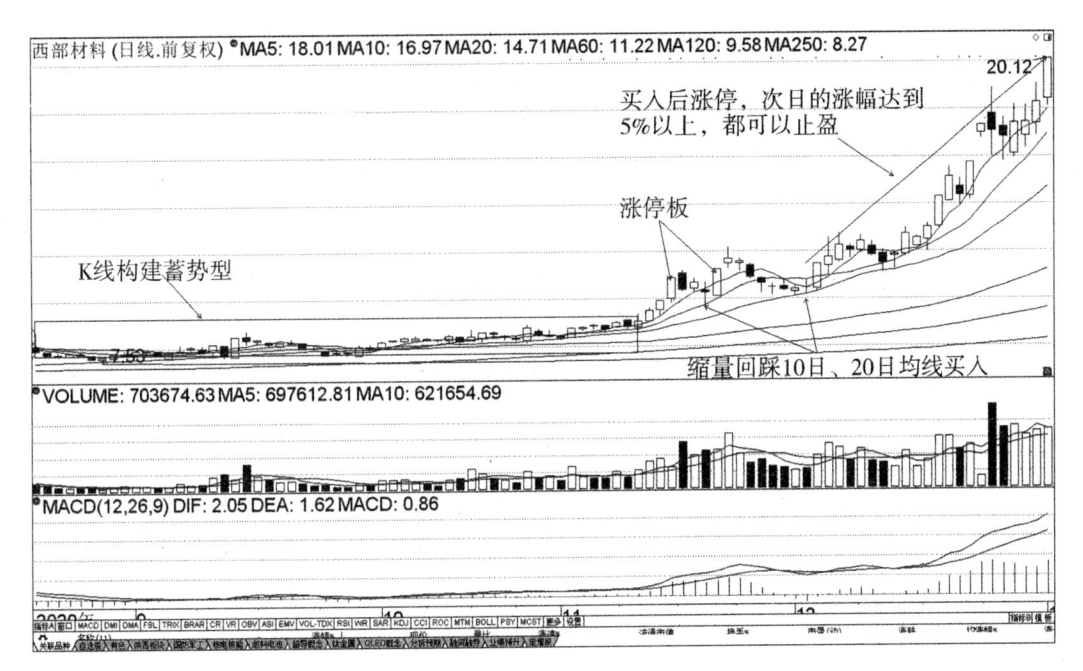

图8-10

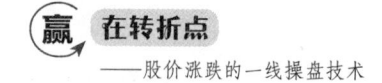

（二）左侧峰顶点附近止盈

案例1：601898 中煤能源，见图8-11。

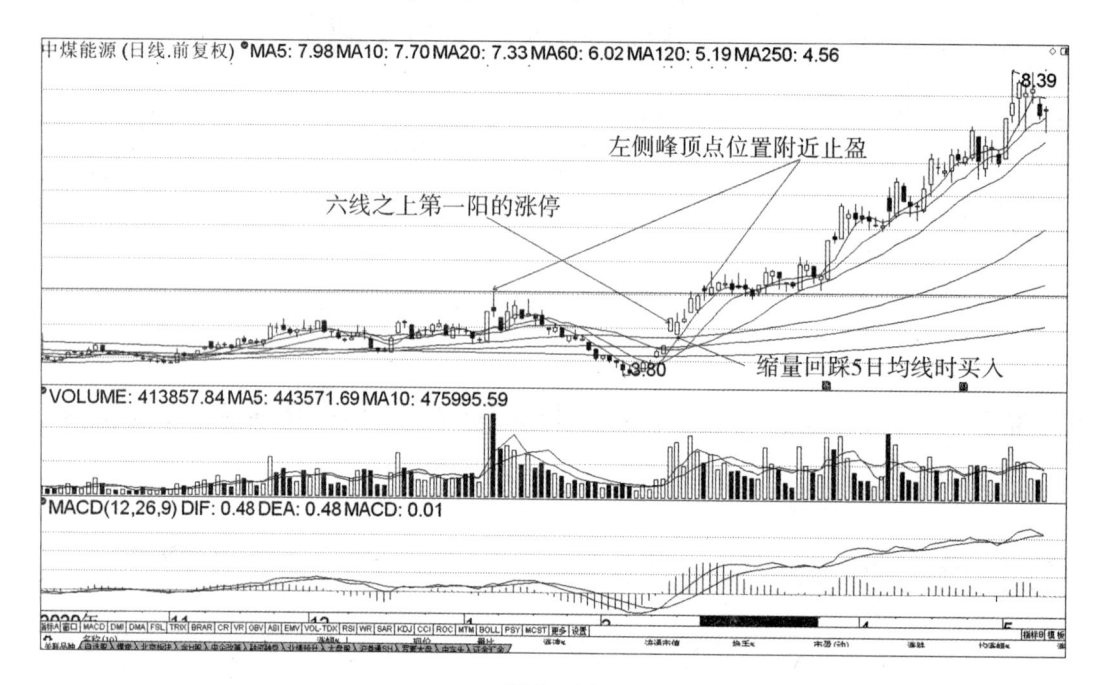

图 8-11

案例2：002340 格林美，见图8-12。

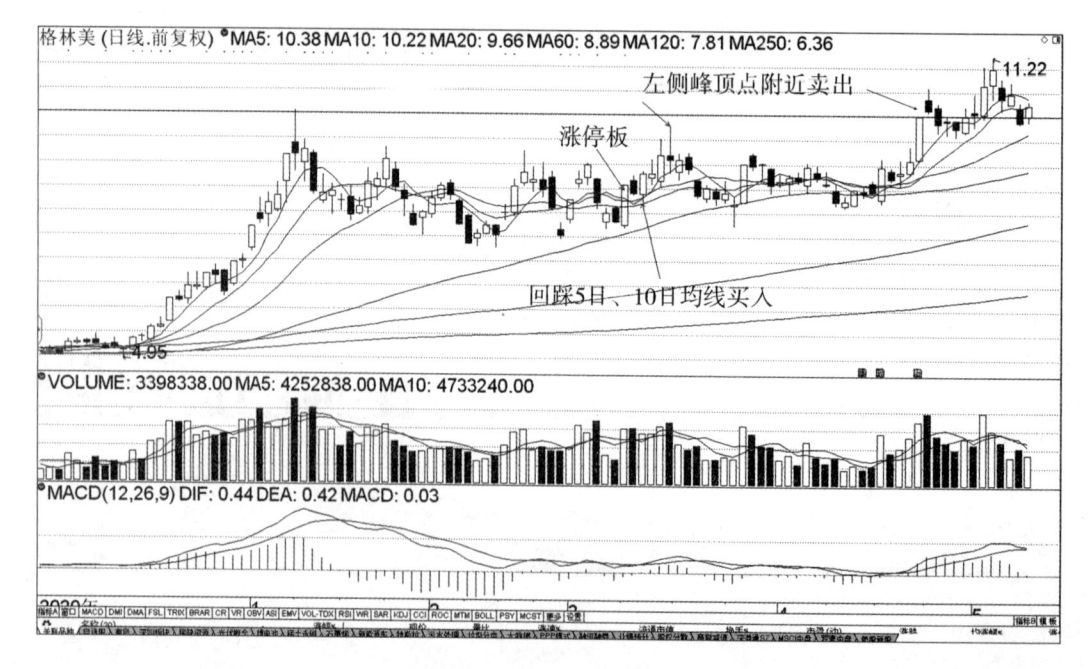

图 8-12

(三) 股价放出长期的天量卖出

案例1：300204 舒泰神，见图8-13。

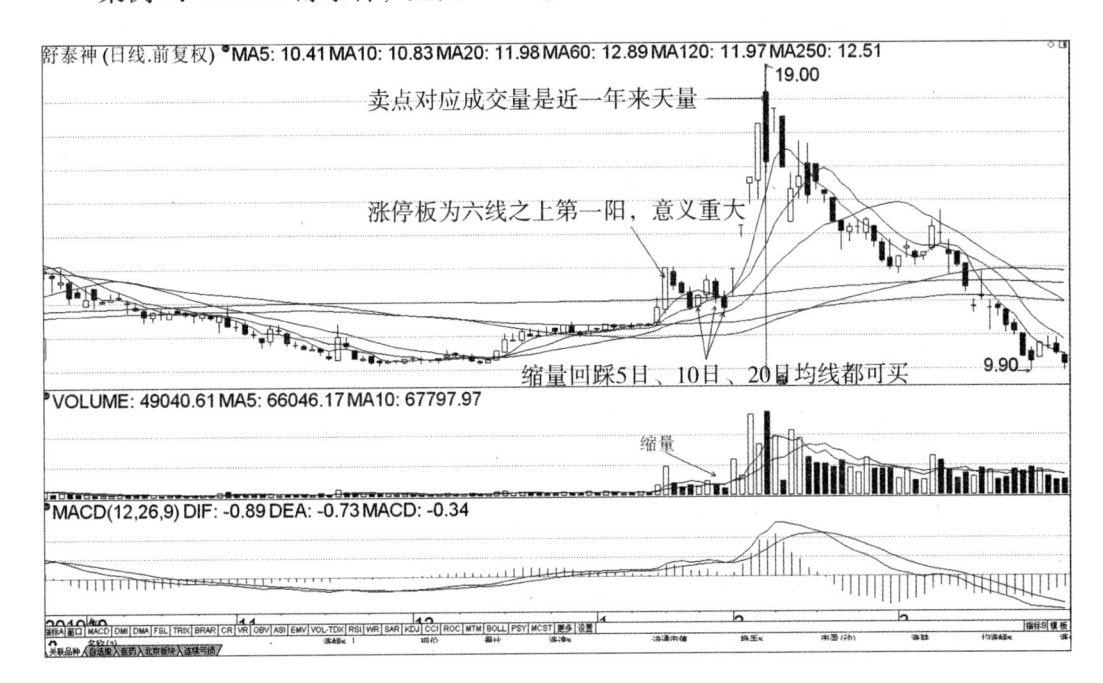

图8-13

案例2：000893 亚钾国际，见图8-14。

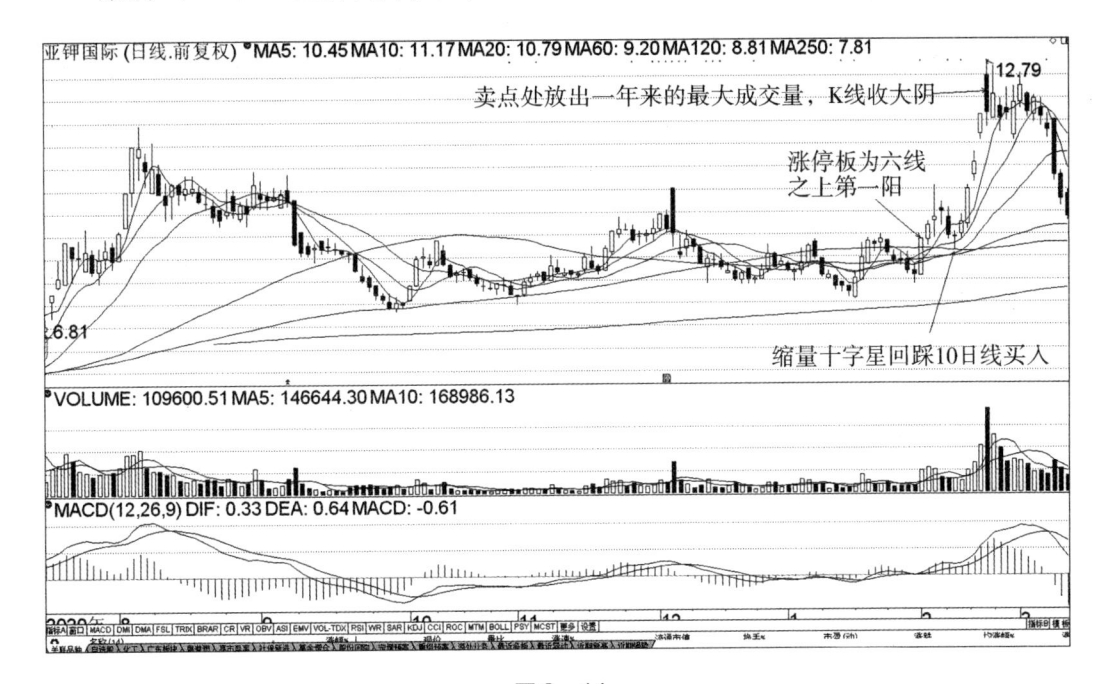

图8-14

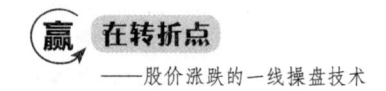

二、激进型卖点

(一) 股价跌破 5 日均线

案例 1：601579 会稽山，见图 8-15。

图 8-15

案例 2：601699 潞安环能，见图 8-16。

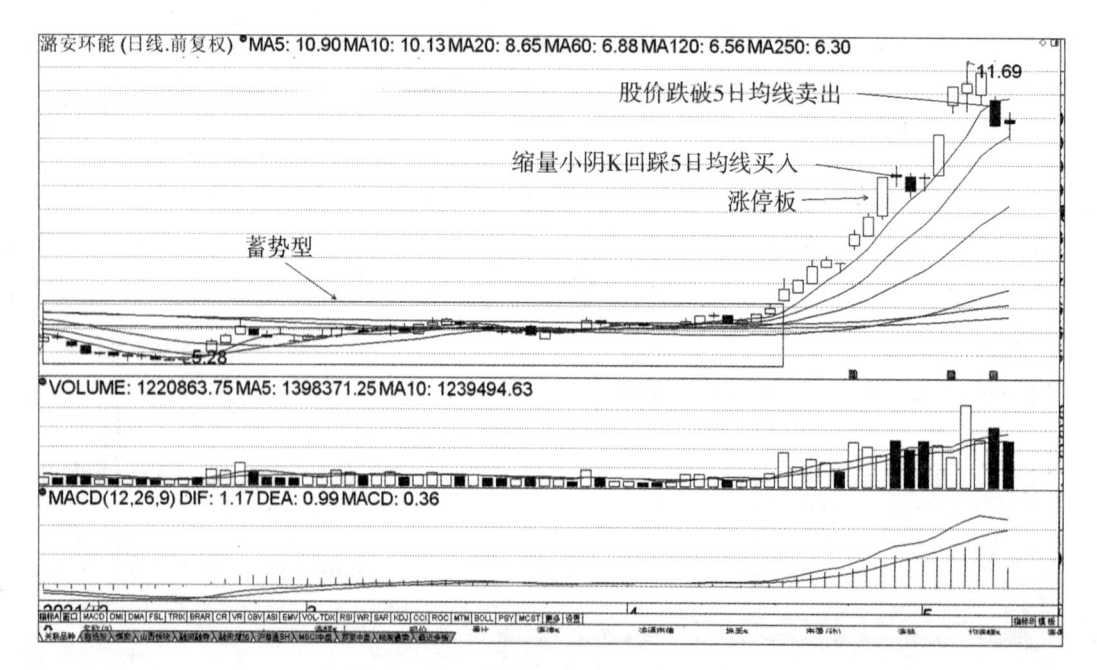

图 8-16

（二）股价跌破 10 日均线

案例 1：000825 太钢不锈，见图 8-17。

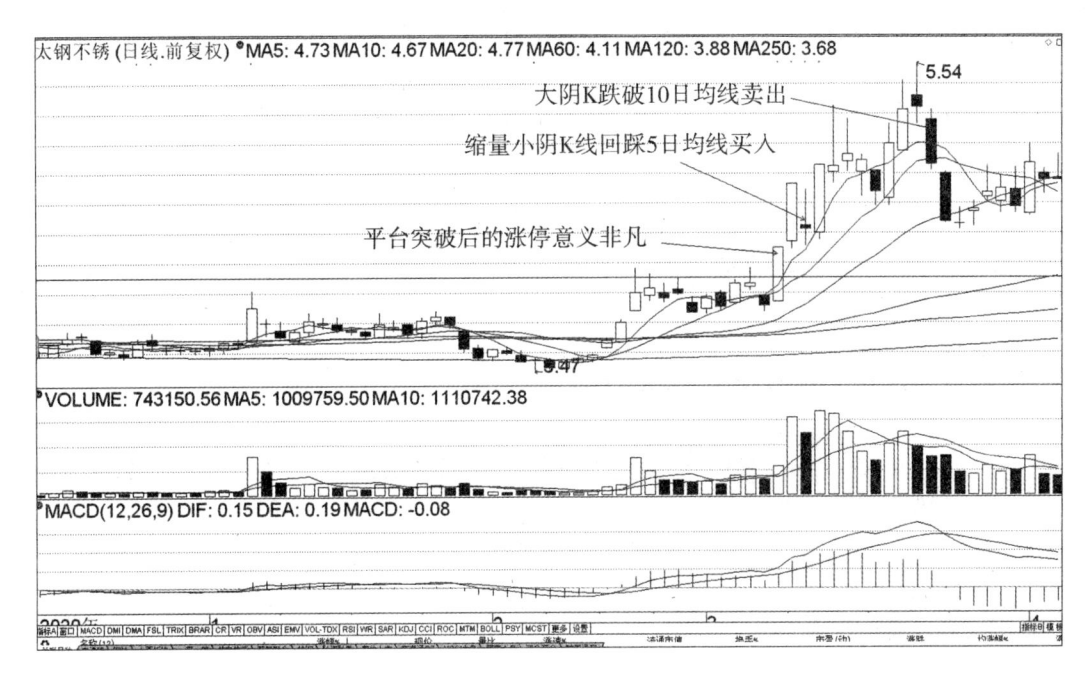

图 8-17

案例 2：000762 西藏矿业，见图 8-18。

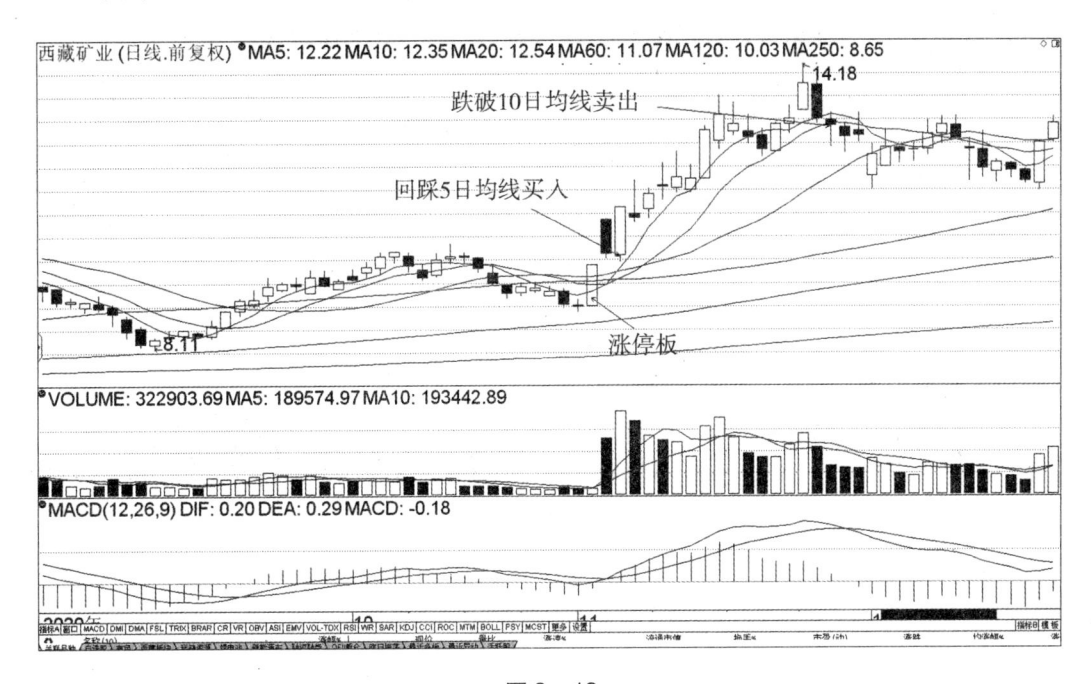

图 8-18

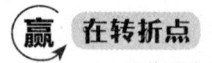

（三）股价跌破中期操盘线

案例1：600559 老白干酒，见图8-19。

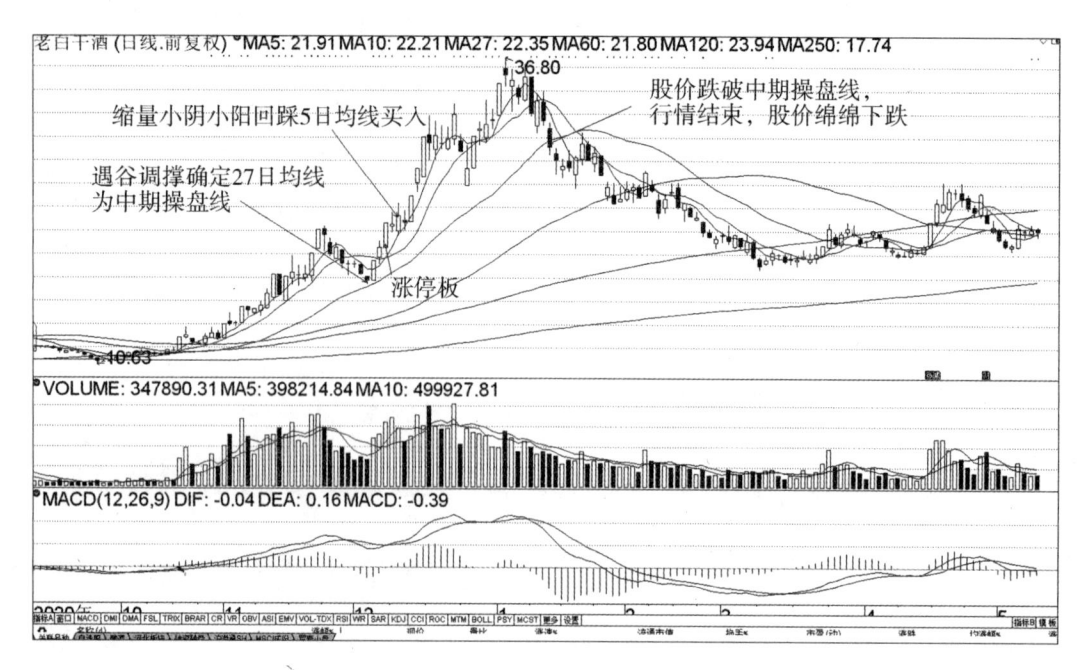

图8-19

案例2：002568 百润股份，见图8-20。

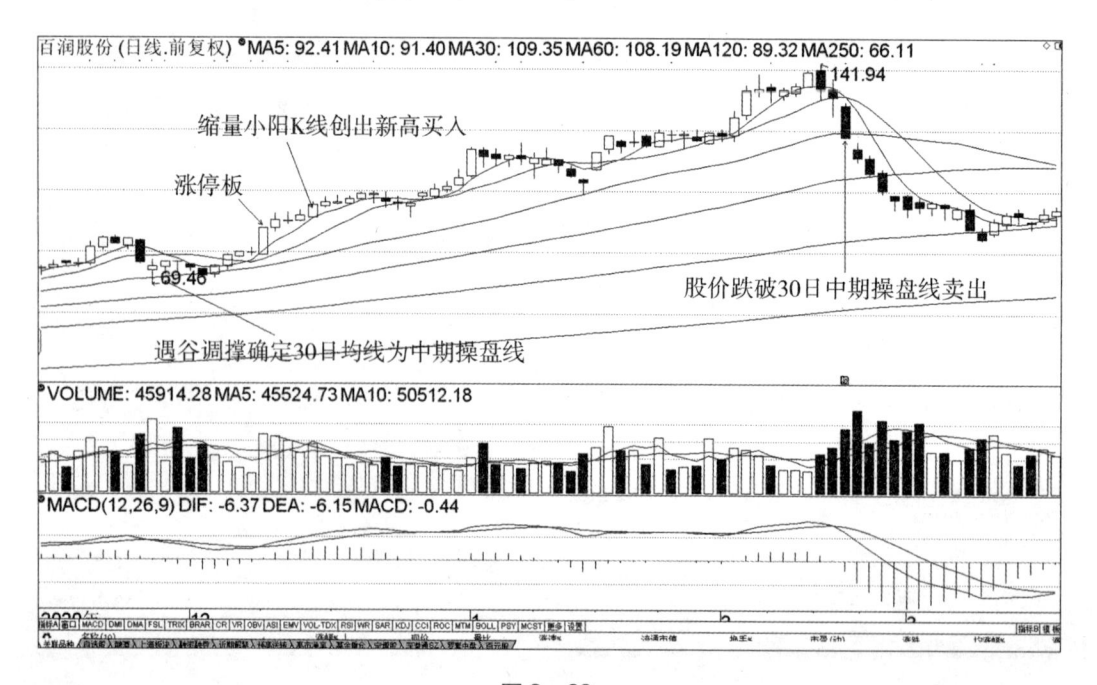

图8-20

第九章

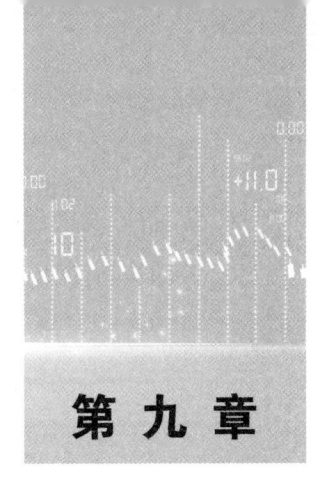

商品期货的买卖点

第一节 商品期货交易

商品期货是指标的物为实物商品的期货合约。商品期货历史悠久，种类繁多，主要包括农副产品、金属产品、能源产品等几大类。商品期货的交易标的是关于买卖双方在未来某个约定的日期以签约时约定的价格买卖某一数量的实物商品的标准化协议。商品期货交易，是在期货交易所内买卖特定商品的标准化合同的交易方式。

商品期货具有以下几个特点：

1. 杠杆机制，以小博大。投资商品期货只需要交纳5%～20%的履约保证金，就可控制100%的虚拟资金。

2. 交易便利。由于期货合约中主要因素如商品质量、交货地点等都已标准化，合约的互换性和流通性较高。

3. 信息公开，交易效率高。期货交易通过公开竞价的方式使交易者在平等的条件下公平竞争。同时，期货交易有固定的场所、程序和规则，运作高效。

4. 期货交易可以双向操作，简便、灵活。交纳保证金后即可买进或卖出期货合约，且只需用少数几个指令即可达成交易。

5. 合约的履约有保证。期货交易达成后，须通过结算部门结算、确认，无须担心交易的履约问题。

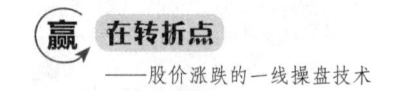

商品期货短线操盘使用哪个时间周期,盈利最稳定、幅度最大呢?用计算机测试过去5年不同时间周期的历史数据,发现参考15分钟K线来操盘赢利效果最好,最稳定、回撤最小。

第二节 商品期货的买点(开仓点)

股票买点(开仓点)的操盘同样适用于商品期货,可参考本书第五章"K线的五个买点"。

一、突破点,买

鉴于商品期货市场10倍杠杆的高风险,本书使用15分钟K线图来说明开仓点即买点。

1. 120均线开仓点,约等于日K线图形中的5日均线。如图9-1、图9-2。

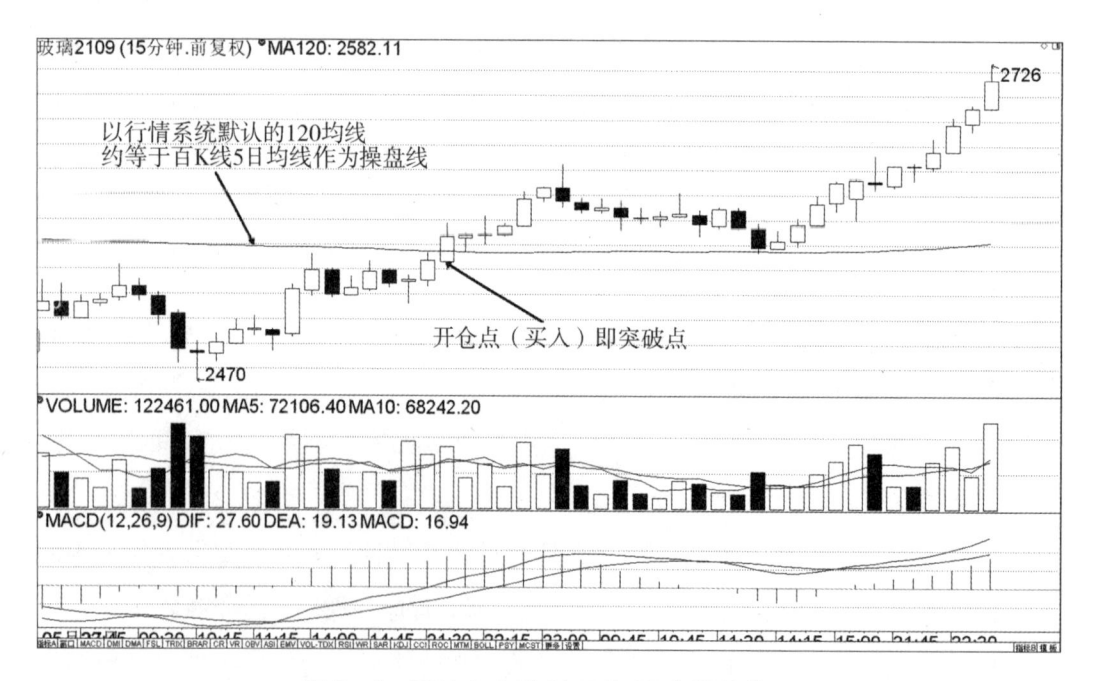

图9-1 2021年5月31日的15分钟K线图

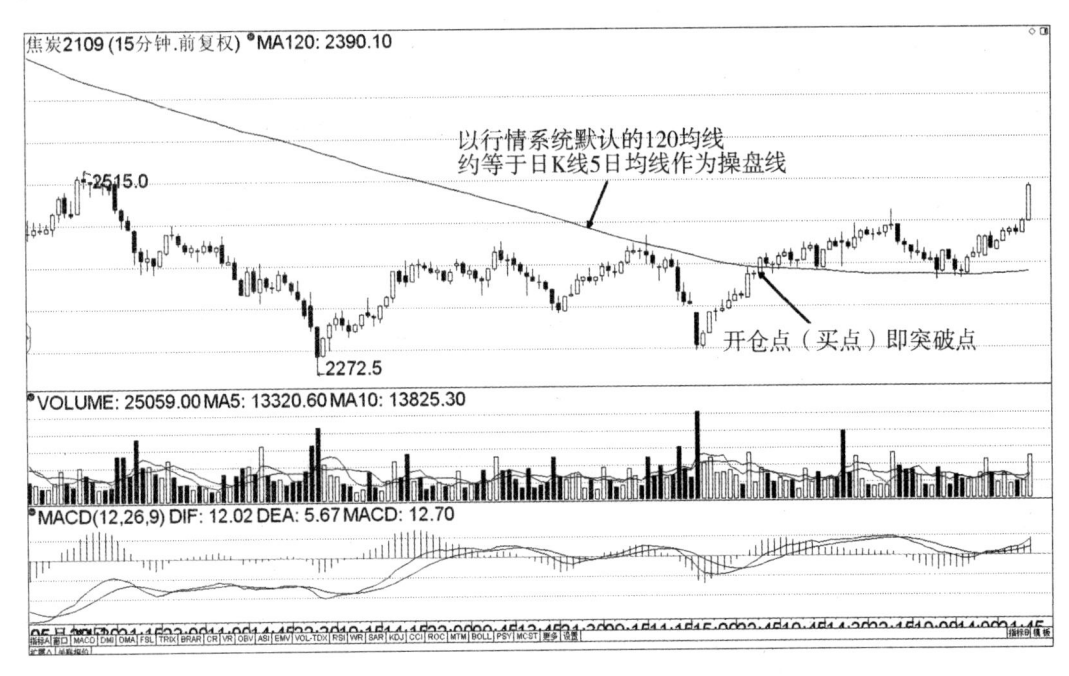

图 9-2　2021 年 5 月 31 日 15 分钟 K 线图

2. 250 均线开仓点，约等于日 K 线图形的 10 日均线。如图 9-3、图 9-4。

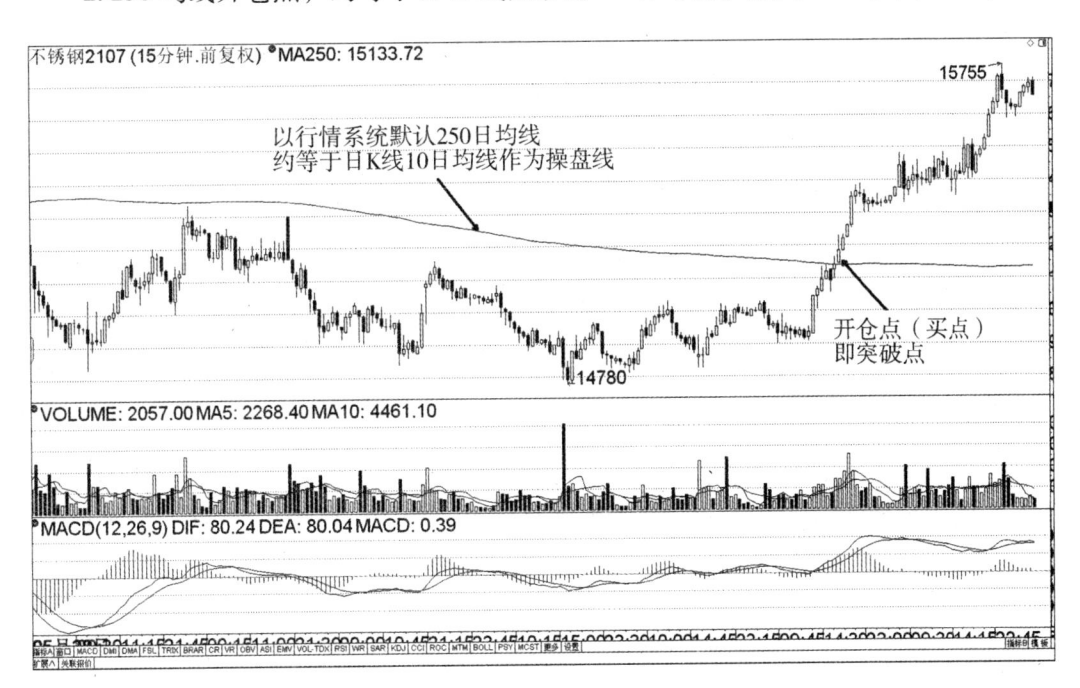

图 9-3　2021 年 5 月 31 日 15 分钟 K 线图

图 9-4　2021 年 5 月 31 日 15 分钟 K 线图

3. 遇谷调撑确定操盘线的开仓点。如图 9-5、图 9-6。

图 9-5　2021 年 5 月 31 日 15 分钟 K 线图

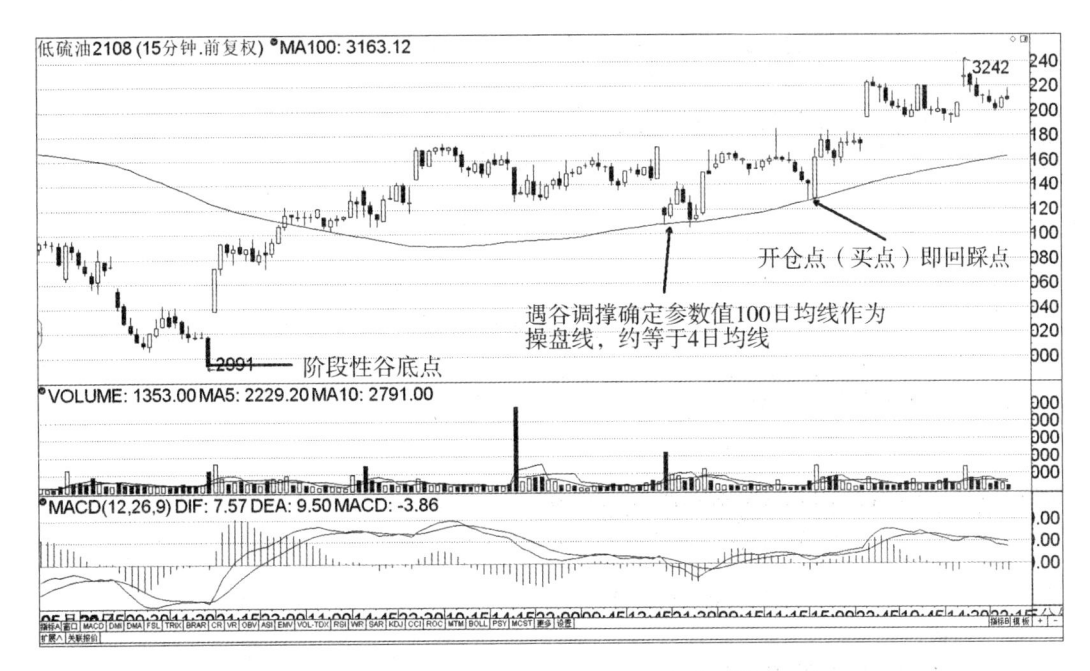

图 9-6　2021 年 5 月 31 日 15 分钟 K 线图

4. 逢峰调压确定操盘线的开仓点。如图 9-7、图 9-8。

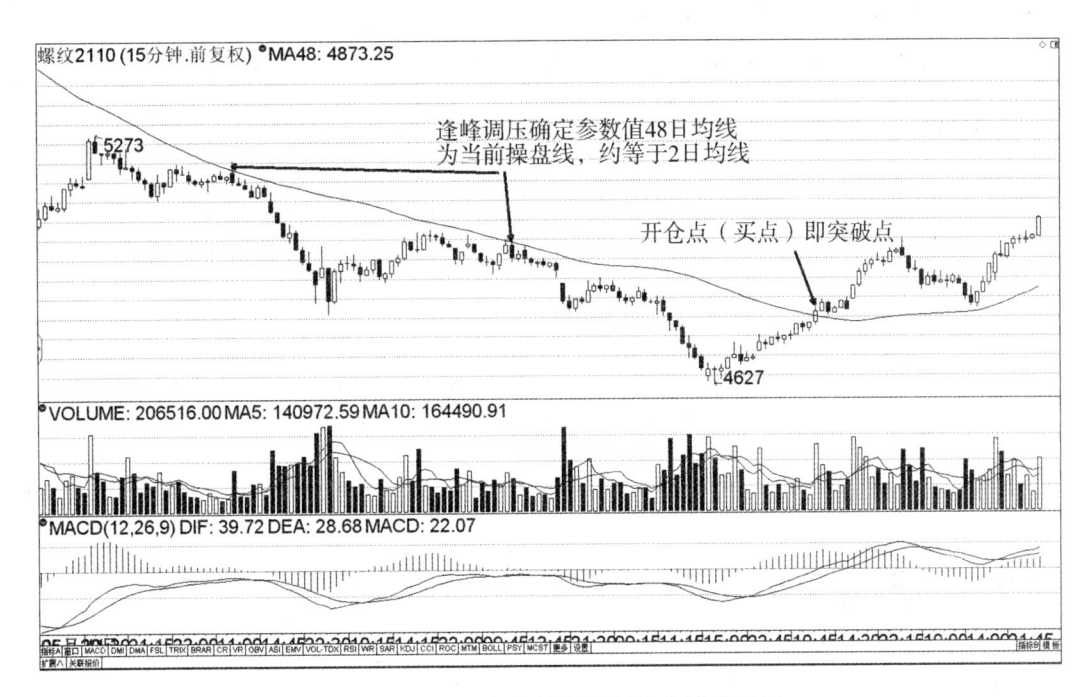

图 9-7　2021 年 5 月 31 日 15 分钟 K 线图

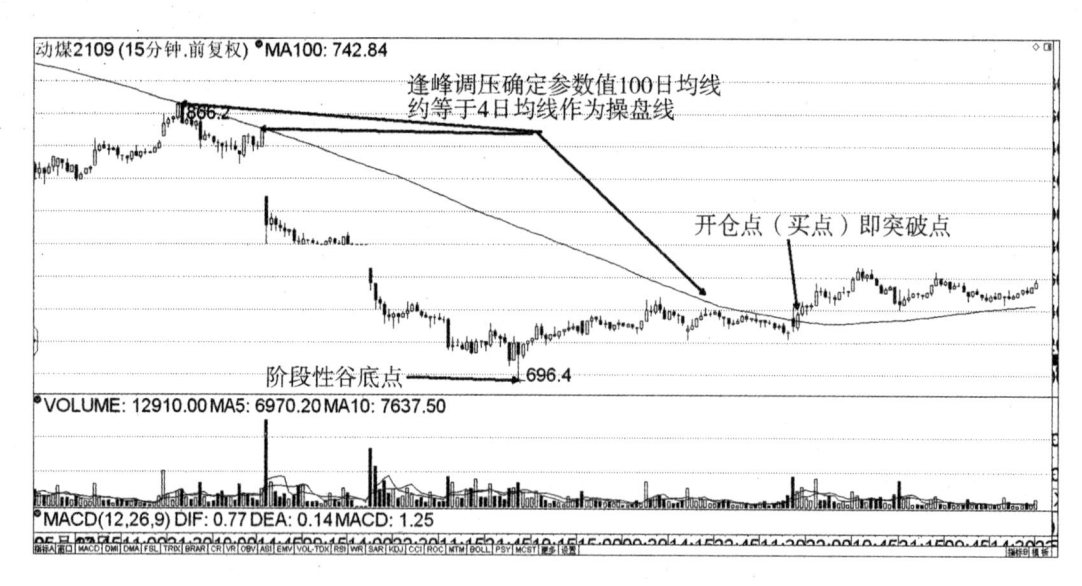

图9-8 2021年5月31日15分钟K线图

二、共振战法开仓点

共振战法开仓点,即"六线之上第一阳"的开仓点,指股价在证券行情软件默认的六条均线之上出现的第一根阳K线。

1. 一根阳K线站上六条均线出现六线之上第一阳。如图9-9、图9-10。

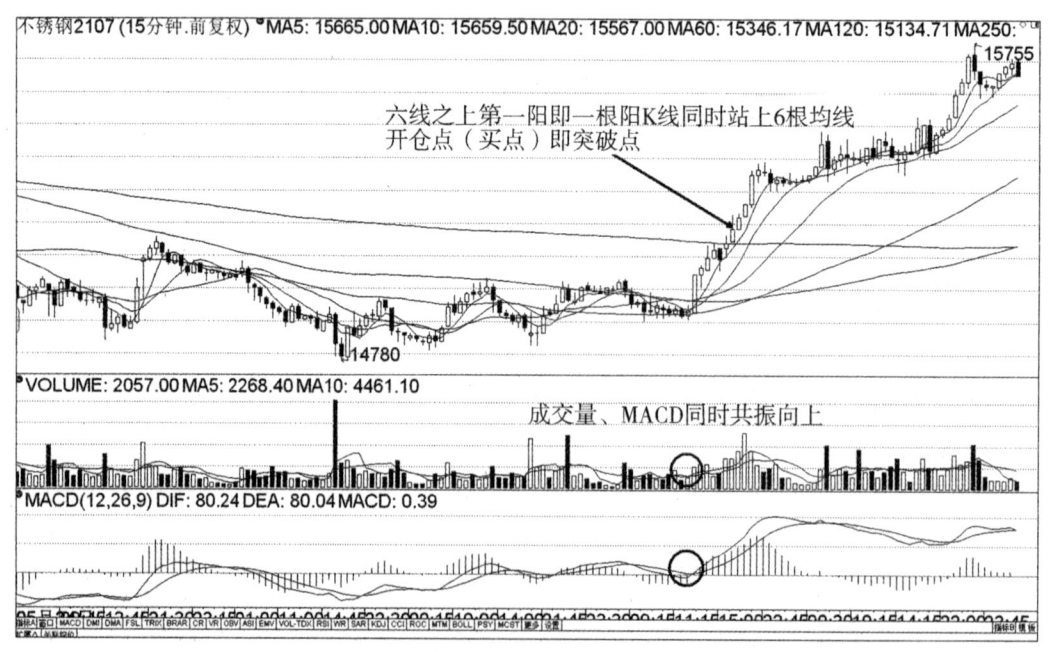

图9-9 2021年5月31日15分钟K线图

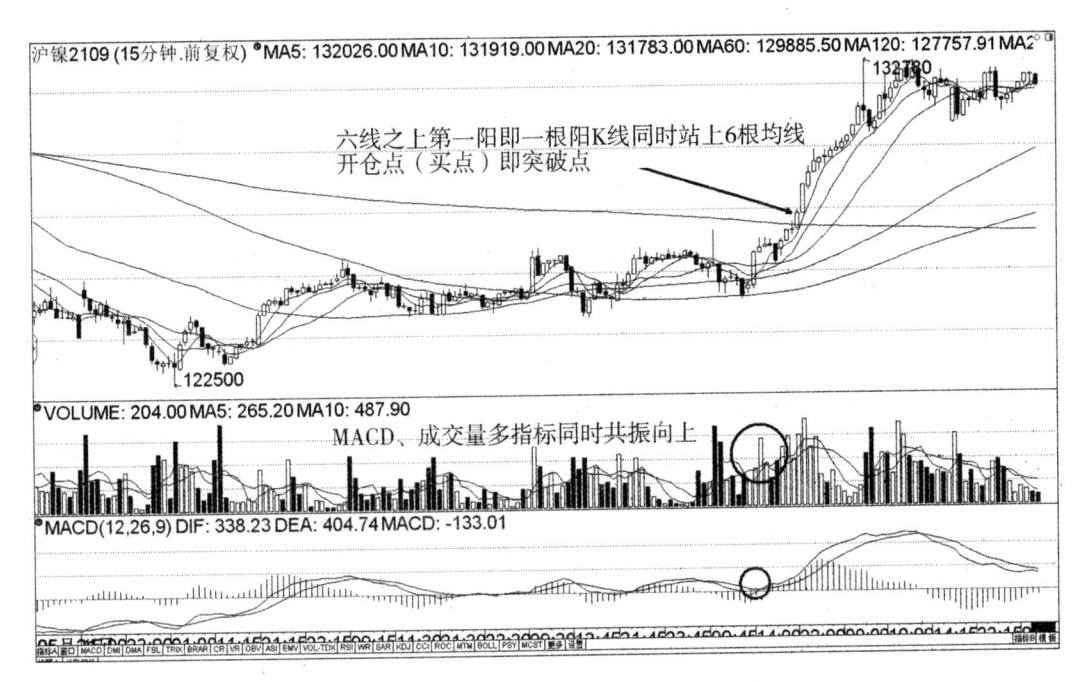

图 9-10　2021 年 5 月 31 日 15 分钟 K 线图

2. 一根阳 K 线同时上穿二至六条均线出现六线之上第一阳。如图 9-11、图 9-12。

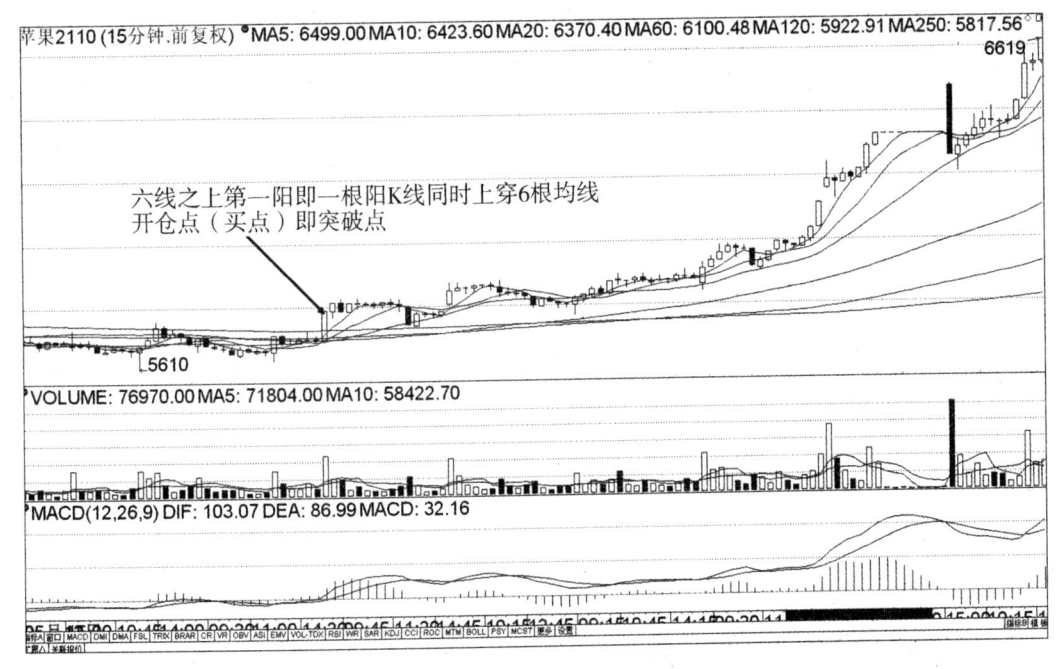

图 9-11　2021 年 5 月 31 日 15 分钟 K 线图

185

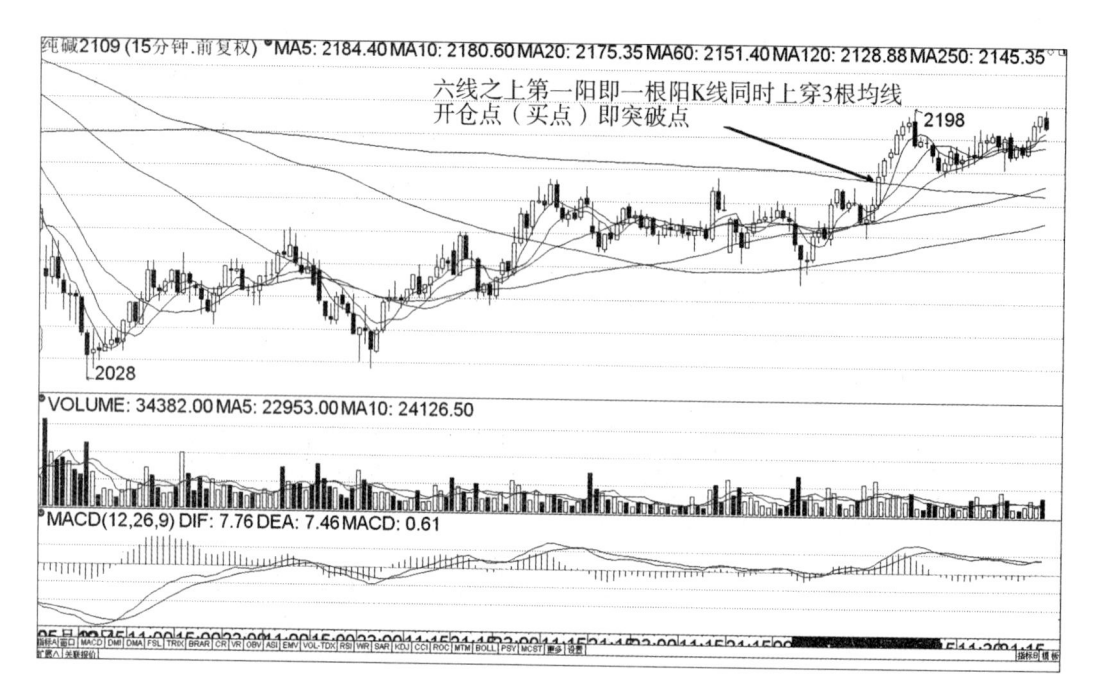

图9-12　2021年5月31日15分钟K线图

第三节　商品期货的卖点（平仓点）

股票卖点（平仓点）的操盘同样适用于商品期货，可参考本书第五章"K线的五个卖点"。

一、突破点，卖

对于单根均线的平仓点，鉴于商品期货市场10倍杠杆的高风险，本书使用15分钟K线图来说明平仓点即卖点。

1. 120 均线平仓点。如图 9-13、图 9-14。

图 9-13　2021 年 5 月 31 日 15 分钟 K 线图

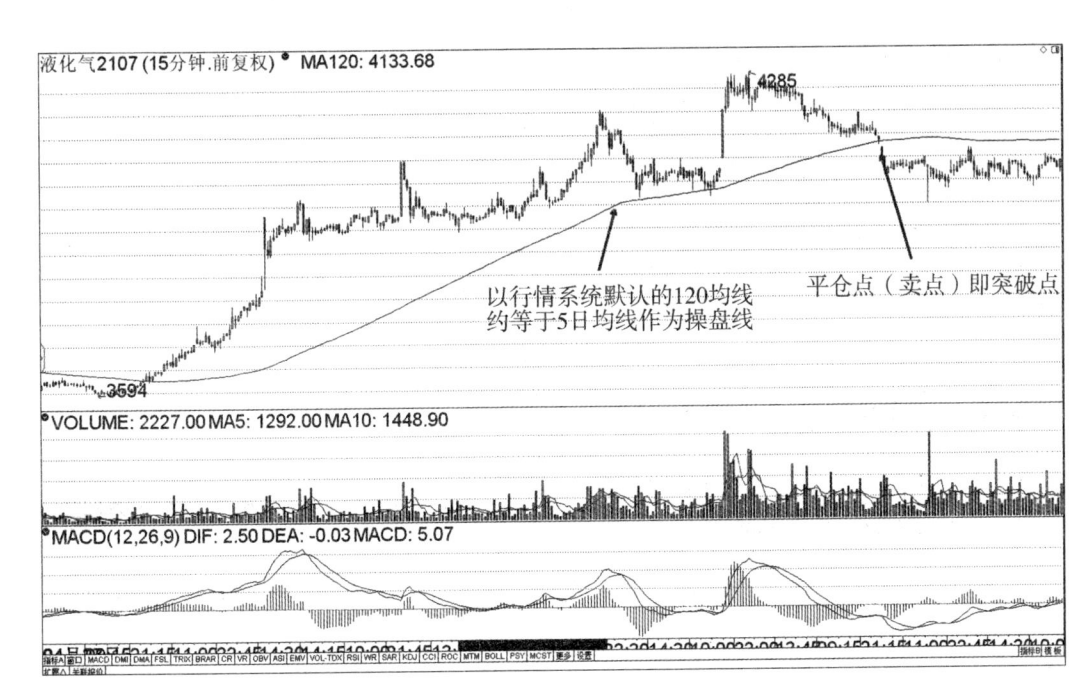

图 9-14　2021 年 5 月 31 日 15 分钟 K 线图

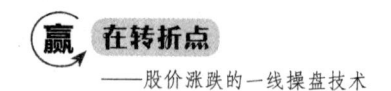

2. 250均线平仓点。如图9-15、图9-16。

图9-15　2021年5月31日15分钟K线图

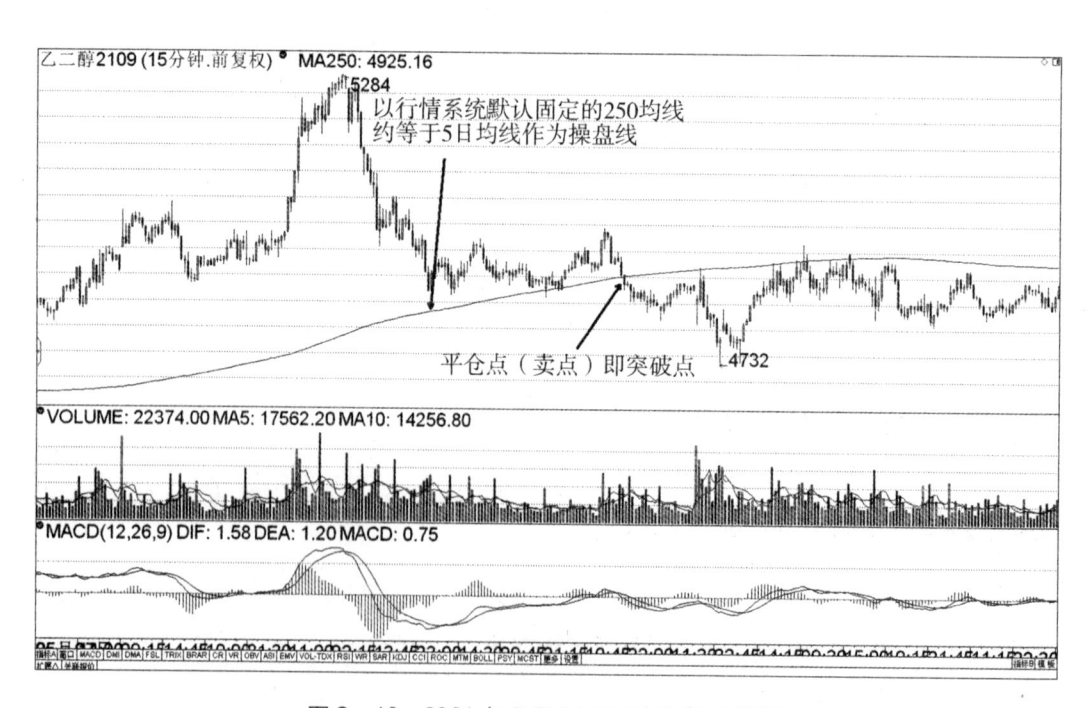

图9-16　2021年5月31日15分钟K线图

3. 遇谷调撑确定操盘线的平仓点。如图 9-17、图 9-18。

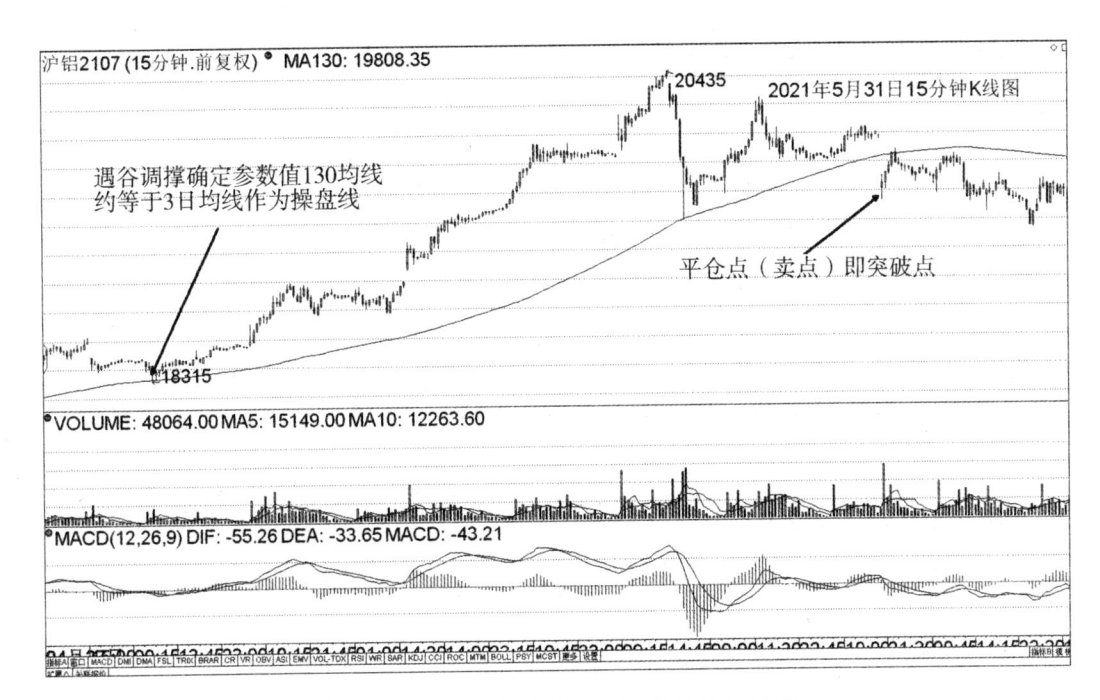

图 9-17　2021 年 5 月 31 日 15 分钟 K 线图

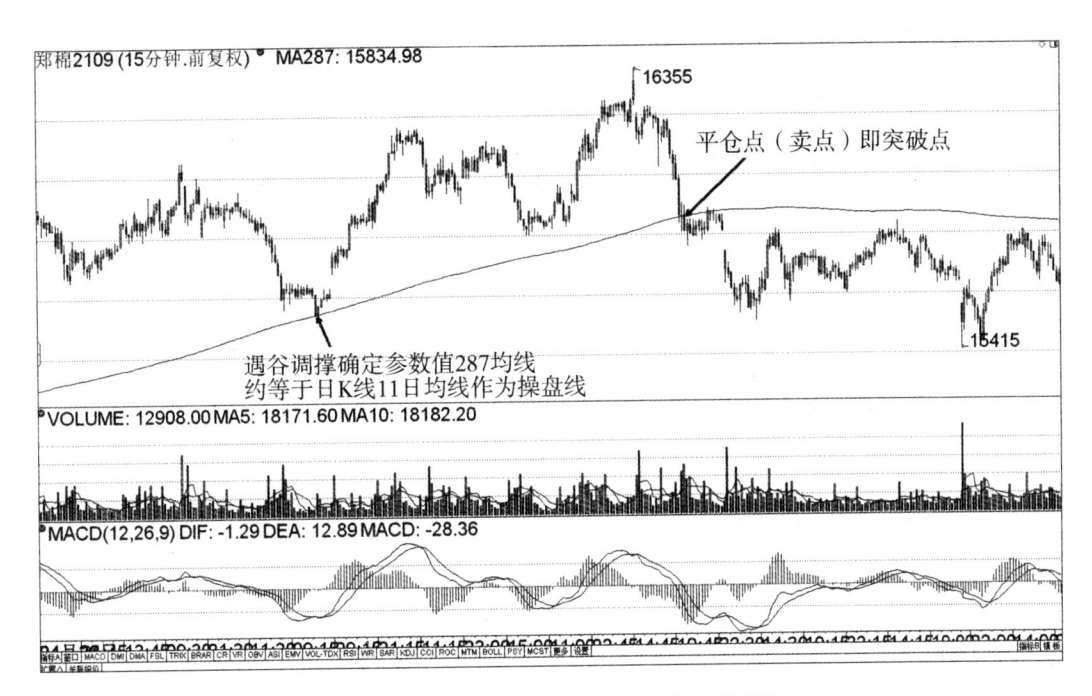

图 9-18　2021 年 5 月 31 日 15 分钟 K 线图

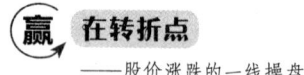

4. 逢峰调压确定操盘线的平仓点。如图 9-19、图 9-20。

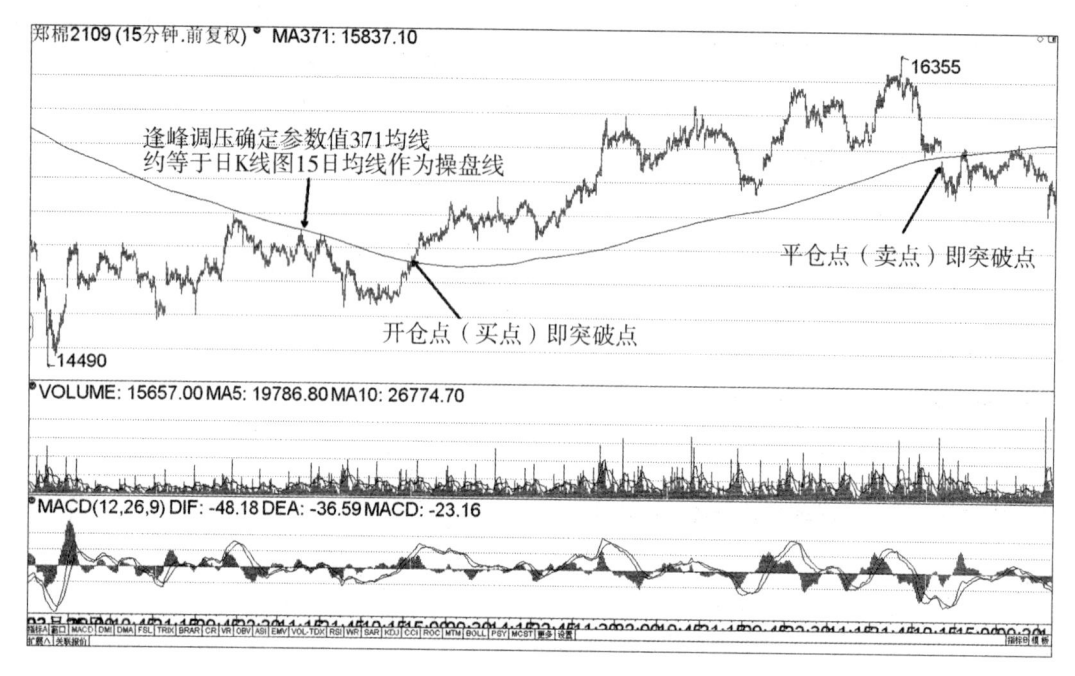

图 9-19　2021 年 5 月 31 日 15 分钟 K 线图

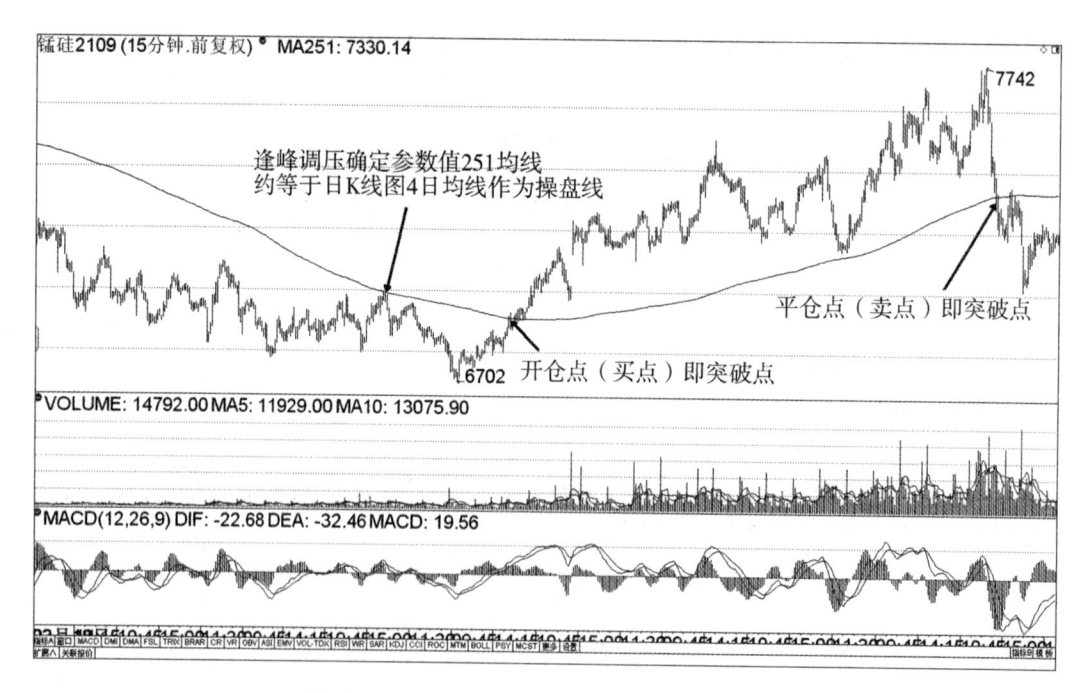

图 9-20　2021 年 5 月 31 日 15 分钟 K 线图

值得注意的是如果秉承一线交易系统"从哪根操盘线买就从哪根线卖"的交易原则，会回撤很大一部分利润。如果高抛低吸规避下跌波段，如同将操盘线之上弯弯曲曲的 K 线拉直，利润就可以最大化，并且过滤较大的回撤，有效地避开下跌的波段，来回做差价，使赢利率达到最大化。这可参考股票操盘技巧来解决之。一是采用一线交易系统三个卖点法即反抽点、逃顶点、启跌点卖出点。二是采用周期买卖法。即采用长周期操盘线进，短周期操盘线出的方法。也可理解为：从低成本操盘线买进，高成本操盘线卖出。

二、共振战法平仓点

共振战法平仓点，即"六线之下第一阴"的平仓点，指价格在六条默认均线之下的第一根阴 K 线。

1. 一根阴 K 线跌破六条均线显示为六线之下第一阴。如图 9-21、图 9-22。

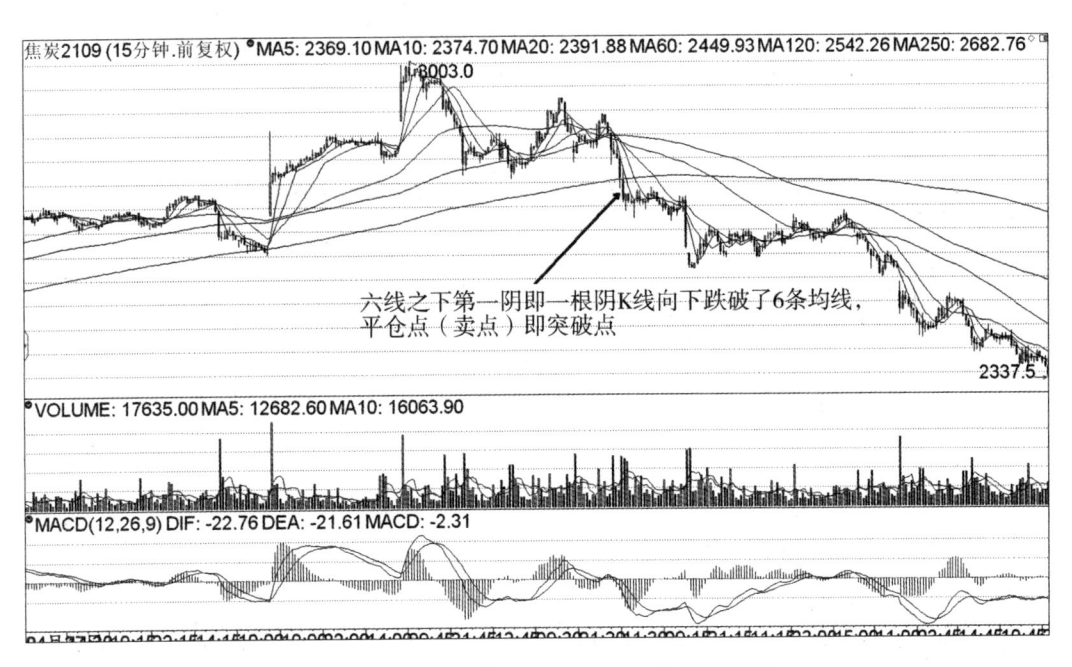

图 9-21　2021 年 5 月 31 日 15 分钟 K 线图

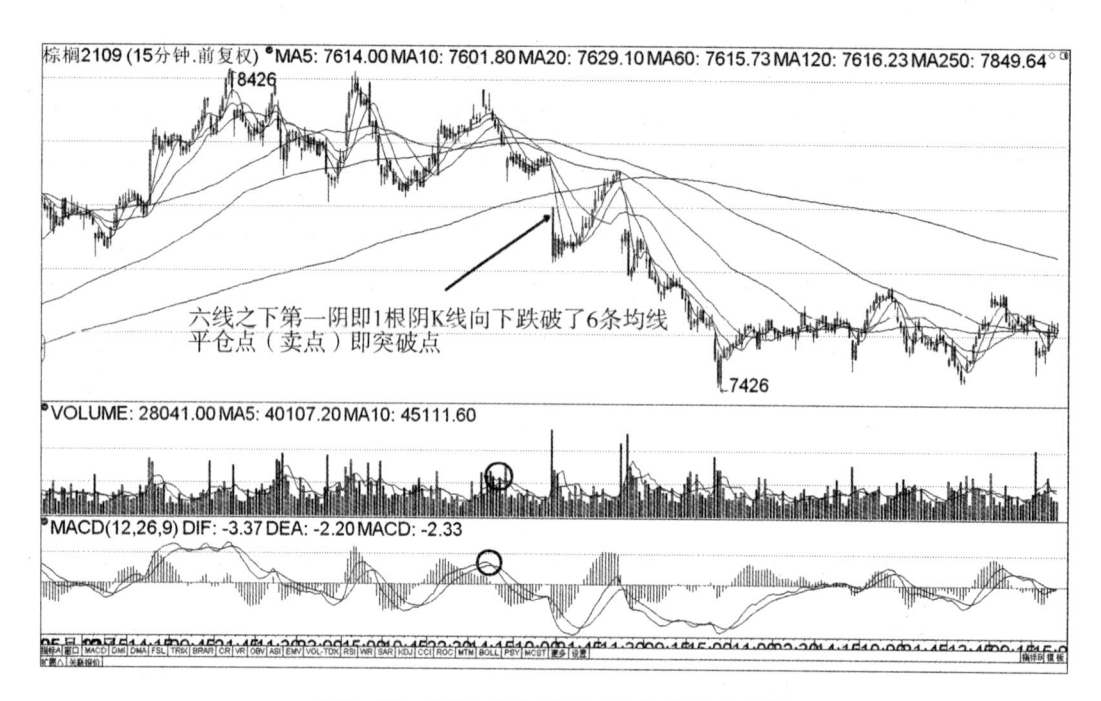

图 9-22　2021 年 5 月 31 日 15 分钟 K 线图

2. 一根阴 K 线同时跌破二至六条均线后的六线之下第一阴。如图 9-23、图 9-24。

图 9-23　2021 年 5 月 31 日 15 分钟 K 线图

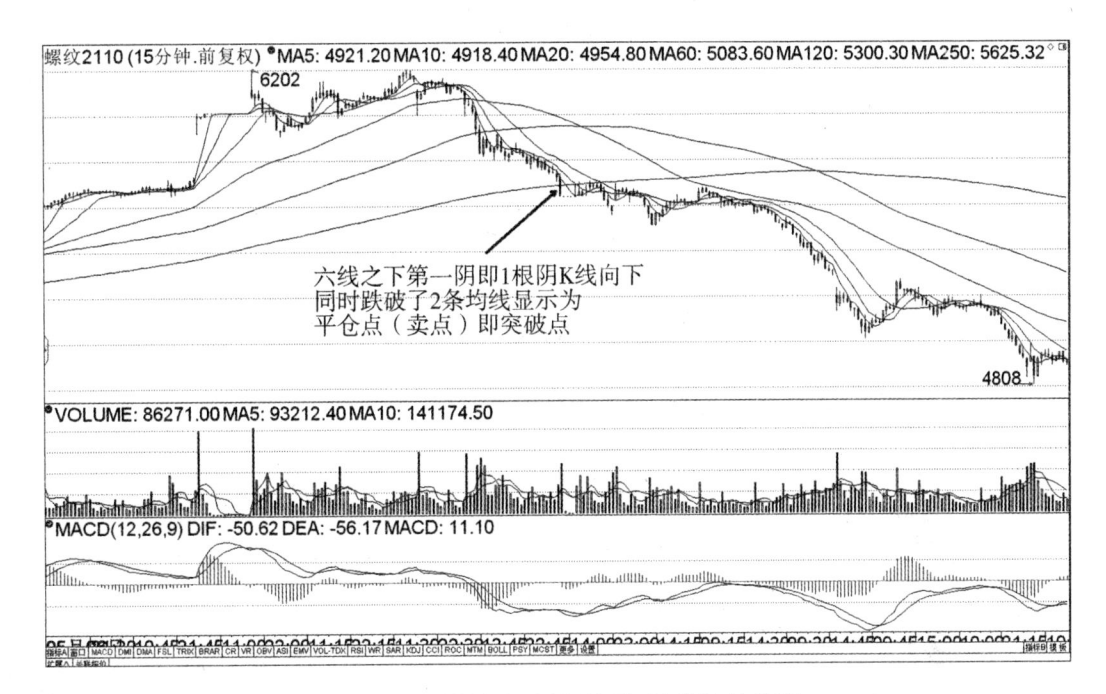

图 9-24　2021 年 5 月 31 日 15 分钟 K 线图

后 记
置之死地而后生

　　笔者前些年将多年来实盘操作股票期货的体会、经验总结成《一线捉牛股——精确狙击买卖点》《三线骑牛股——精确掌控支撑与压力》《卧底大牛股》等三本书，出版后的近十年里，我接到全国各地许多不同股龄不同水平投资者的来函来电，咨询一线操盘技术，诸如如何利用一线交易系统在实战中精确找到买点，捕捉主升浪，获取暴利……凡此种种，更多的是咨询如何明确并捕捉股价的涨跌转折点。浸润资本市场20余年，习惯了这个看不见硝烟却又刀光剑影暗藏杀机的市场，自认有必要去繁就简、深入浅出、切中肯綮，提炼出更精确更形象的买卖点，即转折点，或突破点，供普通投资者参考，这即是写作本书的意义所在。

　　俗话说：一招鲜，走遍天。枯燥、简单、压力山大的操盘之余，常看抖音自娱，有个名为"猫爷"的帅哥，从农民逆袭为拥有上千万粉丝的知名导演，靠的就是一招微笑起来的"猫爷抖"，那节奏感强烈的劲爆音乐下展示的婀娜多姿又不乏阳刚之气的曼妙猫步，红遍网络。笔者《赢在转折点——隐秘操盘线详解》创作的大背景即受此影响，尽量在实战中采取一招制敌，告别亏损，赢利市场，希望能造福股民。

　　笔者的第一本证券图书重在"牵"，即"牵引"之意，绳牵鞭打，比较简单，体现臂功，属于基本的操盘技术，着力点在大方向与理论。第二本证券图书重在"骑"，即"玩乐"之意，骑牛赶牛，稍显复杂，体现手劲，属于进阶的操盘技术，着力点在多兵种作战与技术。第三本证券图书重在"卧底"，即"潜伏、瞄准、狙击"之意，布机关斗智谋，颇为复杂，体现脑力，属于深层次的操盘技术，着力点在短期内获取暴利。第四本证券图书重在"转折点"，即"失败到胜利、涨跌转换

后　记

置之死地而后生

点"，最为复杂，综合了前面三本图书的精华，添加了新内容，最能体现综合操盘水平，属于较高级别的操盘技术，力求只用简单的一招就能克敌胜敌，就能闲庭散步于凶险的股市并能全身而退，赢得利润。常看《水浒传》，梁山108个好汉，贴身用的武器：矛锤弓弩、鞭铜链挝、斧钺戈戟、牌枪扒棒等，他们每个人都会使一件武器或身怀一种以上的武术，以至于在那动荡不安的北宋年间不被人欺负，行侠仗义于险恶江湖之中。乒乓顶级高手仅一个发球就能打败别的高手，证券市场高手的操盘不也是如此？

以上四本证券图书阐述的操盘技术，相辅相成，在实战中展现出一线交易系统的强大威力与魅力！若能帮助广大缺少核心交易系统的股民，为他们在实战中提供强大的理论与技术上的参考，笔者则甚为欣慰。

"三个涨跌临界点，四个涨跌结构，五个涨跌买卖点"系一线交易系统的亮点，把证券市场纷繁复杂、眼花缭乱的众多买卖点、形态、临界点简化，尤其是找到"转折点"就能沉着迎战。坚信资本市场的投资者，有机会接触到一线交易系统的理论与技术，掌握了在任何资本市场通用的五个买卖点，尤其精通了转折点，会抓住赢利的机会。投资者通过正确训练，强化思路，统一套路，把正确的事情反复做，就一定能告别亏损，通向财务自由之路。

最后要感谢四川人民出版社，感谢广大读者与投资者的厚爱。感谢在资本市场携手共创操盘辉煌历史的20年股友广东博云资本创始人、总裁王凯元，李元喜教授、卢景贤校长、刘翔、高建、丁敬忠、周沐金等股友。感谢广东师范大学、水晶球财经网，以及《金融投资报》《大众证券报》《信息早报》等媒体的关心与支持。

2021年6月8日于广东省韶关市

1. 交流QQ群：468487460
2. 交流电话：13927832468（微信同号）
3. 交流微信公众号：一线操盘刘炟鑫（liudaxin468）